权威·前沿·原创

皮书系列为
"十二五""十三五""十四五"时期国家重点出版物出版专项规划项目

BLUE BOOK

智 库 成 果 出 版 与 传 播 平 台

河南省社会科学院哲学社会科学创新工程试点项目

河南蓝皮书
BLUE BOOK OF HENAN

河南能源发展报告
（2025）

ANNUAL REPORT ON HENAN'S ENERGY
DEVELOPMENT (2025)

以新型能源体系支撑中国式现代化

Serving Chinese Modernization with New Energy System

主　编／张永斌　王承哲
副主编／王世谦　王玲杰　张艺涵　白宏坤

社会科学文献出版社
SOCIAL SCIENCES ACADEMIC PRESS（CHINA）

图书在版编目（CIP）数据

河南能源发展报告. 2025：以新型能源体系支撑中国式现代化 / 张永斌，王承哲主编；王世谦等副主编. 北京：社会科学文献出版社，2024. 12. --（河南蓝皮书）. --ISBN 978-7-5228-4768-9

Ⅰ. F426.2

中国国家版本馆 CIP 数据核字第 20240877XX 号

河南蓝皮书

河南能源发展报告（2025）
——以新型能源体系支撑中国式现代化

主　　编 / 张永斌　王承哲
副 主 编 / 王世谦　王玲杰　张艺涵　白宏坤

出 版 人 / 冀祥德
组稿编辑 / 任文武
责任编辑 / 李　淼
文稿编辑 / 李惠惠
责任印制 / 王京美

出　　　版 / 社会科学文献出版社·生态文明分社（010）59367143
　　　　　　地址：北京市北三环中路甲 29 号院华龙大厦　邮编：100029
　　　　　　网址：www.ssap.com.cn
发　　　行 / 社会科学文献出版社（010）59367028
印　　　装 / 天津千鹤文化传播有限公司

规　　　格 / 开　本：787mm×1092mm　1/16
　　　　　　印　张：20.25　字　数：301 千字
版　　　次 / 2024 年 12 月第 1 版　2024 年 12 月第 1 次印刷
书　　　号 / ISBN 978-7-5228-4768-9
定　　　价 / 128.00 元

读者服务电话：4008918866

《河南能源发展报告（2025）》
编　委　会

郑永乐　　郑城市　　郑祯晨　　孟恩超　　赵　茂
赵　锋　　郝元钊　　胡　鑫　　祖文静　　秦开明
秦军伟　　贾一博　　柴　喆　　晏昕童　　徐尉豪
郭　颖　　郭长辉　　郭兴五　　郭培源　　郭新志
席小娟　　唐亚可　　常学军　　崔　岚　　彭俊杰
董　智　　董巨威　　蒋小亮　　蒋延平　　韩　丁
谢安邦　　谢遵党　　路　尧　　鲍方旻　　蔡姝娆
翟孟琪

主要编撰者简介

张永斌 国网河南省电力公司经济技术研究院院长，正高级工程师。长期从事能源规划、电力运行调度、电网规划、战略决策和企业经营管理等研究，先后参与完成"十一五""十二五""十三五"河南能源电力发展规划重大政策的制定工作，《河南省能源战略发展研究》《河南省"十五五"时期能源高质量发展研究》等战略课题的研究工作，推动天中直流、青豫直流，以及河南"鼎"字形网架构建、城乡配电网改造升级等重大工程的实施落地，全面主持河南省能源大数据中心和国网公司农村能源互联网技术实验室建设运营工作，荣获省部级科学技术进步奖、管理创新成果奖励多项。

王承哲 河南省社会科学院党委书记、院长，二级研究员，第十四届全国人大代表，中宣部文化名家暨"四个一批"人才，国家高层次人才特殊支持计划哲学社会科学领军人才，中央马克思主义理论研究和建设工程重大项目首席专家，享受国务院特殊津贴专家，中国马克思恩格斯研究会常务理事，中国社会科学院大学博士生导师，《中州学刊》主编。长期致力于马克思主义理论研究和马克思主义中国化研究，致力于中国特色哲学社会科学学科体系、学术体系、话语体系建设。主持马克思主义理论研究和建设工程、国家社科基金重大项目以及国家社科基金项目多项，主讲报告被中宣部评为全国优秀理论宣讲报告。主持起草河南省委、省政府《华夏历史文明传承创新区建设方案》《河南省文化强省规划纲要（2005—2020 年）》等多份重要文件。

摘　要

　　本书由国网河南省电力公司经济技术研究院与河南省社会科学院共同编撰，全书坚持以习近平新时代中国特色社会主义思想为指导，深入学习贯彻党的二十大和二十届二中、三中全会精神，全面落实河南省委、省政府的决策部署，从研究角度出发，围绕"以新型能源体系支撑中国式现代化"，深入系统分析了 2024 年河南能源发展态势，并对 2025 年发展形势进行了研判，全方位、多角度研究和探讨了河南加快建设新型能源体系的举措和成效，根据发展改革面临的形势变化和任务要求，提出了统筹发展和安全、以新型能源体系支撑中国式现代化建设河南实践的有关对策建议，对于政府部门施政决策，能源企业、广大研究机构和社会公众研究、了解河南能源发展具有较高的参考价值。全书共分为总报告、行业发展篇、新型能源体系篇、新型电力系统篇、调查研究篇五个部分。

　　总报告分为年度篇《统筹发展和安全　以新型能源体系支撑中国式现代化——2024 年河南省能源发展分析与 2025 年展望》和十年篇《河南践行能源安全新战略十年发展回顾》，年度篇作为河南能源发展和运行的年度分析报告，阐明了 2024 年河南能源发展态势及 2025 年预测和展望的基本观点，十年篇全面总结了习近平总书记提出"四个革命、一个合作"能源安全新战略 10 年来河南能源发展取得的历史性成就。2024 年，全省上下深入学习贯彻党中央、国务院和省委、省政府的决策部署，立足服务保障全省经济社会发展大局，加快建设新型能源体系，能源发展呈现供应保障有力、低碳转型提质、改革创新加快、安全韧性提升、市场投资活跃的良好局面，以能源安全保供和清洁转型双提升、能源供需和能源价格双平稳，为推动经济高质量发展和满足人民美好生活需要提供了坚实保障。2014年以来，在能源安全新战略的科学指引下，河南能源行业在砥砺奋进中走过了非凡历程，能源生产和利用方式发生巨大变革，出台了一系列重大政策举措、推进了一系列重大工程，解决了许多长期想解决而没有解决的难题，办成了许多过去想办而没有办成的大事，能源改革发展事业取得历史性成就。2025年，河南能源发展面临的有利因素与不利影响并存，宏观环境总体向好。初步预计，2025年全省能源消费总量平缓增长，约为2.6亿吨标准煤，煤炭消费比重有望历史性地下降至60%左右，绿色低碳能源供给持续扩大，安全保障能力稳步提升。

行业发展篇分别对河南省煤炭、石油、天然气、电力、可再生能源等各能源行业2024年发展态势进行了分析，对各行业2025年发展形势进行了展望，提出了加快建设新型能源体系背景下河南各能源行业高质量发展的对策建议。

新型能源体系篇立足河南能源高质量发展，结合党的二十届三中全会要求，设置能源高质量发展路径、煤电低碳化改造、新型储能发展、新能源汽车充电设施发展4篇研究报告，提出了新形势下加快建设新型能源体系的对策建议。

新型电力系统篇基于供需双侧结构深度调整、保供应与促消纳矛盾加剧、极端气象灾害频发背景，主动服务电力保供、支撑电网防灾减灾，从中长期电力保供、配电网运维管理、输电线路抗冰承灾维度设置3篇研究报告，为加快构建新型电力系统提供路径建议。

调查研究篇聚焦新形势下能源行业发展新问题，落实"系统调节能力优化、需求侧协同能力提升"要求，从分时电价政策优化、虚拟电厂调控、抽水蓄能电站发展等维度设置3篇调研报告，可为行业发展和相关政策制定提供参考。

关键词： 高质量发展　高水平安全　新型能源体系　新型电力系统　河南省

目　录

Ⅰ　总报告

Ⅱ　行业发展篇

Ⅲ 新型能源体系篇

Ⅳ 新型电力系统篇

Ⅴ 调查研究篇

皮书数据库阅读**使用指南**

总 报 告

B.1

统筹发展和安全 以新型能源体系
支撑中国式现代化

——2024年河南省能源发展分析与2025年展望

河南能源蓝皮书课题组＊

摘　要： 2024年，河南全省上下深入贯彻落实党中央、国务院和省委、省政府的决策部署，坚持稳中求进工作总基调，完整准确全面贯彻新发展理念，锚定"两个确保"，全面实施"十大战略"，立足服务保障全省经济社会发展大局，深入践行能源安全新战略，加快建设新型能源体系，能源发展呈现供应保障有力、低碳转型提质、改革创新加快、安全韧性提升、市场投资活跃的良好局面，以能源安全保供和清洁转型双提升、能源供需和能源价格双平稳，为推动经济高质量发展和满足人民美好生活需要提供了坚实保

＊ 课题组组长：张永斌、王承哲。课题组副组长：王世谦、王玲杰、张艺涵、白宏坤。课题组成员：李虎军、邓方钊、刘军会、邓振立、谢安邦、宋大为、尹硕、陈兴、柴喆、路尧、司佳楠、于泊宁、晏昕童、蔡姝娆。执笔：邓振立，国网河南省电力公司经济技术研究院工程师，研究方向为能源电力转型与规划。

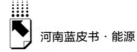
障。2025 年是"十四五"规划收官之年，也是"十五五"规划谋篇布局之年，加快建设新型能源体系面临新的形势和任务要求，整体来看机遇大于挑战。初步预计，2025 年全省能源消费总量平缓增长，约为 2.6 亿吨标准煤，煤炭消费比重有望历史性地下降至 60% 左右。为加快建设新型能源体系，河南应更好统筹高质量发展和高水平安全，一体推进能源安全保障、绿色低碳转型、新质生产力培育、体制机制改革，以新型能源体系支撑中国式现代化建设河南实践，为谱写新时代中原更加出彩绚丽篇章提供了坚强能源保障。

关键词： 高质量发展　高水平安全　新型能源体系　新型电力系统　河南省

加快建设新型能源体系，是新时代新征程中国式现代化对能源高质量发展提出的新要求。2024 年，面对年初低温雨雪冰冻灾害、度夏旱涝急转和多轮次强降雨等极端气象冲击，河南全省上下深入贯彻落实党中央、国务院和省委、省政府的决策部署，统筹发展和安全，加快建设新型能源体系，能源发展呈现供应保障有力、低碳转型提质、改革创新加快、安全韧性提升、市场投资活跃的发展态势，进一步巩固了煤炭压舱兜底、油气底线可保、电力稳定可靠、新能源提质增效的良好局面，为全省经济"稳中向好、持续向好"提供了坚强保障。2025 年，河南能源发展面临的机遇和挑战并存，河南能源行业应全面贯彻党的二十大和二十届二中、三中全会精神，坚持以能源安全新战略为引领，更好统筹发展和安全，逐步建立以非化石能源为供应主体、化石能源为兜底保障、新型电力系统为关键支撑、绿色智慧节约为用能导向的新型能源体系，高质量完成"十四五"规划目标任务，为实现"十五五"良好开局打牢基础。

一　2024年河南能源发展态势分析

2024 年，面对错综复杂的外部环境、艰巨繁重的发展改革任务、极端气象灾害频发等多重挑战，河南能源行业坚持把保障能源安全放在首位，加快建设新型能源体系，行业运行呈现生产总体平稳、消费稳步回升、供需平稳可靠、价格普遍回落、服务优质高效的良好态势，以能源结构更"绿"、供应韧性更"强"、产业体系更"新"、治理基础更"实"的发展成效，为全省经济运行稳中向好、持续向好提供了坚实能源保障。

（一）2024年河南能源发展总体情况

1. 能源生产总体平稳，清洁发电占比达到三成

2024 年，河南深入贯彻党中央、国务院关于能源工作的决策部署，充分发挥煤炭兜底保障作用，多措并举增加油气供给，强化电力安全保障，能源生产供应总体稳定，自主保障能力保持合理裕度。1~10 月，全省原煤产量 8632 万吨，同比增长 14.8%，连续三年实现正增长；全省原油产量 159 万吨，与上年同期基本持平；全省天然气产量近 2 亿立方米，同比增长 6.7%；全省发电量 3137 亿千瓦时，同比增长 10.8%，其中清洁能源发电量同比增长 15.6%，在发电量结构中的占比达到 31.4%。初步判断，随着稳产保供措施的不断落实和煤矿数智化建设的加快推进，全省能源生产能力持续加强，预计 2024 年全省能源生产总量约 1.05 亿吨标准煤，较上年稳中略增。

2. 能源消费稳步回升，煤油气电总体稳步增长

2024 年，河南经济运行稳中向好、持续向好，推动能源消费实现稳定增长。1~10 月，全省全社会用电量 3624 亿千瓦时，同比增长 7.1%，汽车、食品、化工、医药、交通运输、住宿餐饮、批发零售等行业用电量实现高速增长；成品油消费量 1368 万吨，在新能源汽车渗透率不断提升的背景下实现了与上年同期基本持平；天然气消费量 97 亿立方米，受年初冷冬居民用气和工业生产用气需求增长的带动，同比增长 0.9%。初步判断，综合考虑全省经济运行态势持续向好、用电量增速快于经济增速、工业能耗强度持续下降等因素，2024 年全省能源消费总量约 2.56 亿吨标准煤，较上年平稳增长。

3. 能源供需平稳可靠,有力应对各类风险挑战

2024年,是全国及河南能源保供形势较为严峻的一年,极端气象灾害频发给能源保供带来较大风险挑战,河南深入贯彻习近平总书记关于能源保供和安全生产的重要指示批示精神,推动能源保供政企协同机制高效运转,推动电煤和燃气供应保障、机组顶峰能力提升等一大批配套措施落地落实,全力保障了煤炭、油气、电力安全可靠供应。

迎峰度冬期间,面对低温雨雪冰冻天气风险挑战,全力调集筹措资源,打通煤油气绿色运输通道,提前制定抢修预案,开展电网融冰除冰行动,以电煤平均可用40天的高库存和优质煤超50%的高占比、燃气电站关键时段全开机顶峰发电和民生用气需求的足额供应,全力保障能源安全稳定供应和人民群众温暖过冬。迎峰度夏期间,河南能源行业以"三个最好水平",有力应对了保供防汛交织的复杂局面。一次能源储备达到历史最好水平,电煤库存始终保持1100万吨左右的历史高位、燃气电站在年度长协基础上增购市场气量0.4亿立方米。省内顶峰保障能力达到历史最好水平,煤电在运机组受阻率降至5%,水电、气电、储能以及地方电厂晚高峰顶峰能力较上年提升200万千瓦以上。入豫电力晚高峰中长期签约规模达到历史最好水平,首次与湖北、湖南签订互济互保协议,度夏晚高峰时段签约外电创历史新高、达到1147万千瓦;大负荷期间最大应急增购外电280万千瓦,有效弥补了供电缺口。

4. 能源价格普遍回落,短期走出宽幅震荡周期

2024年,全球能源市场在经过近几年剧烈动荡后,供求关系、运输通道、竞争格局进入深度调整期,叠加世界经济复苏缓慢、新能源快速替代的影响,全球一次能源供需形势总体相对宽松,价格趋向稳定。同时,国内增产保供政策效应持续显现,煤油气产量保持较高水平,能源进口高位增长,全国及河南一次能源供需呈现整体宽松、价格下行的态势,河南一次能源价格水平、走势与全国同步。截至11月上旬,山西优混(5500大卡)煤价856元/吨、较年初下降8.2%;成品油零售价格累计开启22轮调价窗口,95#汽油8283元/吨,较年初下降10.7%;液化天然气(LNG)4444元/吨,较年初下降20.6%(见图1)。

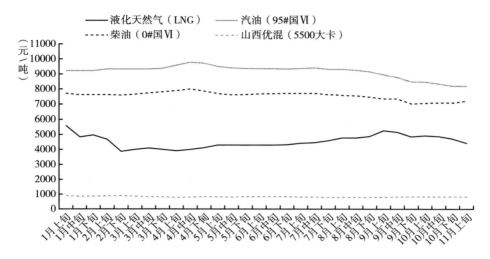

图 1　2024 年 1 月至 11 月上旬主要能源产品价格变化

说明：因春节假期等因素，国家未公布 2 月中旬相关数据。
资料来源：国家统计局。

5. 能源服务优质高效，形成助企惠民共赢格局

2024 年，河南立足全省经济社会发展大局，持续提升能源促发展、惠民生的服务水平，聚焦"7+28+N"产业集群建设、绿色出行、粮食生产等重点工作，为中国式现代化建设河南实践提供了更加优质高效的能源服务。

"政企联办"举措升级，精准高效保障经济社会发展用能需求。2024年，河南推动"政企联办"用能服务举措升级，通过河南政务服务平台上线水电气热网联合报装"一件事"，实现随工程建设所需办理事项一并申报，5 个工作日内办结。全面启动服务新型工业化及重点产业链工作，建立"矩阵式"产业链包联服务机制，成立 28 个重点产业链专班，针对重大项目实施"网格首席服务官"机制，确保产业链发展"快用电"、产业链生产"用好电"。持续加强民生用能工程建设，保障交通出行和高标准农田用能需求。2024 年，河南全面落实充电基础设施建设三年行动方案，加快构建适度超前、布局均衡、智能高效的充电基础设施体系，全省户均配电容量达到 2.6 千伏安、居中部地区省份领先水平，较好满足了各类充电桩接入需

求。截至 2024 年 10 月，全省公共充电设施保有量达 15.2 万个、居全国第 8 位，基本实现河南境内高速公路服务区充电站全覆盖；全省个人充电桩达 32.8 万个，较 2023 年底增长超 15 万个。持续推进农网巩固提升工程，保持每年超 100 亿元的高位投资，全力推进 550 万亩高标准农田配套电网建设。开通用能绿色通道，扎实做好农业春灌、夏种、秋收、冬播及粮食储存加工等用电用油服务，全面落实省委省政府有关全省抗旱工作的决策部署，坚决打赢"三夏"期间抗旱保墒攻坚战。

（二）2024年河南能源行业发展情况

1. 统筹"增产增储"与"数智升级"，煤矿智能化建设全面提档加速

着力增产增储，全方位提升煤炭供给弹性。2024 年，河南持续优化煤炭资源配置，着力推动新增产能、储备能力建设，确保煤炭生产储备能力保持合理裕度和足够弹性，有效应对周期性和季节性供给波动，兜底保障能力不断增强。增产方面，加快推进陈召北井 90 万吨优质无烟煤项目建设；宜洛矿区（核定产能 90 万吨/年，规划生产能力 150 万吨/年）总体规划环评获得批复。增储方面，加快鹤壁二期（65 万吨）、豫西二期（60 万吨）、华润登封（25 万吨）、平顶山鲁山（70 万吨）等 4 个中央煤炭储备基地建设，年内形成 220 万吨的静态储备能力；争取濮阳、南阳、信阳等 6 个储备项目选址纳入国家中央政府煤炭储备基地布局方案。初步判断，2024 年全省原煤产量约 1 亿吨，与上年基本持平。

着力创新赋能，煤矿数智化转型居全国第一方阵。以科技创新为支撑，推动煤矿安全改造和智能化建设向更大范围、更深层次、更高质量发展，减人增安提效成效显著。安全改造方面，2023 年煤矿安全改造建设项目全面竣工，获批 2024 年中央预算内资金 4.2 亿元、居全国第 2 位，占全国总获批金额的 14%，高水平安全基础进一步巩固。智能化建设方面，实施完成2021~2023 年三年行动方案，接续出台 2024~2026 年新三年行动方案及建设标准等配套政策，煤矿智能化建设进入加快发展、纵深推进新阶段。截至 2024 年 10 月，累计建成国家智能化示范煤矿 3 处、省级智能化煤矿

27 处、智能化采煤工作面 125 个、智能掘进工作面 203 个，涵盖总产能的 40%，实现"两提高两降低一改善"（安全水平和生产效率提高、劳动强度和井下作业人数降低、作业环境改善），危险区域作业人员减少 50% 以上，采煤、掘进工作面直接工效提升 45% 以上，煤矿智能化建设水平居全国第一方阵。

2. 统筹"供给保障"与"输配储备"，省级天然气骨干管网基本成形

供给保障整体平稳，油气勘探取得突破性进展。产销方面，面对油气资源相对匮乏的现状，强化新技术、新工艺应用，确保省内油气产量保持平稳；提前筹集省外入豫气源、签订供气合同，筑牢了油气保供的基本盘；统筹供需平衡，开展监测调度，及时协调解决区域性天然气供应问题，全省未发生断供情况。初步判断，2024 年，全省原油产量约 190 万吨、天然气产量约 2 亿立方米；考虑经济恢复、"瓶改管"民生工程等因素带动，预计全年天然气消费量 121 亿立方米，同比增长 0.8%；考虑交通物流用油增长、新能源汽车替代效应等因素叠加影响，预计全年成品油销售量 1650 万吨，同比增长 0.4%。勘探方面，三门峡盆地钻获高产工业油流，预估石油资源量 1.07 亿吨，实现区域 50 年来油气调查重大突破；中原油田在东濮凹陷带勘探取得新突破，预估石油资源量 1.1 亿吨；河南油田首个页岩油井工厂在张店油区开工建设，创新探索夹层型页岩油经济高效开发技术。

输配储备能力持续提升，油气管网建设进展顺利。输配管道建设方面，"北油南调"战略工程锦州—郑州成品油管道全线贯通，承担向新郑国际机场输送航煤任务的洛阳—新郑机场航煤管道工程开工建设，西气东输三线河南段主体工程全部建成，苏皖豫、枣合宣等国家干线输气管道工程完成核准；濮阳—鹤壁、开封—周口等 6 条省内输气干线管道工程进展顺利，周口—驻马店、三门峡—伊川输气管道工程开工建设，油气管道运行总里程突破 1 万公里，天然气管道里程接近 8000 公里，供给保障和服务能力显著提升。储气设施建设方面，中东部地区库容最大、调节能力最强的文 23 储气库二期工程建成投用，中原储气库群总库容超过 130 亿立方米；平顶山 3 个

盐穴储气库项目加快建设，中石油平顶山盐穴储气库项目已完成 1 组老腔改造，国家管网平顶山储气库项目完成核准，储气调峰和应急保障能力进一步提升。

3. 统筹"安全保供"与"低碳转型"，新型电力系统建设加速推进

电力负荷首次突破 8000 万千瓦，全力以赴打赢了度夏保供攻坚战。2024 年入夏以来，全省经历多轮高温高湿天气，用电负荷快速攀升，叠加煤电等稳定出力电源投产进度不及预期、防汛形势复杂严峻，电力保供经受了巨大考验。一是高温来得早、高峰周期长。6 月初即出现首轮高温天气，累计持续近 3 个月，日最大负荷 20 天破 7000 万千瓦，最高用电负荷达 8124 万千瓦，创历史新高，成为全国第 5 个用电负荷突破 8000 万千瓦的省份。二是气象转换快、负荷波动大。度夏以来，全省累计出现 9 轮大风、暴雨、强对流天气，大负荷当日即发生极端高温向极端降水急转的突发状况，负荷单日出现大幅上涨和下降，叠加新能源出力频繁出现日内超 2000 万千瓦大幅波动，加大了电力平衡应对难度。河南充分发挥政企协同、一二次能源协同、源网荷储协同作用，成功应对了度夏期间持续高温大负荷、恶劣天气突发频发、新能源出力大幅波动"三重考验"。初步判断，在经济持续向好、居民三产用电量较快增长带动下，2024 年河南全社会用电量 4330 亿千瓦时，同比增长接近 6%。

着力提升供应、配置、调节、稳定"四个能力"，多项工程取得突破性进展。提升供应能力，洛阳万基项目全面投产，许昌能信、南阳电厂二期、陕煤信阳等项目加快施工，中煤永城项目开工建设，省内可靠供应能力持续提升；华中特高压交流"日"字形双环网建成投运，羊曲、玛尔挡水电站经国家能源局认定为青豫直流配套电源，省外受入能力进一步增强。提升配置能力，实施电网提质升级行动，建成投运 500 千伏豫西—豫中等主网架优化工程，豫西新能源外送等 6 个电网主网架项目纳入国家规划，电力余缺互济和新能源大范围消纳能力进一步增强。提升调节能力，抽水蓄能电站项目进展顺利，汝阳菠菜沟项目获得核准，平顶山鲁山、辉县九峰山等 8 个在建项目加快推进，信阳五岳、洛阳洛宁项目进入投产阶段，争取国家下达

2024～2028年抽蓄项目规模1180万千瓦、位居全国第二；新型储能项目加快建设，预计年内累计装机规模超过250万千瓦，新县300兆瓦/1200兆瓦时压缩空气储能等2个项目入选国家示范工程，以磷酸铁锂为主，以全钒液流电池、压缩空气储能项目为代表的多元发展格局加快形成。提升稳定能力，投运新能源半实物仿真平台，持续推动火电机组增加调相机功能改造，率先建成分布式源网荷储协同控制系统并实现"千万千瓦级"群调群控，加强连锁故障仿真平台建设，电力系统运行驾驭水平和故障反演能力持续提升。

4. 统筹"快速发展"与"高效利用"，可再生能源装机占比突破50%

推动"快速发展"调结构，可再生能源装机和发电量再上新台阶。2024年，河南深化实施绿色低碳转型战略，大力推进风电规模化开发、积极有序发展光伏发电，加快推进源网荷储一体化项目建设，有效发挥了调结构、促转型的作用。截至2024年10月，全省可再生能源装机7500万千瓦、较上年底增加724万千瓦，装机占比51.2%、较上年底提升2.5个百分点；可再生能源发电量985亿千瓦时，同比增长19.0%。其中，光伏装机4286万千瓦，较上年底增加555万千瓦，装机占比接近三成，达到29.3%，分布式光伏新增装机结构由上年户用、工商业"八二分布"转变至"二八分布"；风电装机2263万千瓦，较上年底增加85万千瓦，装机占比15.5%。初步判断，2024年，河南省可再生能源装机接近8000万千瓦、同比增长16.0%，发电量首次突破1000亿千瓦时、同比增长17.0%。

促进"高效利用"提质效，新能源利用率保持在较高水平。2024年，河南主动适应新能源装机占比接近50%的新形势，在加快推进系统调节能力提升的基础上，加强供需协同、做好并网服务、完善优化调度、拓展消纳空间，多措并举助力新能源消纳利用。加强供需协同，深化应用分布式光伏承载力与可开放容量发布平台，分季度开展新能源承载力评估，服务分布式光伏规模化有序发展。做好新能源并网服务，全面完成6090个分布式光伏反向过载存量问题治理工作，配电网分布式电源承载能力进一步提升。完善新能源优化调度，用好分布式源网荷储协同控制系统，开展分布式光伏群调群控，做好新型储能并网调用，提升电网对清洁能源的接纳、配置和调控能力。拓展新能源市场消纳空间，综合利用省内和省外两个市场，深挖富余电量消纳潜力。截至 2024 年 10 月，全省新能源利用率保持在 95%以上的较高水平，光伏利用率 98.1%，较全国高 1.0 个百分点。

（三）2024年河南能源发展成效特征

1. 能源结构更"绿"，行业协同转型的发展态势加快形成

2024 年，河南坚持以能源安全新战略为引领，全面贯彻落实绿色低碳转型战略和美丽河南建设，推动能源供给清洁低碳、能源消费节能降碳、交通基础设施绿色发展，实现"绿色供给、绿色生产、绿色生活"一体推进，有力支撑了经济社会发展全面绿色转型。

做好供给侧绿色能源提质扩量的"加法"，实现"两个超越、两个领先"。积极有序引导新能源发展，实现"两个超越"。截至 2024 年 10 月，可再生能源装机超越火电，达到 7500 万千瓦；新能源装机超越煤电，达到 6962 万千瓦。统筹推进地热能开发和煤电清洁低碳转型，实现"两个领先"。加快地热能开发利用，地热供暖能力累计超过 1.3 亿平方米，位居全国第四、中部第一，处于领先水平；统筹推进煤电淘汰落后产能与节能降耗改造，关停淘汰落后煤电机组 8 台（共 52.9 万千瓦），全省 60 万千瓦以上机组占比超过 2/3，高于全国约 20 个百分点，平均供电煤耗降至 298 克/千瓦时，处于领先水平。预计全年省内新能源发电量超过 1000 亿千瓦时，叠加省外清洁电能引入，清洁电能供应占全社会用电需求的比重超过 1/3，可再生能源消纳责任权重达到 35%左右，超额完成国家下达指标。

做好消费侧节能降碳的"减法"，能源利用效率显著提升。强化重点用能单位节能管理，建立重点用能单位能耗在线监测调度机制，基本实现全省综合能耗 5000 吨标准煤及以上的重点用能企业全部接入省级能源在线监测系统，全省 7 个行业、8 家企业入选国家级能效"领跑者"名单，入选企业数量全国并列第一。能源领域，积极推动一次能源开发绿色用能，平顶山矿区瓦斯全浓度梯级高效利用工程入选国家示范项目，抽采利用率超过 50%，远高于全国平均水平，2024 年 1~9 月全省煤矿瓦斯利用达到1.5 亿立方米、

同比增长 19.5%。中国石化首个百兆瓦级风电项目并网发电，全部建成后每年约可为中原油田输送清洁电量 3.2 亿千瓦时，相当于节约标准煤 9.7 万吨。工业领域，推动制造业绿色转型，2021~2023 年全省规模以上工业增加值能耗累计下降 11.5%；2024 年重点实施节能降碳改造项目 207 个，基本完成水泥、焦化企业超低排放改造，预计节约能源消费 219 万吨标准煤/年。交通领域，加强新能源汽车购置政策引导和政策扶持，2024 年 1~9 月，全省新能源汽车保有量为 181 万辆，居全国第 5 位，新能源汽车产销量占全省汽车整车总产销量的比重超过 45%；加快氢能示范应用，截至 2024 年 9 月，"十四五"以来累计新建加氢站 36 座，新推广燃料电池汽车 1666 辆，仅次于北京和上海；上线运营氢能燃料电池公交车超 400 辆，数量全国领先。

2. 供应韧性更"强"，安全保障和抗灾减灾能力显著提升

2024 年，面对极端气象灾害频发多发、不确定难预料因素增多等新旧风险挑战，河南把防范化解影响能源安全稳定供应的风险隐患摆在更加突出位置，通过健全政企联合保供机制、强化能源储备体系及应急体系建设，确保了常态供应有弹性、局部短时紧张有措施、极端情况应对有成效。

健全政企联合保供工作机制，汇聚全省能源保供合力。坚持全省能源保供"一盘棋"，持续健全煤电油气运协调机制，强化地方政府和煤电油气运相关部门、企业、用户保供会商，前瞻做好统筹协调和风险研判，通过做实做细资源排查、燃料保障、考核评价、供需平衡、负荷管理、风险防范处置等工作，保障了电煤燃气供应、机组顶峰能力提升等度夏、度冬配套政策的顺利落地和电源、储能、油气管网工程等各类保供工程的按期投产，切实增强做好能源保障工作的前瞻性、针对性、实效性。

健全能源储备体系，提升周期性、季节性及突发性供给波动应对能力。加快煤炭储备能力建设，建成投运鹤壁一期、豫西一期等省级煤炭储备项目，静态储备能力达到 338 万吨，开工建设鹤壁二期等 4 个中央政府煤炭储备项目，静态储备能力 220 万吨，基本形成国家储备与地方政府储备相结合的煤炭储备体系，濮阳、南阳等 6 个储备项目选址纳入国家煤炭储备基地布局方案；完善储气调峰体系，全面建成濮阳文 23 储气库二期工程，中原储气库群总库容达到 130.8 亿立方米，开工建设平顶山"百亿立方"盐穴储气库等重点工程，储气调峰和应急保障能力进一步提升。

健全能源应急体系，提升极端天气下防灾抗灾管控能力。深化政企协作，实施能源基础设施灾后恢复重建工作，全面完成煤矿、油气管道、电网、新能源等能源基础设施灾后恢复重建和改造提升工作，全面建成重点输变配基础设施安全防线，全省能源基础设施防灾减灾、应急应变能力显著提升。深化数智融合应用。建设完善"防汛一张图""电网气象一张图"，打造全天候、现代化的应急体系，建成抢修复电数字化指挥平台，可视化展示停电、抢修、复电三种状态和故障位置、影响范围等信息，确保停电事件研判"报得准"、故障抢修位置"找得到"、抢修复电响应"反应快"。提升应急处理能力，组建 1000 余支应急抢修队伍，备足移动融冰车、中压发电车等应急装备，固化 20 余项应急处置方案，形成"上下联动、区域协同、平战结合"的响应机制。2024 年度冬、度夏期间，充分发挥应急体系和指挥平台作用，成功抗击了影响范围广、雨雪相态复杂的低温雨雪冰冻天气，打赢了极端性强、致灾风险高的南阳、商丘等地特大暴雨抢险攻坚战。

3. 产业体系更"新"，新质生产力成为带动产业升级的新增长点

2024 年，河南围绕"7+28+N"产业链群建设，坚持科技引领、创新驱动，因地制宜发展能源领域新质生产力，充分发挥能源技术及其关联产业促发展、扩投资、稳增长作用，推动能源领域新质生产力加快成长为河南现代化产业体系的新支柱。

新能源汽车产业聚链成群，迈入高质量发展黄金期。2024 年，河南锚定万亿级新能源汽车产业集群建设目标，抢抓机遇加大产业培育和引进力度，组建河南省新能源汽车研究院，建成宁德时代洛阳基地一期、上汽新能源项目电池工厂，富士康新能源试制中心、创维新能源整车制造基地落地布局，全省汇集上汽、宇通、比亚迪等新能源汽车整车生产企业 17 家，福耀玻璃等规模以上配套企业 600 余家，基本形成从原材料到核心零部件，再到整车、配套设备、物联网的完整产业链。2024 年 1~9 月，河南汽车及零部件产业增加值同比增长 42.4%，高于全省规上工业增速 31.8 个百分点，随着比亚迪新能源皮卡、上汽郑州"智己"等新车型上线，全省新能源汽车整车产量达 40.1 万辆，同比增长 140.5%，远高于全国平均增速，带动郑州跻身国内新能源汽车产量前十城市。

传统能源产业转型成效突出，逐步形成具有核心竞争力的产业基地。2024 年，河南锚定万亿级新材料产业集群建设目标，持续推动石油行业从炼油向化工、再到高端绿色石化转型，煤炭行业从燃料到原料、再到高端新材料转型。打造国内一流绿色石化先进材料产业基地。2024 年 9 月，洛阳石化百万吨乙烯项目进入全面建设阶段，作为河南省"十四五"期间单体投资最大的工业项目，配套引进中国化学、抚顺东科、山东胜华等近 40 个下游项目，叠加濮阳联鑫化工、鹤壁美瑞科技、安阳安化集团等重大项目的加快建设、逐步投产，初步形成具有核心竞争力的高端石化产业集群。建设世界一流尼龙新材料产业基地。平顶山、鹤壁立足煤炭生产和煤化工基础优势，从煤这个"化工原料之母"破题发力，打通了全球最完整的碳基尼龙化工产业链。2024 年平煤神马集团尼龙化工产业配套氢氨项目建成投产，解决了产业链上游原料氢气和液氨短缺问题，截至 2024 年 10 月，平顶山中国尼龙城已入驻相关企业 200 余家，产业规模突破 1000 亿元；鹤壁加快打造尼龙新材料技术研发、生产销售、人才培养一体化产业基地，形成了以中维化纤为链主的产业链群，已成功打造 6 个尼龙产业单项冠军。

新兴能源产业快速发展，新型电力（新能源）装备先进制造业集群加快形成。2024 年，河南锚定万亿级先进装备产业集群建设目标，加快能源产业向"新"向"质"转变，许昌、平顶山新型电力（特高压输变电）装备产业集群入选河南省先进制造业集群名单；开封、许昌、商丘、信阳等 4 个新型电力产业链入选 2024 年河南省绿色制造业产业链名单。风光储氢产业发展方面，加快创新攻关和产业引进，世界首套 25 兆瓦级风电主轴承及齿轮箱轴承在洛阳轴研科技下线，解决了大容量风电主轴承和齿轮箱轴承"卡脖子"问题；加快布局新一代光伏技术项目，明阳光伏南阳高效异质结太阳能电池项目开工建设，许昌平煤隆基高效单晶硅太阳能电池项目建成投产；持续抢抓新型储能产业发展机遇，濮阳钠离子电池中试基地、三门峡易事特储能装备产业化项目、豫东南科创储能项目等建成投产，开封时代全钒液流扩建项目、平顶山固态电池和钠离子电池产业园等开工建设，周口全钒液流电池储能新质造和液流电池长时关键技术及示范等项目完成签约；发挥燃料电池示范城市先发优势，加快氢能利用和产业布局，濮阳百千瓦级固体氧化物电解水制氢项目、明阳集团电氢醇固始示范项目、焦作孟州氢燃料电池及核心零部件产业园等开工建设，预计2024年全省氢燃料电池产能达到300万千瓦，氢能"制储运加用"全产业链逐步形成。

4.治理基础更"实"，促进能源高质量发展的政策体系不断完善

2024年，河南深入学习贯彻党的二十届三中全会、中央全面深化改革委员会第二次会议精神，聚焦电力市场建设、电价机制改革、新能源和新型储能发展等重点工作，推动体制机制和政策体系创新突破，实现"保供、降本、促消纳"多重效益。

电力市场建设深入推进，新能源通过政府授权合约破冰入市。首次将省内新能源优发富余电量用于降低工商业用电成本。先后出台《河南省优化工业电价若干措施》《关于河南省2024年电力交易有关事项的通知》等政策，将新能源优发富余电量按照政府授权合约形式纳入中长期交易管理，2024年1~10月以政府授权合约方式分解新能源发电量329亿千瓦时，全部匹配给工商业用户，降低用电成本11.1亿元。电力市场交易深度和广度持续增加。现货市场在探索中稳步推进，自2022年首次开展模拟试运行以来，2024年先后开展多轮次模拟试运行、调电试运行、结算试运行，市场规则经受住了新能源大发、保供关键期等长周期多场景检验；在电力交易、辅助服务市场中，新增独立储能、虚拟电厂等新型市场主体，修订完善交易模式、结算细则，提升了市场流动性、降低了经营主体风险。截至2024年10月，全省71家燃煤发电企业、434万户工商业用户全部进入市场，市场化交易电量占售电量比重达到70%。省间外购电助力保供降本促消纳展现新成效。充分依托大电网、大市场，打出西北区域季节互换、西南区域丰枯互

济、华中区域余缺互补、长协短周期交易并行、保供降本促消纳并重的组合拳，超额完成夏季晚高峰中长期外购电力目标任务，2024 年 1~10 月累计拓展省内新能源消纳空间 46 亿千瓦时，累计购入外电 529 亿千瓦时，购电价格较省内市场化交易均价低 0.08 元/千瓦时，降低工商业企业购电成本 42 亿元。

电价机制进一步调整完善，保供和消纳潜力充分释放。创新出台新版分时电价。紧跟新能源大规模发展、负荷特性快速变化的新形势，落实国家完善分时电价机制的部署要求，出台了工商业分时电价调整政策，通过增设午间低谷时段、连续设置平谷时段、合理拉大峰谷价差等创新举措，助力午间新能源消纳、晚间电力保供，方便企业组织生产，拓展储能盈利空间。初步测算，新版分时电价调整后，约可削减度夏晚高峰负荷 300 万千瓦、提升午间平段负荷 280 万千瓦，降低分布式光伏弃光率 1.6 个百分点。全面落实煤电容量机制改革要求。第一时间落实《国家发展改革委 国家能源局关于建立煤电容量电价机制的通知》要求，充分体现煤电支撑调节价值，实现电能量和容量市场高效协同，保障煤电企业合理收益，稳定煤电行业预期，2024 年 1~10 月，全省煤电发电量 2097 亿千瓦时、同比增长 7.5%，发电利用小时数较上年提升 245 小时。郑州市根据天然气销售价格与上游门站价格联动机制，对居民天然气价格进行了联动调整，更好保障居民用气需求和燃气行业健康可持续发展。

持续完善新能源和新型储能发展政策，促进行业高质量发展。分布式光伏进入平稳增长期，迈入健康可持续发展新阶段。2024 年，河南全面落实分布式光伏发电健康可持续发展政策要求，通过规范行业管理、优化行业发展环境，分季度发布"红、黄、绿"承载力评估结果，引导行业优化布局，截至 2024 年 10 月，全省分布式光伏年内新增装机 563 万千瓦，回归积极有序发展状态。新型储能政策支持力度加大，独立储能容量租赁市场正式运营。落实国家和河南有关储能发展的系列配套政策要求，建立健全独立储能参与"容量、能量、辅助服务"等多市场政策机制，上线河南独立储能容量交易平台，按月常态化组织储能容量交易，推动了储能与新能源融合发展。截至 2024 年 10 月，16 家主体共达成容量租赁合同 9 笔，成交规模 79 万千瓦时。

加快推进非独立储能奖补审核，发布《河南省新能源配建储能转为独立储能管理办法（征求意见稿）》，提高新能源配建储能利用水平。创新发展模式，探索实施源网荷储一体化示范项目。坚持示范带动，印发工业企业、增量配电网、农村地区三类源网荷储一体化项目实施细则，丰富和扩大了分布式新能源与新型储能发展路径和应用空间。截至 2024 年 10 月，全省分四批批准一体化项目 192 个，风电、光伏总装机规模约 460 万千瓦，预计新增储能规模约112 万千瓦/308 万千瓦时。

二 2025年河南能源发展形势分析与展望

2025 年，是"十四五"规划收官之年，也是"十五五"规划谋篇布局之年，加快建设新型能源体系，面临一系列新机遇和新挑战。河南能源行业应全面贯彻落实党的二十大，二十届二中、三中全会精神和省委、省政府各项决策部署，深刻认识、准确把握新的形势任务和发展变化，更好统筹高质量发展和高水平安全，合理把握全局和局部、兼顾当前和长远、统筹发展和转型、协调政府和市场的关系，加快建设新型能源体系，预计全省能源发展保持安全可靠、稳中向好的良好态势。

（一）面临形势

近年来，能源受关注程度、保供难度、转型速度、改革创新力度前所未有。从国际环境来看，世界进入新的动荡变革期，俄乌、巴以等地缘冲突对国际能源市场的影响程度之深、破坏之大、持续时间之长，超出市场预期，加深了各国对能源安全的担忧，加快了世界能源转型的进程，全球能源治理由资源主导向技术创新主导转变，新兴能源产业成为国际能源产业的制高点。从国内形势来看，2014 年 6 月，习近平总书记提出"四个革命、一个合作"能源安全新战略，[1] 为我国统筹能源高质量发展和高水平安全提供了

---

[1] 中华人民共和国国务院新闻办公室：《新时代的中国能源发展》，人民出版社，2020，第 1 页。

根本遵循，党的二十届三中全会对进一步全面深化改革做出系统谋划和战略部署，经济社会发展、人民美好生活、碳达峰碳中和对高水平能源保障提出了更高要求，加快建设新型能源体系、构建新型电力系统、培育能源领域新质生产力进入关键时期。在新形势下，河南既要为推进中国式现代化建设河南实践、经济社会全面绿色转型提供清洁低碳、安全高效且成本合理、经济可承受的能源保障，又要在加快培育能源领域新质生产力竞争中抢占先机，为高质量发展提供能源产业支撑，能源发展面临新的机遇和挑战。

1. 能源安全保障能力稳步提升，但能源保供严峻形势仍需有效应对

能源安全攸关国计民生和国家安全。习近平总书记强调："能源保障和安全事关国计民生，是须臾不可忽视的'国之大者'。"[①] 近年来，面对复杂严峻的国际能源市场环境，我国相继出台一系列保供稳价政策，深入实施释放煤炭先进产能、加大油气勘探开发力度、建设新型电力系统等一系列战略举措，高质量供给能力持续增强，煤炭产量连创新高、原油产量重回 2 亿吨、天然气产量超过 2300 亿立方米，超额完成"七年行动计划"阶段性目标，自主保障水平显著提升，有效应对了国际市场传导冲击。"十四五"以来，在省委、省政府的坚强领导下，河南能源行业团结协作，有力应对了"7·20"特大暴雨、全国电煤供应紧缺以及极端高温、低温雨雪冰冻灾害天气等多重风险挑战，打赢了能源电力保供攻坚战，争取了新增清洁煤电、抽水蓄能电站、能源调入通道等一批事关全省能源长远发展的优质项目、政策举措，建立了政企联动、高效协同的能源保供机制，全面完成了能源基础设施灾后恢复重建。整体来看，全国及全省做好能源安全保障工作具备坚实基础及丰富经验。

但同时应看到，新形势下，能源安全新旧风险交织，外部约束条件趋紧，叠加不稳定、不确定、难预料因素明显增多，在能源格局向清洁主导、电为中心加快转变的背景下，电力电量平衡难度和安全稳定运行风险加大，

---

① 陈凌：《能源保障和安全是"国之大者"（评论员观察）》，《人民日报》2023 年 7 月 14 日，第 5 版。

能源安全保障面临压力和挑战。从供给侧看，省内煤炭、油气可开发资源后备不足，煤炭每年需净调入 1 亿吨以上，天然气 98% 以上依赖省外调入；在建煤电进度整体不及预期，存量煤电经营压力仍未完全纾解，给能源保供带来一定隐患；新能源作为第一大类电源和新增装机绝对主体，保供困难时段可靠支撑能力明显不足；入豫电力现有通道能力已充分挖潜，在全国供需形势趋紧的情况下，新增通道争取难度、应急购电量价不确定性明显加大；新型储能发展不及规划预期，截至 2024 年 9 月，全省新型储能装机 112 万千瓦，占同期全国新型储能装机 5852 万千瓦的 1.9%，占同期全省风光总装机 6518 万千瓦的 1.7%，顶峰保供作用相对有限。从需求侧看，河南人均 GDP 仅为全国的 2/3，城镇化率较全国低近 10 个百分点，随着中国式现代化建设河南实践的深入推进、"7+28+N"产业链群的发展壮大、人民生活用能水平的持续提升，能源需求在相当长一段时间内仍将持续增长，同时建设美丽河南对提升能源供给体系清洁化水平提出了更高要求。

2. 能源绿色低碳转型走在前列，但新能源高质量发展仍需统筹推进

绿色发展是高质量发展的底色。习近平总书记指出："我国能源发展仍面临需求压力巨大、供给制约较多、绿色低碳转型任务艰巨等一系列挑战，应对这些挑战，出路就是大力发展新能源。"[1] 2014 年以来，在"四个革命、一个合作"能源安全新战略的引领下，我国能源转型加速推进，2024 年 7 月风电、光伏总装机容量超过 12 亿千瓦，提前 6 年完成在气候雄心大会上的承诺目标。"十四五"以来，河南深入实施绿色低碳转型战略，推动新能源大规模开发和高水平消纳，在开发条件一般的情况下，取得了新能源装机规模、装机结构占比迈入全国前列的成绩，光伏、风电分别上升为全省第二、第三大电源。截至 2024 年 10 月，全省新能源装机 6962 万千瓦，位居全国第七；新能源装机占总发电装机的比重达到 47.6%，位居中东部地区第二，较全国高近 7 个百分点。整体来看，河南推动新能源高质量发展政策条件好、存

---

① 《习近平在中共中央政治局第十二次集体学习时强调：大力推动我国新能源高质量发展为共建清洁美丽世界作出更大贡献》，中国政府网，2024 年 3 月 1 日。

量条件实、增量条件优，有能力以更大力度推动新能源高质量发展。

但同时应看到，随着"十四五"以来新能源装机的高速增长，新能源发展面临可靠替代尚未形成、并网消纳难度加大的压力挑战，既需要形成源网、供需、量率多方协同的应对方案，以解近忧，又需要创新提出规划、政策、机制统筹驱动的长远之策，以谋远虑。一方面，供需结构协同不足，装机规模和接纳能力匹配度不高。当前，河南为新能源出力波动提供调节服务的调节性电源装机占新能源装机容量的10%，仅为新能源日内最大出力波动的1/4左右；公用火电机组常态化参与深度调峰，2023年发电小时数仅为3411小时，远低于全国平均水平（4466小时），调节能力已基本用尽。电力供需结构协同不足是新能源发展与消纳受限的根本原因，2021~2023年河南最大用电负荷年均增加457万千瓦、年均增长6.5%，新能源装机年均增加1132万千瓦、年均增长30.0%，新能源爆发式增长与负荷平稳增长不匹配问题突出。比如，河南新能源装机与江苏总量相当、结构接近，但河南最高用电负荷仅为江苏的55%，在春秋季晴好天气的午间时段，全省新能源出力已常态化超过3000万千瓦，存在发用电不匹配问题。另一方面，源荷空间协同不足，城乡源荷逆向分布。河南风光资源禀赋一般，建设大型风电、光伏基地条件有限，而农村地域广阔、屋顶资源丰富，分布式光伏发展快、潜力大。截至2024年10月，全省分布式光伏装机规模3656万千瓦，较2020年底增加3000万千瓦以上，但近九成通过低压接入，户均装机20~30千瓦，超过户均用电负荷的10倍，叠加农村地区调节资源匮乏、相比东部地区工商业负荷较少，时段性过剩发电量需穿越多个电压等级，层层送至城市用电中心逐级消纳。

3. 能源产业升级步伐不断加快，但新质生产力培育仍需持续发力

发展新质生产力是推动高质量发展的内在要求和重要着力点。习近平总书记强调，新质生产力"特点是创新，关键在质优，本质是先进生产力"。[①]"十四五"以来，河南深入实施"十大战略"，将创新摆在发展的逻辑起点、

---

① 《习近平在中共中央政治局第十一次集体学习时强调：加快发展新质生产力　扎实推进高质量发展》，中国政府网，2024年2月1日。

现代化建设的核心位置，坚定走好创新驱动高质量发展"华山一条道"，推动现代能源经济高质量发展。科技创新平台取得多项突破，全国率先成立省级科技创新委员会，建成龙子湖新能源实验室、中原电气实验室、氢能与燃料电池汽车产业研究院等科研平台，获批光伏储能实证实验（华中基地）等示范平台。煤炭清洁高效利用领域优势突出，建成炼焦煤资源绿色开发全国重点实验室，煤炭洁净加工领域走在世界前列，煤层气勘探开发领域走在全国前列。石油化工产业迈入高质量发展新阶段，锚定"控炼少油增化"重点任务，百万吨乙烯重大项目及下游产业链项目加快建设，着力打造中西部重要的高端石化产业基地。新型电力（新能源）装备产业具有特色优势，全省规模以上电力装备企业近千家，产品覆盖输变电、配用电、风光储等各环节，横跨一二次、高中压、交直流各领域，形成了以许继集团、平高集团、森源电气等为引领的产业集群。新能源汽车产业加速崛起，基本形成客车、货车、轿车、皮卡、专用汽车等多品种系统化开发和生产制造体系，加快建设全国领先的新能源汽车产业基地，形成了以宇通客车、郑州比亚迪、上汽郑州等为引领的产业集群。氢能和燃料电池产业加快布局，依托燃料电池汽车示范应用城市群，加快打造氢能应用示范带、装备产业集群、供给保障基地，推动"制、储、运、用"全产业链条产业布局，形成了以宇通客车、正星科技、豫氢装备为引领的产业集群。整体来看，河南坚持科技引领、创新驱动，因地制宜加快培育能源领域新质生产力，既具备较好的发展基础，又面临难得的战略机遇。

但同时应看到，能源领域新质生产力作为赢得未来竞争新优势的关键领域，面临区域争相布局"不进则退、慢进亦退"的竞争压力，同时具有"高科技、高效能、高质量"的特征，对科技创新能力提出了更高要求。从产业布局看，河南研发实力、产业规模和竞争能力位居前列的创新型领军企业相对较少；掌握核心技术、市场占有率高、质量效益好的创新型中小企业相对较少，仍需加快培育、积极引入，推动更多河南能源产品在国内大循环和国际双循环中成为关键环、中高端。从创新能力看，以国家技术创新中心、中试基地为代表的高端创新平台与发达省份相比仍有差距，关键领域核心技术自主化水平仍需突破，制造高端产品和提供产业链成套解决方案的能力仍有欠缺，以市场为导向、以科技为支撑、以企业为主体、产学研用深度融合的能源技术创新体系仍需完善。

4.能源领域改革创新纵深推进，但深层次矛盾和问题仍需破解

发展前进一步就需要改革前进一步。习近平总书记强调："注重系统性、整体性、协同性是全面深化改革的内在要求，也是推进改革的重要方法。"① 在"四个革命、一个合作"能源安全新战略的指引下，我国紧紧围绕有效市场、有为政府持续深化改革，主体多元的能源市场结构逐步建立，统一开发、竞争有序的能源市场体系逐步完善，灵敏反映市场供需关系的能源价格机制逐步形成，科学高效的能源治理体系逐步建立。"十四五"以来，河南深刻把握"六个坚持"重大原则，不断加强能源发展改革顶层设计和重大布局，优化煤炭资源配置、新型储能发展意见、新能源规模化开发方案等一批事关能源长远发展和解决当前重点问题的政策相继落地，基本建成多品种、高频次、全周期的中长期电力市场交易体系，能源领域市场化水平持续提升，营商环境不断优化，市场活力明显增强。整体来看，河南结合形势任务变化，谋划实施能源领域新的改革举措，提升改革的精准性、针对性、实效性，既具备较好的实践经验，又迎来难得的改革窗口。

但同时应看到，进一步深化能源改革、推动能源事业高质量发展，对合理统筹全局和局部、发展和安全、供给和需求、政府和市场四对关系，应对保供应、促转型、稳价格三大挑战提出了更高要求；在新能源、新型储能等新兴主体不断涌现，技术加速迭代、成本逐步下降的情况下，处理好转型各个阶段不同能源品种之间的互补、协同、替代关系，以及各能源品种内部存量、增量、减量的利益关系，面临更多挑战。从任务要求看，党的二十届三中全会对深化能源管理体制改革、健全绿色低碳发展机制、健全煤炭清洁高效利用机制、优化油气管网运行调度机制、完善新能源消纳和调控政策措施，以及优化居民阶梯电价、气价，建设全国统一电力市场，完善成品油定价机

---

① 习近平：《习近平谈治国理政》（第二卷），外文出版社，第109页。

制等提出了要求、指明了方向，需要立足省情贯彻落实。从发展所需看，需要进一步完善充分反映市场供求关系的价格机制，促进市场激励、要素流通、价格传导，加快构建高水平新能源消纳体系；完善天然气价格上下游联动机制，更好反映供需关系，促进行业健康发展，保障各类市场主体共享改革成果，共担转型责任。同时，也需要进一步建立健全适应能源转型的电力市场机制，统筹推进中长期、现货、辅助服务市场建设，促进多层次电力市场协同运行，实现电力资源在更大范围共享互济和配置优化，稳妥有序推动新能源发电入市，建立健全新业态新模式参与市场的政策机制，激发动力活力。

（二）2025年河南能源发展研判

1. 能源消费持续增长，能源供需保持平稳

2025年，全省将稳中求进、乘势而上，坚定不移抓创新、抓产业、抓项目，做优存量、扩大增量，推动经济提质提速高质量发展。从发展态势看，2024年全省经济呈现逐月逐季向好、持续稳定向好的发展态势，第三季度以来全国及河南省进一步加大宏观政策逆周期调节力度，市场信心和预期稳步回升。2025年，全省切实将思想统一到党中央对当前经济形势分析和决策部署上来，在稳增长、扩内需、强创新、调结构、惠民生、防风险上持续发力，经济向好态势将进一步巩固增强。从发展动能看，全省上下聚焦高质量发展这个首要任务，锚定"两个确保"，深入实施"十大战略"，切实将着力点放在加快培育新动能新优势、实现新旧动能转换质的突破上来，紧抓"两重""两新"等政策机遇，培育壮大"7+28+N"产业链群，截至2024年第三季度，全省滚动实施14期重点项目建设暨"三个一批"推进会，带动1万余个以先进制造业及战略性新兴产业为主导的重点项目接续发力，以项目结构之变引领发展动能之变的战略举措不断显效，经济提速提质发展的支撑力带动力将持续增强。整体来看，经济发展将带动能源需求持续增长，但经济社会发展全面绿色转型的深入推进也将带动能耗强度持续下降，初步预计，2025年，河南能源需求延续平缓增长态势，能源消费总量2.6亿吨标准煤。随着我国煤炭兜底保障能力增强、俄气增供、国内自产气

田潜力释放、全球 LNG 产量持续增加，以及政企联动保供等机制措施的细化完善，多主体保供合力将不断凝聚，预计全省能源供需整体平稳有序。

2. 煤炭供需平稳可靠，煤炭价格稳中有降

煤炭生产方面，随着在建煤矿投产达产、临停煤矿有序复产，以及智能化、安全改造力度加大，煤炭生产能力稳步提升，预计 2025 年全省煤炭产量约 1 亿吨，保持相对稳定。煤炭需求方面，经济运行持续向好、电煤消费稳中有增，稳定煤炭需求基本面，同时煤炭不合理利用将逐步缩减，预计煤炭消费总量整体稳定。煤炭价格方面，在煤炭产能储备制度逐步建立、优质产能得到释放、煤炭产运销环节更加畅通、长协煤兜底有力的情况下，考虑进口煤量保持高位态势将对煤炭供应形成有效补充，预计煤炭价格稳中有降。

3. 油气消费保持增长，油气价格延续中高位震荡态势

油气需求方面，随着经济运行持续向好，居民、工业及交通用油用气需求增长带动，预计 2025 年全省成品油销售量 1700 万吨、同比增长 3.0%；天然气消费量 125 亿立方米、同比增长 3.3%。油气生产方面，省内油气田继续保持稳产基调，预计 2025 年全省原油产量 190 万吨，天然气产量 2 亿立方米。油气价格方面，全球油气需求增长预期放缓，国际市场对地缘冲突带来的供应冲击逐步适应、担忧减弱，带动油气价格上涨的基本面相对不足，但油气价格受国际政治经济形势影响较大，不确定难预料因素较多，供需平衡有一定的脆弱性，综合考虑地缘冲突加剧、供需多方持续博弈等多重因素，预计 2025 年国际油气价格仍将维持在中高位水平，受此影响，河南省汽柴油零售价格也将在中高位波动。

4. 电力消费较快增长，电力供应压力进一步加大

电力消费方面，初步预计，2025 年夏季气温大概率延续较常年同期偏高态势，全社会用电量增速高于经济增速，全省全年全社会用电量 4600 亿千瓦时、同比增长 6.0%以上。电力供应方面，初步预计，全省新增发电装机以新能源为主，新增装机规模 1000 万千瓦左右，年底总装机规模达到 1.6 亿千瓦。电力供需平衡方面，初步预计，全网负荷将突破 8500 万千瓦，降温负荷达到 4000 万千瓦，考虑新能源受"极热无风、晚峰无光"出力特性影响，可靠供

给能力十分有限，煤电、抽蓄、储能等可靠供给能力增长慢于用电负荷增长，电力供需形势进一步趋紧，特殊时段、极端天气影响下可能存在区域性供电缺额，调峰缺额将进一步增大，新能源消纳形势更加严峻。

5. 可再生能源快速发展，新能源装机占比达到50%

当前，全省正紧抓"十四五"可再生能源高质量发展的重要窗口期，深入实施绿色低碳转型战略，加快推进新能源规模化开发，但在当前新能源装机规模突破7000万千瓦的基础上，进一步发展面临的压力将持续加大。风电方面，存量项目建设进度不及预期，受土地、林业、矿产等方面因素影响，新增项目选址更加困难，同时受制于建设周期长，规模化开发项目明年无法大规模并网影响，预计2025年风电新增并网规模与2024年基本一致；光伏方面，随着屋顶资源条件好、开发意愿强的农户减少，以及光伏开发企业投资趋于理性，预计2025年光伏新增并网规模与2024年持平或略低。总体来看，预计2025年全省新增可再生能源发电装机500万千瓦以上，装机总规模突破8000万千瓦，其中，新能源装机达到7500万千瓦以上，占电源总装机的比重达到50%。

表1　2024~2025年河南省能源发展预测

年份	能源总量（亿吨标准煤）		煤炭（亿吨）		原油、成品油（万吨）		天然气（亿立方米）		非化石能源（万吨标准煤）
	生产	消费	生产	消费	生产	消费	生产	消费	利用量
2024年	1.05	2.56	1	2.1	190	1650	2	121	5250
2025年	1.05	2.6	1	2.1	190	1700	2	125	5800

三　统筹发展和安全　以新型能源体系支撑中国式现代化的对策建议

经济社会高质量发展需要能源高质量发展，建设现代化强国离不开稳固的能源保障。2025 年和"十五五"时期是加快构建新型能源体系、推动能源高质量发展和高水平安全的关键时期。河南应更好统筹发展和安全、兼顾当前和长远，全力做好能源保供、加快推动能源转型、培育壮大能源产业、全面深化能源改革，一体推进"控煤、稳油、增气、引电、强新"，逐步建立以非化石能源为供应主体、化石能源为兜底保障、新型电力系统为关键支撑、绿色智慧节约为用能导向的新型能源体系，为奋力谱写新时代中原更加出彩绚丽篇章提供坚强能源保障。

（一）全力做好能源保供，以高水平安全保障高质量发展

面对中长期能源需求增长压力，新形势下能源资源供应、新能源供给能力、外电入豫规模、极端天气频发等各类保障压力，以及不确定难预料的非常规安全风险，河南应牢牢把握保障能源安全这一首要职责，持续强化稳定供应能力、输配调节能力、风险管控能力，以更高标准端牢能源的饭碗，为高质量发展提供更为安全可靠的能源保障。

强化能源长期稳定供应能力，发挥好煤炭煤电兜底保障作用。健全煤炭产能储备制度，有序释放煤炭先进产能，高效推动煤层气开发利用，保障煤炭产能接续平稳。持续加大油气勘探开发力度，聚焦三门峡盆地、南阳盆地、东濮凹陷带等重点区域，增加技术和资金投入，争取在相似地质条件实现勘探新突破，加大页岩气等非常规天然气资源勘探开发力度，稳定省内油气产能。加强与中石化、中石油等上游供应商的沟通衔接，早签多签年度供气合同，及时协调解决区域性天然气供应问题，确保油气充足稳定供应。加强主力电源建设，中短期加快纳规煤电项目建设进度，缓解保供压力；中长期推动新一轮清洁煤电项目纳规，夯实保供基础。

强化煤油气电输配和调节能力，提升省内调配和省外引入水平。积极推动铁路专用线建设，优化调整煤炭调入运输结构。加快油气管网内外联通。对接国家油气资源战略布局，加快西气东输三线河南段、苏皖豫等国家及省级干线工程建设，完善县域支线，全面构建省外引入方向多元、省内管网互联互通的天然气供应格局。实施电网提质升级行动，加快谋划争取外电入豫

新通道，构建坚强高效主网架，推动配电网高质量发展，提升省外电力受入和省内电力互济能力，提高对新能源的接纳、配置和调控能力。加快建设中原能源储备基地，以"储备有层次、调节有力度、应急有保障"为目标，加快推进豫西等9个煤炭储备（配）基地建设、济源国家原油储备基地前期工作；充分利用省内枯竭油气藏和盐穴资源，加快推进中原储气库群和平顶山"百万立方"盐穴储气库项目建设，进一步完善储气调峰体系，提升能源供应链弹性和韧性。

强化能源安全风险管控能力，提升能源对极端场景的适应性。树立新型能源发展观，主动适应能源转型背景下能源安全的重心和压力持续向电力转移的新变化，以体系化、长效化的系统举措，有效应对能源供需链条逐级传导、时空动态变化、气象属性显著增强的新特点；针对电源结构、电网形态、负荷特性深刻变化，加快构建新型调度体系，推动人工智能深度应用，更好适应稳定机理变化、源荷高度不确定性和运行方式去典型化的新特点。持续健全政府主导、政企协同的保供机制，发挥煤电油气运厅际协调机制作用，健全能源、气象、水文等部门常态化会商研判和信息共享机制，共筑能源安全保供防线。提升安全风险事前预防能力，加强能源系统适应非常规、极端场景的预警预防体系建设，确保"战时可用"；健全事故后能源应急组织和应急预案，完善各保供主体应急决策、指挥和响应机制，适时建设能源系统灾害应急管理信息平台。强化能源系统对极端天气的适应性，提升对极端天气下需求快速增长、新能源出力下降、运行风险提升、基础设施受损、运输通道中断等叠加风险的认识深度和驾驭能力。

（二）加快推动能源转型，支撑经济社会全面绿色转型

当前，经济社会发展进入绿色化、低碳化的高质量发展阶段，河南面对产业结构偏重、能源结构偏煤、能源效率偏低等现实挑战，应牢牢把握能源转型这一战略方向，全面落实中共中央、国务院《关于加快经济社会发展全面绿色转型的意见》等系列部署，扎实推进能源供给结构优化调整、化石能源清洁高效开发利用、电力系统调节能力建设，积极稳妥推进碳达峰碳

中和，切实增强能源转型变革的历史主动。

扎实推进能源供给结构优化调整，加快推进新能源高质量发展。做好省级统筹促进规模化开发。立足新能源进一步发展面临用地等要素保障压力加大的新形势，充分发挥省级统筹协调作用，科学安排开发布局、投产时序和消纳方向，实现新能源与调节电源、电网建设在规划、布局、时序上做到"三位一体"。因地制宜促进可再生能源协同开发。按照节约集约高效用地导向、协同开发思路，立足资源禀赋，重点围绕风电、光伏、地热能、氢能等领域，整体谋划、分批实施，打造绿色能源发展高地；把准村企资源互利合作、利益合理共享、就近就地消纳、因地制宜有序推进四个要点，开展"千乡万村驭风行动"试点建设。积极有序推进分布式光伏开发。发挥河南作为分布式光伏接入电网承载力及提升措施评估试点省份优势，持续做好新能源发展指引，统筹经济消纳、安全运行等因素，提高配电网承载能力，推动分布式光伏积极有序发展；整合党政机关、学校、公共基础设施等产权清晰、面积充裕、就地消纳条件好的屋顶资源，加快公共建筑屋顶光伏建设。

加强化石能源清洁高效开发利用，协同推进重点领域节能降碳。持续推动化石能源清洁高效利用，有序推进煤炭消费减量替代，深入推进煤炭清洁高效利用，加快现役煤电机组节能降碳改造，在保障能源安全的前提下严格合理控制煤炭消费总量；推动煤炭、油气勘探开发与新能源融合发展，促进源头减碳。大力推进节能降碳和产业升级，高质量实施钢铁、水泥、焦化等重点行业焕新提质工程和清洁生产水平提升工程；加强碳排放统计核算体系和监测能力建设，积极有序推动能耗双控转向碳排放总量和强度双控；严把新上项目能耗和碳排放关，以国家标准引领产业优化升级。推动交通和建筑领域绿色转型，持续完善充（换）电站、加氢（醇）站等基础设施，加大新能源汽车推广力度，引导绿色低碳出行；因地制宜在高速公路沿线及服务区发展光伏，建设光储充一体化电站；大力发展绿色低碳建筑，推广先进照明、空调、电梯等节能设备，因地制宜开发利用可再生能源。推动消费模式绿色转型，大力倡导简约适度、绿色低碳的生活理念和消费模式，扩大绿色产品供给、绿色消费，带动产业链上下游协同转型。

加快推进电力系统调节能力建设，服务新能源高水平消纳。促进各品类调节资源协同发展。根据新能源增长规模和合理利用水平目标，开展电力系统调节能力需求分析，因地制宜制定提升方案，明确新增煤电灵活性改造、抽水蓄能、新型储能及负荷侧调节能力规模，提升各类调节资源协同发展水平，促进调节资源优化配置。加快调节资源建设进度。加快信阳五岳、洛阳洛宁、平顶山鲁山等8个、共计1120万千瓦在建抽蓄项目建设进度，统筹抽水蓄能电站容量电价增加和新能源开发利用水平提升，深入论证、合理安排新一批抽水蓄能电站建设时序；针对省内低压分布式光伏接入量大、同时率高、消纳困难的情况，充分发挥新型储能"保供应、促消纳"双重作用，力争2025年新型储能规模达到500万千瓦以上的规划目标。充分发挥电网资源配置平台作用，全面提升配电网可观可测、可调可控能力，灵活调整调度运行方式，公平调用各类调节资源，拓展新能源消纳空间和范围。

（三）培育壮大能源产业，加快形成能源领域新质生产力

面对产业发展"不进则退、慢进亦退、不创新必退"的竞争环境，河南应牢牢把握加快培育新质生产力这一重要着力点，持续深化实施创新驱动发展战略，强化科技创新和数智技术应用，因地制宜发展能源领域新质生产力，塑造能源传统产业发展新优势、培育能源新兴产业新动能，加快形成以新质生产力为先导和主导的现代化能源产业体系。

强化科技创新引领，加强能源领域科技创新平台建设和数智化技术应用。提升科技创新成果转化质效。围绕煤炭清洁高效利用、可再生能源技术等领域，整合新建一批能源科技创新平台，坚持创新链、产业链、人才链一体部署，建立更加高效畅通的产学研供需服务机制。依托科技创新推动产业创新。瞄准能源科技和产业变革前沿，在可再生能源开发、新能源汽车、氢能、储能、智能电网及节能降碳等领域，开展关键核心技术攻关和示范工程建设，催生新产业、新模式、新动能。加快能源领域数智技术创新应用，按照急用先行、先易后难的思路，推动数智化技术融入能源产运储销用全链条各环节，推动能源系统运行和管理模式向深度数字化和高度智能化转变，提

升产业链上下游及行业间协同运行效率和安全生产水平。持续拓展能源数据应用深度广度，深度挖掘"能源—经济—环境—民生"关联关系，持续积累有用、好用、实用的能源大数据资产，接续打造服务经济社会发展、能源转型发展的应用场景、优质产品。加快能源产业发展服务平台建设，围绕能源供需衔接、生产服务等业务，绘制产业链高质量发展"图谱"、建设"智慧产业大脑"平台及企业级智慧能源平台，激发新业态新模式加快涌现。

提升传统能源产业竞争力，塑造产业发展新优势。巩固提升煤炭行业发展优势。依托炼焦煤资源绿色开发全国重点实验室等高能级创新平台，以减污降碳、提高能效为主攻方向，持续巩固煤炭洁净加工领域技术优势，突破大型、高效、低成本的先进煤层气开采技术，积极开展复杂难采技术创新、煤矿灾害治理、复杂条件煤矿智能化建设等重点领域核心技术攻关，巩固煤炭产业核心竞争力。持续优化煤炭产品结构。推动煤炭和煤化工一体化发展，加快打造煤基尼龙、碳材料、硅材料等高端功能煤基、碳基新材料制造基地，积极发展尼龙下游深加工基地和聚氨酯下游深加工基地，做大做强现代煤化工产业。积极培育现代石化产业集群。以洛阳石化百万乙烯、濮阳联鑫化工等重大项目建设为引领，加快延伸和补充下游产业链，加快推动石化产业向规模化、高端化、绿色化方向转型升级，形成更具竞争力的石化基地和产业集群。大力发展能源低碳循环经济。创新矿区循环经济发展模式，探索开展采煤沉陷区治理、煤矸石综合利用，共伴生矿产资源和尾矿综合利用，充分利用采煤沉陷区、关停高污染矿区发展新能源。

加快布局新兴能源产业，培育产业发展新动能。瞄准能源科技和产业变革前沿，因地制宜聚力补链延链强链，充分发挥"链主"企业资源配置能力和创新组织能力，加快形成上中下游一体、各环节相互配合的产业链群，打造特色鲜明、优势突出的现代化能源产业集群。促进先进装备集群再造优势，依托许继、平高集团等龙头企业，着力打造特高压输电、柔性直流输电2个国际领先装备产业，智能变电、智能配网、智能用电3个国内领先装备产业。推动新能源汽车产业换道超车，依托宇通客车、郑州比亚迪等龙头企业，着力在新能源汽车产业链关键环节、空白领域、短板链条上培育、引入带动力强的企业，提升新能源汽车产业竞争力，加快建设全国领先的新能源汽车产业基地。培育壮大清洁能源产业链群，加快许昌、安阳、信阳、濮阳等风电主机生产制造基地建设，完善风电装备产业链；加快开封、洛阳、安阳等光伏产业集群建设，大力补齐钙钛矿、异质结等产业链前沿技术短板；加快建设洛阳、开封、平顶山等新型储能产业集群，郑州、新乡、濮阳、开封等氢能产业集群，启动绿色氢醇产业体系建设，不断完善产业链条、强化产业配套，通过技术进步、装备升级、成本下降，巩固产业竞争力，实现在新赛道上起跑领跑、在新领域里发力抢滩。

（四）全面深化能源改革，扎实推进能源治理体系现代化

党的二十届三中全会对能源领域深化改革做出系统谋划和战略部署，河南进一步深化能源改革应以加快建立适应新型能源体系和新型电力系统的体制机制为重点，有效发挥高质量能源规划引领约束作用、完善新能源消纳和调控政策措施、打造服务高质量发展的市场机制，促进各种要素资源高效配置、体制机制更加高效有活力，推进能源治理现代化取得积极成效。

发挥高质量能源规划引领约束作用。立足"十五五"规划启动关键节点，聚焦能源安全和低碳转型等方面全局性、关键性、深层次问题，以及实践中遇到的新情况新变化，开展规划思路论证、科学发展路径等重大问题研究，充分发挥能源规划对重大工程布局、公共资源配置、社会资本投资的战略导向作用。一是统筹全局和局部，坚持全省能源发展"一盘棋"。加快建设新型能源体系是一项复杂而艰巨的系统工程，涉及多领域、多主体，容易引发错综复杂的矛盾和问题，应坚持全面转型、协同转型、创新转型和安全转型的理念，与经济社会高质量发展和全面绿色低碳转型做好衔接，筑牢发展和改革的基底屏障。二是统筹发展和安全，有力保障经济社会发展用能需求。处理好新能源建设和消纳的关系，实现高效利用；处理好新能源快速发展和传统能源稳定供应的关系，实现安全可靠替代；处理好省内和省外两个市场、两种资源的关系，实现开放条件下的能源安全。三是统筹供给和需求，加快能源绿色低碳转型步伐。紧盯"双碳"目标和时间表、路线图，

既要抓好能源供给侧结构性改革，有效保障绿色能源高质量供给；又要抓好能源消费革命，大力推动节能降碳。四是统筹政府和市场，协调加快建设新型能源体系。更好发挥有效市场和有为政府作用，在市场化、法治化轨道上推进能源改革发展；更加注重系统集成，健全能源市场体系；更加注重突出重点，完善能源价格形成机制；更加注重改革实效，加强政策协同。

完善新能源消纳和调控政策措施。科学优化新能源利用率目标，落实好有关新能源消纳工作的新部署，将系统最优及成本合理稳定作为当前和未来做好新能源消纳工作的着力点，统筹考虑新能源发展、新能源度电成本、系统消纳措施成本、用户对转型成本的承受能力等多个方面，科学优化不同转型阶段新能源利用率目标，实现新能源装机、发电量和消纳率的更好协同，完善新能源调控政策措施。系统设计新能源入市路径。跟踪国家新能源入市政策，系统梳理各类新能源装机补贴、投产时间等全量信息，做好新能源入市对各方影响分析，分批次逐步进入市场；完善适应新能源波动性的市场机制，推动中长期市场向更长和更短周期双向延伸，探索多年度长周期交易机制，稳定新能源企业收益预期；完善中长期分时段连续交易机制，支持新能源发电曲线灵活调整，实现新能源发展和市场机制建设一体推进。协同推进新能源入市与绿电绿证交易，重启省内绿电交易市场，实现绿电交易与新能源交易有序衔接、电能量与绿色环境价值统筹兼顾，合理传导新能源消纳成本；加快推动绿证全覆盖，实现绿电绿证与能耗双控、消纳责任权重以及碳市场的协同衔接，逐步建立绿电消费核算机制，拓展绿电绿证交易应用场景。促进新能源和新型储能更好协同发展。在初步建立新型储能充放电价差、调峰辅助服务、容量租赁"三位一体"收益机制的基础上，加快推动新型储能参与中长期和现货市场，通过市场化方式引导供需协同；完善储能参与调峰辅助服务市场的电价机制，扩大收益来源；有序引导存量新能源及分布式光伏配置储能，促进容量租赁市场供需匹配。

打造服务高质量发展的市场机制。准确把握电力市场定位，建设多层次电力市场体系。推动出台配套市场规则。基于国家出台的市场规则，结合河南市场建设基础，强化电能量、容量、辅助服务等全市场体系功能的研究设计和统筹衔接，修订完善全省电力市场实施细则和管理规定，确保市场建设有据可依。拓展中长期市场连续运营的深度广度。在按工作日连续开市的基础上，完善滚动撮合功能，实现交易执行日前七日至前两日不间断交易；优化电价形成机制，推动发用两侧分时交易、分时结算，更好引导供需协同。稳妥有序推动电力现货市场建设。坚持"开放合作、边试边改"的原则，听取各方意见建议，凝聚共识，实现市场"共建、共治、共享"，根据试运行情况迭代完善市场规则，推动价格信号更好反映供需实际、引导资源优化配置。丰富辅助服务市场品种。落实国家建立健全电力辅助服务市场价格机制的部署要求，出台《河南电力辅助服务市场交易细则》，优化调峰市场价格和分摊机制，以市场化手段提升系统调节能力。加强中长期、现货和辅助服务市场协同运营。优化存量中长期合约分解原则，提高增量交易灵活性，推进中长期市场与现货市场更好统筹衔接；优化调峰辅助服务市场与现货市场融合机制，保障各方主体权责匹配。明确源网荷储一体化等新业态电价机制。主动适应未来新业态新模式快速涌现、各主体间矛盾关系和利益诉求更加复杂的发展趋势，为保障市场公平、促进市场化发展，进一步建立健全源网荷储一体化等新业态新模式配套政策，积极融入统一电力市场发展大局，共享改革成果、共担转型责任。推动能源领域价格改革和管理体制改革，加快落实党的二十届三中全会部署，加快构建能源安全保障机制、健全绿色低碳发展机制、完善体现市场供求关系的价格机制、建设现代化的能源治理机制，适时优化居民阶梯电价、气价，优化油气管网运行调度机制，推动碳排放权和用能权市场化交易。

参考文献

习近平：《高举中国特色社会主义伟大旗帜　为全面建设社会主义现代化国家而团结奋斗——在中国共产党第二十次全国代表大会上的报告》，2022年10月16日。

《中共中央关于进一步全面深化改革　推进中国式现代化的决定》，2024年7月21日。

中共中央、国务院：《关于加快经济社会发展全面绿色转型的意见》，2024 年 7 月 31 日。

国务院：《加快构建碳排放双控制度体系工作方案》，2024 年 7 月 30 日。

《中共河南省委　河南省人民政府关于全面推进美丽河南建设的实施意见》，2024 年 7 月 9 日。

国家发展改革委、国家能源局、国家数据局：《加快构建新型电力系统行动方案（2024—2027 年）》，2024 年 7 月 25 日。

国家发展改革委、国家能源局：《煤电低碳化改造建设行动方案（2024—2027 年）》，2024 年 6 月 24 日。

国家能源局：《配电网高质量发展行动实施方案（2024—2027 年）》，2024 年 8 月 2 日。

《国家能源局关于做好新能源消纳工作　保障新能源高质量发展的通知》，2024 年 5 月 28 日。

中共国家能源局党组：《加快建设新型能源体系　提高能源资源安全保障能力》，《求是》2024 年第 11 期。

张智刚：《能源安全新战略引领电力事业高质量发展》，《求是》2024 年第 11 期。

钟筱军：《深化电力市场改革　服务新时代中原更加出彩》，《国家电网报》2024 年 7 月 2 日。

B.2
河南践行能源安全新战略十年发展回顾

河南能源蓝皮书课题组*

摘　要： 能源是经济社会发展的重要物质基础，事关经济社会发展大局。2014 年，习近平总书记提出"四个革命、一个合作"能源安全新战略，十年来，河南在能源安全新战略指引下，走出了一条符合河南省情的高质量发展道路。本文通过系统梳理年鉴、行业统计等数据，全面回顾了河南能源行业十年来踔厉奋发、砥砺前行的发展历程。十年来，河南能源消费革命迈上新台阶，能源供给革命展现新态势，能源技术革命实现新突破，能源体制革命取得新成效，能源对外合作开创新局面，践行能源安全新战略取得历史性成就，基本形成了清洁低碳、安全高效的能源保障新体系。

关键词： 能源安全新战略　能源消费　能源供给　河南省

能源安全关系国计民生，是须臾不可忽视的"国之大者"。2014 年 6 月，习近平总书记提出"四个革命、一个合作"能源安全新战略，为新时代中国能源发展指明了方向。[①] 十年来，河南在能源安全新战略指引下，立足保障全省经济社会发展大局，统筹发展与安全、统筹保供与转型，不断夯实能源保障基础，积极推动能源转型升级，加速培育科技创新动能，纵深推

---

* 课题组组长：张永斌、王承哲。课题组副组长：王世谦、王玲杰、张艺涵、白宏坤。课题组成员：李虎军、邓方钊、刘军会、谢安邦、邓振立、宋大为、尹硕、陈兴、柴喆、路尧、司佳楠、于泊宁、晏昕童、蔡姝娆。执笔：谢安邦，国网河南省电力公司经济技术研究院高级工程师，研究方向为能源电力经济与企业发展战略。

① 中华人民共和国国务院新闻办公室：《新时代的中国能源发展》，人民出版社，2020，第 1 页。

进体制机制改革，持续拓展能源多方合作，推动能源高质量发展取得新成效、迈上新台阶，为全省经济社会发展提供了坚实支撑。

一 十年蜕变，能源消费革命迈上新台阶

习近平总书记指出："绿色发展是高质量发展的底色，新质生产力本身就是绿色生产力；必须加快发展方式绿色转型，更加自觉地推动绿色发展、循环发展、低碳发展。"① 河南立足自身资源禀赋偏煤、产业结构偏重的发展基础，聚焦高质量发展首要任务，一手抓节能、一手抓发展，切实做好清洁能源结构调整的加法、节能降耗控量的减法、能源赋能发展的乘法，能源节约和消费结构优化成效显著，绿色低碳的能源发展态势已经形成，能源消费革命迈上新台阶。

（一）协同推进转型发展，能源消费结构底色更绿

1. 能源消费结构减煤增绿

十年来，河南立足能源结构偏煤、产业结构偏重的实际，充分发挥消费侧对能源转型的牵引性作用，围绕煤炭消费减量、提高非化石能源消费占比等目标，统筹能源调整"加减法"，能源消费结构明显优化，绿色低碳的能源发展态势持续向好。化石能源消费实现减量替代。以地市为单位实施煤炭消费总量控制，优化税收、电价等配套政策，统筹推进以气代煤、以电代煤，引导能源企业和各类生产经营单位主动控制和减少煤炭消费。化石能源与非化石能源发电量结构从 20∶1 优化调整为 2.2∶1，全省煤炭消费占比从 2014 年的 77.7%下降至 2023 年的 62%②，累计降幅超过 15%，与全国差距缩小至 6.7 个百分点。不断提升煤电机组灵活性水平，提升新能源消纳空

① 习近平：《发展新质生产力是推动高质量发展的内在要求和重要着力点》，《求是》2024 年第 11 期。
② 本文能源结构、经济发展等数据来自河南省统计局，电力消费、电力装机等其他数据来自行业统计。

间，国内首台火电改调相机南阳鸭河口电厂 2 号机组顺利并网。煤炭清洁高效利用深入推进。通过推进热电联产、集中供热替代、上大压小等措施，淘汰能耗高、排放大的燃煤小锅炉，全省每小时 35 蒸吨以下燃煤锅炉基本清零。2016 年底在全国范围率先实现现役煤电全部超低排放，十年来累计完成煤电节能改造 4000 万千瓦以上，平均供电煤耗下降至 299 克/千瓦时、较 2014 年降低 3.5%，低于全国平均水平 3 克/千瓦时。推动煤电机组"上大压小""退城进郊"，2023 年全省 60 万千瓦以上煤电机组占比达到 67%，高于全国 20 个百分点。助力大气污染防治攻坚战，建成国内首家电力绿色调度控制平台，实现全省在运统调燃煤机组污染物排放的在线精准管控。清洁能源消费比重持续提升。十年来，河南坚持"内增""外引"双向发力，世界首条全清洁电力输送通道青豫直流落地河南，"两纵三横"天然气长输管网全面建成，统筹开发集中式新能源，有序推进分布式光伏发展，2014～2023 年，省内清洁能源装机增长 10.7 倍，占总装机比重突破 53.5%，带动全省清洁能源消费比重从 2014 年的 9.8% 提升至 2023 年的 22.1%，与全国差距缩小至 2.5 个百分点。

2. 重点领域能耗持续下降

十年来，河南立足工业大省实际，坚持以点带面、统筹兼顾，以重点用能行业和重点用能企业为抓手，扎实开展节能降碳工作，推动能源资源高效利用，持续优化用能结构，加强清洁能源供应，绿色低碳转型步伐不断加快。大力推进重点用能行业节能降碳。工业领域，印发"十四五"制造业高质量发展、战略性新兴产业和未来产业发展规划，通过传统产业高位嫁接、新兴产业重点培育、未来产业破冰抢滩，推动全省制造业高端化、智能化、绿色化转型发展，2021～2023 年，河南规模以上工业增加值能耗累计下降 11.5%，累计培育国家级和省级绿色工厂 351 家、绿色工业园区 21 个、绿色供应链管理企业 40 家，基本实现钢铁、水泥、焦化行业超低排放改造。城乡建设领域，积极推进新建建筑能源利用效率提升，扎实做好既有建筑节能降碳改造，"十三五"期间完成既有建筑节能改造面积 8100 多万平方米，"十四五"以来全省新增绿色建筑面积 2.6 亿平方米，新建绿色建筑面积占新建建筑面积比例接近95%。交通运输领域，加快绿色交通基础设施建设，深入实施交通运输清洁行动，持续推进大宗货物中长距离运输"公转铁""公转水"，加快新能源、清洁能源车辆应用，交通运输绿色低碳水平有效提升，2016~2023年河南新能源汽车保有量年均增长86.5%，截至2024年9月保有量突破180万辆、渗透率超过50%，公交车、出租车新能源覆盖率分别突破85%和50%，2023年全省铁路和水路货运量38905万吨，比2014年增长85.9%。公共机构领域，有序开展节约型机关创建工作，加快实施供暖、空调、配电、照明、电梯等重点用能设备节能改造，2021年全省节约型机关创建率达78.9%，提前完成2023年创建目标任务。深入推进重点用能单位节能改造。动态发布河南省"两高"项目管理目录和重点用能单位名单，实施重点用能企业清单化管理，统筹省级财政资金，摸清高耗能行业能源消费底数。加强重点用能单位能源消费控制，建立"能耗报告—能效核定—滚动发布—动态调整"的闭环管理体系，完善资金支持、节能量交易、能效分级管理、电价机制等政策措施，"一企一策"推进节能降碳改造，2023~2024年实施436个节能降碳改造项目，新增节能能力超过400万吨标准煤/年。

3. 城乡用能均等化水平明显提升

十年来，河南扛稳农业大省重任，坚持将能源作为乡村振兴的重要基础和动力，秉持"清洁低碳、因地制宜、惠民利民"基本原则，持续提升供电可靠性、用能便利度和用能获得感，农村地区用能条件不断改善，为巩固拓展脱贫攻坚成果、全面推进乡村振兴提供了坚实支撑。供电可靠性持续提升。持续深入推进农村电网升级改造，一体实施电网脱贫攻坚、重点民生实事、北方地区清洁取暖、革命老区电网改造、黄河滩区电网建设等重点工程，2017年实现"村村通动力电"，2019年提前一年完成"两率一户"目标任务，到2023年底，河南农村地区户均配变容量达2.85千伏安，农网关键发展指标进入全国中上游之列，有力保障了农村地区经济社会发展用能需要。用能便利度持续提升。扛稳扛牢粮食安全政治责任，以能源保障守牢中原粮仓。加强机井通电工程建设，保障高标准农田配套通电资金需求，2017年实现平原地区"井井通电"，2020年在全国率先理顺农田机井通电设施建设管理机制，保障了全省超过20万个机井台区、100万眼机井安全可靠用电，受益农田面积超过8000万亩。能源普遍服务水平不断提高。坚持"三个一切"服务理念，大力实施阳光业扩，全面推广"三零""三省"办电服务，深入推进城乡供电服务一体化，开展城乡营销服务基础管理提升行动，依托"村网共建"打通服务"最后一百米"。农民获得感持续提升。光伏扶贫带动农民增收，2014~2023年，累计建成光伏扶贫电站267.9万千瓦，覆盖110个县（市、区）40.4万户贫困户，扶贫电站总规模、带贫人口总数均居全国第一，实现年均增收25亿元，1万多个村集体拥有了持续20年的稳定集体收益，光伏已成为贫困村集体经济"破零"的重要产业支撑。清洁能源服务产业振兴，以"新能源/能源互联网+农村特色产业"为抓手，因地制宜实施电能替代项目3.2万个，形成了渔光互补、农光互补、"新能源+乡村旅游""光伏+现代农业"等各类能源服务新业态，打造了豫西南电烤烟、信阳电制茶等具有河南特色的电能替代示范基地。

（二）大力推进节能提效，能源消费强度大幅降低

1.节能降耗目标超额完成

十年来，河南始终把节能降碳作为推动产业转型升级、加快绿色低碳发展的重要抓手，坚持以提高能源资源利用效率为核心，统筹经济发展和安全降碳，大力推进节能降碳专项行动，全省以年均0.9%的能源消费增速支撑了年均5.5%的经济增长。能源消费总量得到合理控制。2023年，全省能源消费总量2.5亿吨标准煤，十年年均增长0.9%，年均增速低于全国2个百分点，占全国能源消费比重从5.4%下降至4.4%，节约化石能源消耗约5567万吨标准煤、减少二氧化碳排放约1.4亿吨。能源消耗强度持续下降。2023年，全省能耗强度0.42吨标准煤/万元，为全国平均水平的93%。十年来，全省单位GDP能耗累计下降36%，降幅高于全国4.4个百分点，其中"十三五"期间累计下降25%、"十四五"前三年累计下降10%。节能减排实现全方位全流程管控。省政府层面印发《河南"十三五"节能减排综合工作方案》《河南"十四五"节能减排综合工作方案》，将节能目标落实

到各地市和相关行业，通过"年度评价、中期评估、五年考核"，确保相关任务有效落实。印发《河南省固定资产投资项目节能审查实施办法》，严格节能审查验收，实现新建项目全流程节能指标闭环管理。技术支撑和市场机制更加完善。优化完善省节能降碳数智管理平台，建设重点用能单位能耗在线监测系统，实现全部 914 家重点用能单位能耗精细化管理。国内首批开展用能权交易，2023 年以来累计交易能耗指标 71 万吨标准煤，引导低效产能退出和存量企业实施节能降碳改造，促进整体用能可控在控。

2. 终端用能结构更趋合理

十年来，河南坚持全省"一盘棋"，持续优化能源资源配置，推动能源要素向优质项目、企业、产业等集聚，全力保障居民生活用能需求，以有限的能源资源支撑保障经济社会发展。能源保障要素合理配置。落实完善能源消耗总量和强度调控各项政策，统筹区域能源供需，坚持"能耗要素跟着项目走"，推动能源要素向优质项目、企业和产业流动集聚。传统产业提质发展。2014～2023 年，全省五大传统支柱产业能源消费占规模以上工业能耗比重维持在 90% 以上，经济增加值占规模以上工业增加值比重保持在 50% 左右，洛阳钼业、黄河集团、神马集团等本土企业保持传统竞争优势，多家企业上榜全国 500 强，保障经济发展基本面；新兴产业培育壮大，高技术及装备制造业用电量占比从 12.5% 提升至 17.1%，支撑战略性新兴产业、高技术制造业增加值占规模以上工业增加值比重分别达到 25.5% 和 14.7%，特高压、盾构机、新能源汽车等产业享誉海内外，激发河南制造新动能；四大高耗能行业能源消费占比保持下降态势，强化能耗红线硬约束。居民用能水平显著提升。以满足人民日益增长的美好生活需要为目标，加快城镇地区集中供暖设施延伸覆盖，一体化推进农村地区煤改气、煤改电，协同开展符合条件地区光伏、地热、生物质等可再生能源供热改造，不断提高清洁取暖覆盖率，2017～2020 年累计完成"电代煤、气代煤"供暖 548 万户，地热能供暖面积突破 1 亿平方米，平原地区散煤取暖基本清零。大力推进电能替代，全省户均配变容量由不足 1 千伏安提升至 3 千伏安以上，满足居民日益增长的美好生活用能需求，电能占终端能源消费比重达到 25%，较 2014 年提高 5 个百分点以上。十年来，全省人均生活能源消费量增长 67.6%，是能源消费总量增速的 10 倍左右；人均生活用电量增长 1.5 倍，其中城镇、农村地区分别达到 757 千瓦时、1109 千瓦时，占全国平均水平比重从 66.7% 提升至 94.2%。智能家居走进千家万户，"能源互联网+居民"特色场景在兰考落地建成，用能智慧化便捷化程度不断提升。

二 十年奋进，能源供给革命展现新态势

习近平总书记指出，"加快规划建设新型能源体系，注重传统能源与新能源多能互补、深度融合，确保能源安全"[①]；"加快构建清洁低碳、安全充裕、经济高效、供需协同、灵活智能的新型电力系统"[②]。河南针对自身一次能源匮乏、能源供需不匹配的发展实际，以高水平安全保障高质量发展，将能源保障作为经济发展的先行要素，着力构建"内源优化、外引多元"的多轮驱动的能源供应体系，保障了经济社会发展用能需求，能源供给革命展现新态势。

（一）构建新型能源供给体系，积蓄保供转型"新动能"

1. 能源安全供给能力稳步增强

十年来，河南能源行业始终把保障能源安全作为首要政治任务，夯实省内能源生产基础，积极引进省外清洁能源，推动能源供应从以煤炭为主的单一供应形态向煤、油、气、可再生能源多元供应体系转变，全省一次能源生产总量维持在 1 亿吨标准煤左右。煤炭"压舱石"作用充分发挥。持续实施煤矿智能化改造，有序推进新增、改扩建煤矿项目建设，提升省内煤矿综合生产能力，2022 年全省煤炭产量实现"转降为增"，2023 年以来煤炭日

---

① 《习近平主持召开新时代推动中部地区崛起座谈会强调：在更高起点上扎实推动中部地区崛起》，中国政府网，2024 年 3 月 20 日。

② 《习近平主持召开中央全面深化改革委员会第二次会议强调：建设更高水平开放型经济新体制　推动能耗双控逐步转向碳排放双控》，中国政府网，2023 年 7 月 11 日。

产量基本保持在 28 万吨以上，年均产量维持在 1 亿吨的稳定水平。建成我国规模最大的运煤专线浩吉铁路，加大煤炭运输保障力度，购入省外原煤规模稳中有升，2023 年达到 1.3 亿吨。油气供应能力持续提升。原油加工量维持在 800 万~950 万吨区间，随着煤层气开发力度加大，全省天然气产量逐步恢复，2023 年达到 4.4 亿立方米、同比增长 12.7%。油气外引规模持续提升，省外原油、天然气供应占比分别在 90%、95% 以上。电力供应能力跨越式增长。2014~2023 年，全省发电装机从 0.62 亿千瓦提升至 1.45 亿千瓦，增长 1.3 倍，规模从全国第十跃升至全国第六；省内年发电量从 2675 亿千瓦时提升至 3433 亿千瓦时，增长 28.3%，省外受入电量从 245 亿千瓦时跃升至 680 亿千瓦时，增长 1.8 倍。

2. 能源绿色低碳转型成效显著

十年来，河南能源行业坚决学习贯彻习近平生态文明思想和落实省委省政府决策部署，持续优化能源供给结构，提高非化石能源供给能力，提升传统能源清洁利用水平，以能源转型推动全社会绿色低碳转型。光伏、风电带动能源结构优化升级。十年来，风电、光伏装机规模分别增长 50 倍、208 倍，总装机规模已达 6466 万千瓦、历史性超过煤电装机，成为省内第一大电源，发电量从 7.4 亿千瓦时跃升至 738 亿千瓦时、增长近百倍，带动全省非化石能源占一次能源生产的比重从 2014 年的 3.9% 提升至 2023 年的 27.5%，增幅高于全国 15.9 个百分点，实现从煤炭大省到新能源大省的华丽转变。新型清洁能源开发利用已具规模。推动地热能、生物质能开发利用，建成郑州、开封、濮阳、周口 4 个千万平方米地热供暖示范区，全省中深层地热清洁供暖已覆盖超过 10 个省辖市、供暖面积累计超过 1.1 亿平方米；兰考仪封、周口商水等一批生物天然气项目投产运营，实现农林废弃物变废为宝，清洁能源生产空间和覆盖广度持续拓展。河南省陆续出台《河南省氢能产业发展中长期规划（2022—2035 年）》《郑汴洛濮氢走廊规划建设工作方案》等政策，各地市因地制宜搭建氢能开发利用和产业发展"四梁八柱"；以郑州为中心，洛阳、新乡、濮阳等城市环绕的国家氢燃料电池汽车推广应用示范城市群获得国家批准，上线运营超过 423 台氢燃料公交车,建成加氢站 36 座,累计运营里程超过 4300 万公里。煤炭清洁生产水平不断提升。推动煤炭企业加强瓦斯抽采利用,平顶山矿区瓦斯全浓度梯级高效利用工程入选国家示范项目。十年来,在煤矿数量下降的情况下,全省煤矿瓦斯抽采量、利用量分别达到 3.6 亿立方米、1.5 亿立方米的较高水平,煤矿瓦斯利用率逐年上升,实现了煤炭资源的绿色开发利用。

3. 能源基础设施建设加速推进

十年来,河南能源行业聚焦能源保供和转型需要,坚持立足长远、适度超前、科学规划、多轮驱动,充分发挥能源领域投资大、带动力强的优势,围绕煤炭储备、油气管道、智能电网等重点领域,构建安全可靠的现代化能源基础设施体系。煤炭储备能力持续提升。通过建成一批、开工一批、储备一批,逐渐建立了稳中有进的煤炭储备体系,建成投运义马、鹤壁、南阳(内乡)等 3 个煤炭储备基地,一期工程静态储备能力总计 150 万吨,开工建设鹤壁二期、豫西二期、华润登封、平顶山鲁阳 4 个 2023 年中央政府煤炭储备基地项目,建成后可新增储备能力 220 万吨,濮阳、信阳、南阳等 6 个煤炭储备项目初步纳入国家布局方案。油气基础设施实现跨越发展。石油"两线一炼一库"工程全面推进,日照—濮阳—洛阳原油管道建成投产,洛炼集团炼油扩能改造、洛阳原油商品储备库项目全面投产,洛阳—新郑国际机场航煤管道项目正式开工。天然气供应形成"外引多元、内联通畅、调节有力"的发展格局,初步建成"地下储气库、沿海大型 LNG 储罐、省内区域储气中心"三级储气体系。西气东输三线河南段管道工程基本建成,形成以西气东输、榆济线、山西煤层气为主要气源,覆盖全省的"两纵三横"天然气长输管网;省内开封—周口、濮阳—鹤壁等 6 条干线工程加速推进,形成"两纵四横"省级主干管网;卫 11、文 13 西、文 23 等储气库陆续投入使用,郑州、南阳等 6 个区域性储气中心建成投产,江苏滨海储罐项目建成投产,平顶山叶县盐穴储气库开工建设。坚强智能电网日趋完善。作为我国东西联网、南北互供的重要枢纽电网,河南 2014 年跨入特高压交直流混联运行阶段,2020 年形成保障电力供应的青电、疆电入豫"双引擎",2022 年和 2023 年分别建成特高压交流、豫武双线。目前,河南境内

在运特高压增至"5 站 16 线"，外电入豫通道能力超过 2000 万千瓦，实现 500 千伏变电站覆盖所有地市、220 千伏变电站覆盖所有县、110 千伏变电站覆盖所有产业集聚区、动力电覆盖所有自然村，电网发展达到中部地区领先水平。

（二）建设新型电力系统，画好源网荷储"同心圆"

1. 逐绿向新，电源供给清洁高效

新型电力系统下，电源构成逐步从化石能源向大规模可再生能源转变。十年来，河南能源行业统筹保供和转型、供给与消纳，持续提升新能源供给力度和消费水平，推动电力生产向多元化、清洁化、高效化转变。新能源成为第一大电源。十年来，河南新能源装机先后突破 1000 万到 6000 万千瓦大关，总装机增长近 60 倍，装机占比从 2014 年的 1.8% 大幅提升至 2024 年 10 月的 47.6%，超越煤电成为第一大电源，发电量占比从 2014 年的 1.2% 提升至 2023 年的 25.2%，高于全国平均水平 9 个百分点。新能源电力成为增量主体。从 2016 年开始，全省新增新能源装机占新增电力总装机的比重超过 50%，十年来，全省新增新能源发电装机占新增总装机的 82.7%，新增新能源发电量占新增全社会用电量的 71.3%。分布式光伏发展健康有序。积极推动整县屋顶光伏开发，截至 2024 年 9 月，全省分布式光伏装机 3625 万千瓦，位居中部地区第一、全国第三。出台《关于促进分布式光伏发电健康可持续发展的通知》，规范分布式光伏备案管理，国内率先上线分布式光伏承载力测算平台，实现全省 110 万户分布式光伏"可观可测可控可调"。煤电加速从基础电源向调节性电源转变。大力推动煤电灵活性改造，煤电平均调峰深度达到 35% 以下，煤电利用小时数从 4563 小时下降至 3648 小时、发电量占比从 88.6% 下降至 45.3%，最大限度提升新能源消纳空间，风电、光伏发电利用率基本维持在 95% 以上。

2. 扩容提质，电网支撑跨越升级

新型电力系统下，电网形态逐步从"输配用"单向逐级输电网络向多元双向混合结构网络转变。十年来，河南充分发挥电网的核心和纽带作

用，持续加强各级电网投资建设，系统推进电网与源荷储科学融合发展，全面提升电网供电保障能力、防灾减灾能力和综合承载能力。电力保供能力持续提升。十年来，保障电网建设资金需求，推动各级骨干网架精准补强升级，省内500千伏变电站突破50座，35千伏及以上变电容量实现翻番，10千伏配变容量增长近3倍，支撑负荷从5200万千瓦迈上8100万千瓦新台阶，外电受入通道能力从400万千瓦提升至2000万千瓦，电网主要指标提升至中部领先地位，有效解决主网供电卡口、配网发展滞后难题。防灾减灾能力持续提升。出台全国首个加强城市电力设施建设管理文件，打造河南电网"生命线"工程，推动全省居民小区和重要用户配电设施防涝水平实质性提升。以提升电网供应保障和防灾减灾能力为中心，聚焦提高应急预案实用性、信息技术支撑、综合保障水平、政企协同能力，建立现代化电网应急管理体系。建立防灾减灾应急联动机制，共享气象、水利、地质灾害信息，建成新一代应急指挥系统，经受住多次极端天气考验。新能源电力承载力持续提升。发挥特高压电网远距离大容量等优势，2019~2023年全省累计消纳省外新能源电力1240亿千瓦时、连年居全国首位。加强城乡配电网改造升级，提高设备选型标准，推进电网智能化支撑全省分布式光伏连年翻番增长，分布式光伏实现"十四五"以来增速全国第一。2023年，全省新能源电力消费水平达到1152亿千瓦时，居中部地区省份首位。

3. 削峰填谷，储能效用日益凸显

新型电力系统下，电力供需季节性、时段性不匹配特征逐步凸显。十年来，河南能源行业坚持系统思维和问题导向，积极应对新能源发展新态势和负荷侧特性新变化，着力加强电力系统调节能力建设，提升电力系统运行弹性。推动抽水蓄能纳规发展，扩充系统调节硬资源。大力发展抽水蓄能，依托太行山、伏牛山、桐柏山，在全省范围内勘查选址，推动11个项目共1510万千瓦纳入国家抽水蓄能中长期发展规划，全容量投运南阳天池120万千瓦，开工建设洛阳洛宁、信阳五岳等8个项目，预计2025年、2030年可分别具备400万千瓦、1200万千瓦调节能力。完善新型储能发展体系，

提升系统调节软支撑。通过政策体系与示范项目双驱动，鼓励和推动新型储能发展。出台"1+3"政策体系，建立"充放电价差+调峰辅助服务+容量租赁"的收益模式，优化调整省内分时电价政策，明确储能参与调峰和租赁的价格标准，对非独立储能给予财政补贴，明确储能不得"高充低放"，为储能发展营造良好环境。加强独立储能示范建设，国家和河南省先后公布新型储能示范项目400万千瓦，推动新能源与储能协同发展，2021～2023年三批次新能源项目配建储能共422万千瓦。政策和市场双轮驱动成效显著，2018年以来，河南新型储能实现从无到有、再到装机规模突破100万千瓦的阶跃式发展，预计2025年达到500万千瓦以上。

4. 转型加快，新兴负荷日趋多元

新型电力系统下，负荷特征逐步从刚性、消费型向柔性、产销型转变。十年来，河南能源行业系统把握负荷侧发展变化，持续提升负荷管理能力，有序推动源网荷储一体化发展，为新型电力系统建设释放更大活力。负荷侧管理持续加强。出台负荷管理系列政策，实现省市两级负荷管理中心实体化运行，建成新型负荷管理系统，精细化开展全省负荷资源排查，分区分层分级建立800万千瓦以上的可调节负荷资源库。加强重点行业、企业负荷管理，在不影响正常生产生活的情况下，科学引导错峰避峰用电，降低企业成本，2018年以来实施需求响应10余次、累计响应规模近300万千瓦。充电基础设施建设步伐加快。出台《河南省加快电动汽车充电基础设施建设若干政策》《河南省电动汽车充电基础设施建设三年行动方案（2023—2025年）》等政策文件，高速公路服务区、102个县域已实现充电站全覆盖，累计投运充换电站3323座、公共充电桩超过14.5万个，布局合理的电动汽车公共充电网络初步形成。源网荷储一体化快速推进。发布工业企业、增量配电网、农村地区等三类源网荷储项目实施细则，按照"成熟一批、实施一批"原则，逐月开展一体化项目申报和建设，2024年1～9月已分四批公布项目192个、总投资287亿元，纳入风光、储能规模460万千瓦、112万千瓦，覆盖全省七大万亿级现代产业集群。

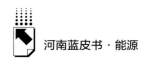

三　十年攻坚，能源技术革命实现新突破

习近平总书记指出，"加快实现高水平科技自立自强是推动高质量发展的必由之路；要加快推动关键技术、核心产品迭代升级和新技术智慧赋能，提高国家能源安全和保障能力"①。河南坚持把创新摆在发展的逻辑起点、现代化河南建设的核心位置，持续推动技术创新、产业创新、融合发展，发挥能源领域在创新驱动发展战略、优势再造战略中的关键作用，能源技术革命不断实现新突破。

（一）打好基础示范"主动仗"，能源创新生态迈向一流

1. 筚路蓝缕，科技创新体系积厚成势

十年来，河南能源行业积极融入全省创新驱动、科教兴省、人才强省发展战略，打造产学研用深度融合的能源创新业态，科技创新为能源领域高质量发展赋能。创新技术应用推动能源行业高质量发展。锚定分布式光伏发展、调相机改造等前沿领域，迈出先行先试第一步，打通基础研究到成果应用的创新链条。国内率先开展省级新能源云平台试点建设，研发屋顶光伏资源识别、精细化分布式电源承载力评估等新技术，实现最小颗粒度到单个屋顶的资源总量和分布识别；国内率先建立分布式光伏承载力定期发布和预警机制，引导全省分布式光伏健康有序发展；国内率先建成分布式光伏"群调群控"，开发分布式源网荷储协同控制系统，优化"智能融合终端+智能物联表"接入方式，实现分布式光伏分钟级"可观可测"和出力"柔性可调"，新能源年度发电量和发电出力连创新高。国内率先完成统调火电调相机改造，通过南阳鸭河#2机组、驻马店乐润#1机组改造，实现火电机组在有功与无功之间灵活切换，支撑火电从"电量型电源"向"功能型电源"

---

① 《习近平在参加江苏代表团审议时强调：牢牢把握高质量发展这个首要任务》，中国政府网，2023年3月5日。

转变，提升了火电设备综合性能，推动燃煤火电机组绿色低碳高质量发展。省实验室和产业技术研究院从无到有。依托省内龙头企业和科研院所，建成以龙子湖新能源实验室、中原电气实验室、清洁能源产业技术研究院、氢能与燃料电池产业技术研究院为主要支撑的高能级创新平台。其中，龙子湖新能源实验室重点在风光电高效转化、生物质能源及材料等六大方向打造新能源"产—储—用"创新链条；中原电气实验室聚焦智能输变电、智慧配电等六大方向，为河南突破电力"卡脖子"技术、加快建设新型电力系统提供支撑；清洁能源产业技术研究院聚焦深部煤系气、氦气、地热和储能转化等研究方向，支撑河南贯通清洁能源勘探开发利用和装备制造全产业链条；氢能与燃料电池产业技术研究院围绕燃料电池及整车产业链，支撑河南打造国内领先的氢能产业科技创新示范区。

2. 示范先行，能源数字化转型走在前列

近年来，河南能源行业把握数字化转型发展大势，把能源革命与数字革命相融合，在省级能源大数据中心建设、农村能源革命等领域开展先行先试，擦亮能源数字化转型河南品牌。煤矿智能化建设全面铺开。先后出台《河南省煤矿智能化建设实施方案》《河南省煤矿智能化建设三年行动方案（2021—2023年）》《河南省加快推进煤矿数字化智能化高质量发展三年行动方案（2024—2026年）》，以数智化建设推动煤炭行业新质生产力加快形成。截至2023年10月，全省累计建成125个智能化采煤工作面、203个智能化掘进工作面和27处省级智能化煤矿，河南能源永煤公司新桥煤矿、河南能源焦煤公司赵固二矿、平煤神马集团平宝公司国家智能化示范煤矿通过验收。率先建成全国首家省级能源大数据中心。落实国家"实施国家大数据战略，加快建设数字中国"战略部署，2019年建成能源监测预警等首批应用场景，2021年初国内首家建成投运，通过政企高效联动、省地两级协同，夯实数据基础、丰富应用场景、配套标准体系，为我国省级能源大数据中心建设提供了河南经验。截至2023年，河南省能源大数据中心已建成能源监测预警与规划管理等20余个场景，提供34类数据产品服务，电动汽车充电智能服务平台、能源信息App等多项产品推向市场。示范建成全国首个农村能源革命试点。落实习近平总书记县域治理"三起来"总体要求，推动兰考于 2018 年成为全国首个农村能源革命试点县，探索形成能源资源化、用能低碳化、服务智慧化、发展普惠化的"四化转型"发展路径，并于 2022 年 7 月通过国家能源局验收。截至 2023 年，兰考建成源网荷储智慧能源平台，上线"能源监测、运营指挥、公共服务"三大功能中心，实现全县域、全品类、全链条能源运行可观可测，可再生能源占一次能源消费比重达到 75%，基本形成以清洁能源为主的供应消费体系，实现能源从"远方来"到"身边取"。2023 年，国家能源局等三部门联合印发《关于公布农村能源革命试点县名单（第一批）的通知》，推动"兰考模式"在全国推广示范。

（二）抓住制造强省"牛鼻子"，能源产业发展聚点成片

1. 厚积薄发，技术装备水平不断提升

十年来，河南充分发挥装备制造传统优势，聚焦新能源、新型储能、高端电气、煤矿智能化等领域，全面推行绿色制造，打造千亿级能源高端装备产业集群。首台（套）设备擦亮河南品牌。强化企业创新主体地位，发挥许继、平高、平煤等龙头企业创新引领作用，培育能源领域"国之重器"，郑煤机集团高端大采高及薄煤层采煤机装备达到国际先进水平，混合换相换流阀入选工信部首台（套）重大技术装备推广应用目录，特高压直流成套装备、无氟环保 GIS、光储充一体化等多种装备入选国家能源领域首台（套）重大技术装备项目和河南省首台（套）重大技术装备目录。绿色低碳产业蓬勃发展。建设绿色低碳领域省级科研创新平台 400 余家，建成"新能源电池"等中试基地 11 家，培育绿色技术创新示范企业 62 家，打造德力西电气濮阳基地等一批"零碳工厂"，48 项先进技术纳入《河南省绿色低碳先进技术成果目录（2023）》，初步形成商丘固废处理装备产业集群、周口节能锅炉特色产业集群、许昌节能环保产业集群，建成郑州新密环保装备产业园等一批产业园区，培育了中信重工、中原环保、森源电气等一批龙头企业。能源装备特色产业聚链成群。建设了中原电气

谷、南阳濮阳石油装备制造基地、许昌洛阳等风电装备产业集群、洛阳安阳等光伏产业集群、南阳濮阳新乡等生物质能产业集群，大幅提升优势产品的竞争力。成立新型电力（新能源）装备产业链工作专班，发挥平高、许继等电力装备企业优势，巩固传统输变电装备产业、壮大高效新能源装备产业、培育智慧电气装备产业，新型电力系统硬件支撑能力和智能控制水平持续提升。

2. 乘势而上，新能源产业链持续壮大

十年来，河南紧抓新能源快速发展机遇，以能源转型带动产业发展，加快推动风电光伏、新型储能、氢能、绿色石化等产业聚点成链，形成了多元支撑的新能源绿色发展格局。风电产业规模持续壮大。持续优化营商环境，引入明阳智慧、金风科技、天能集团等国内龙头企业在河南布局生产，基本形成了以濮阳、信阳、安阳、许昌等风机主机制造基地为核心，以轴承等零部件企业为支撑的产业体系，拥有单机容量 7 兆瓦的陆上风电装备制造基地、105 米陆上风电叶片生产线，全省风机年产能达到 1400 台以上。光伏产业集聚效应凸显。抢抓光伏产业兴起良好机遇，持续完善产业链条、优化产业配套，构建了以平煤隆基、阿特斯光伏、中硅高科等龙头企业为主导的产业体系，拥有规模以上光伏制造企业 20 多家，形成了从原材料到光伏电池板产品、从建设到运维的完整产业链，呈现开封、洛阳、安阳、许昌、漯河等多地光伏产业集聚发展的良好态势。新型储能产业加速兴起。加快新型储能产业建链补链延链强链，培育了郑州比亚迪、洛阳宁德时代、开封时代等一批新型储能龙头企业，打造了开封、许昌、三门峡等多个新能源电池特色产业集群，形成了焦作多氟多、新乡科隆等上游生产企业和许继电气、平高电气等下游集成企业协同发展的产业体系，全省电池产能规模接近 5000 万千瓦。氢能产业快速起步。发挥国家氢燃料电池汽车推广应用示范城市集群优势，依托宇通客车、豫氢装备等头部企业，累计推广燃料电池汽车 1666 辆，占全国燃料电池汽车保有量的 10%。积极推动氢能"制储运加用"全产业链建设，研制完成郑州中科清能 1 吨/天氢液化装备首台样机，批量生产新型储氢瓶组，培育了中原大化、远东科技等制氢企业 13 家，在加氢装备、固态储氢材料等领域形成比较优势。油气产业实现绿色转型。印发《河南省绿色氨醇低碳产业体系建设实施方案》，打造信阳市"电氢氨醇"绿色低碳产业试点示范，投产全球首个十万吨级绿色低碳甲醇项目——安阳二氧化碳加氢制绿色低碳甲醇联产 LNG 项目，每年综合生产甲醇 11 万吨、液化天然气 7 万吨；开工建设洛阳百万吨乙烯项目，延伸发展烯烃、芳烃、碳基材料等产业链，支撑豫西北区域打造国内一流绿色石化先进材料产业基地。

四 十年耕耘，能源体制革命取得新成效

推动能源体制革命，既要使市场在资源配置中起决定性作用，又要更好发挥政府作用。习近平总书记指出："要坚定不移推进改革，还原能源商品属性。"① 河南能源行业坚决贯彻落实国家关于能源体制改革的有关要求，统筹政府与市场、常规能源与新能源，持续深入推进自然垄断环节独立运营和竞争性环节市场化改革，市场在深化能源生产和消费变革、保障电力供应、促进能源转型方面的作用进一步显现。

（一）建市场、促竞争，能源体制改革活力持续释放

1. 价格形成机制逐步理顺

十年来，河南充分发挥价格在市场改革中的核心作用，持续完善电价、煤价、气价形成机制，充分发挥价格引导供需作用。"管住中间、放开两头"的电价机制全面建立，明确工商业用户购电价格由上网电价、输配电价、政府性基金及附加等组成，上网电价注重充分竞争、输配电价注重科学独立、用户电价注重供需引导。上网电价方面，煤电建立了"基准价+上下浮动"的中长期交易价格机制，容量电价内容增加，2021 年以来新增风电、

① 中共中央党史和文献研究院：《为中国式现代化建设提供安全可靠的能源保障——学习〈习近平关于国家能源安全论述摘编〉》，《人民日报》2024 年 9 月 20 日，第 6 版。

光伏全面实现平价上网，有序放开电力现货市场价格范围，探索"供需定价"机制；输配电价方面，完成连续三个周期成本监审，实现了按照"准许成本＋合理收益"直接核定输配电价，构建了规则明晰、科学透明的输配电价监管体系，传统的电网"购销差价"经营模式成为历史；用户电价方面，将用户侧电价整合优化为工商业、居民和农业三大类，其中工商业实现分时电价全覆盖，并通过优化时段划分、拉大峰谷价差激励用户削峰填谷；居民和农业保持目录电价。居民用气定价机制逐步完善，由最高门站价格管理改为基准门站价格管理，实现了与非居民用气基准门站价格机制有效衔接。有效落实煤炭价格机制，提出煤炭中长期交易价格合理区间，健全煤炭成本调查、价格监测制度，初步实现了煤价、上网电价、用户电价在合理区间内的"三价联动"。

2. 电力市场体系不断完善

十年来，河南坚持以市场为主导，充分发挥市场在资源配置中的决定性作用，培育多元竞争市场格局，持续完善电力市场功能，有效竞争的市场体系和市场结构初步形成。电能量市场方面，基本建立覆盖 5 个交易品种（电力直接交易、电网代理购电交易、发电侧合同转让交易、用电侧合同转让交易、合同回购交易）、5 类交易周期（年、季、月、旬、日）、4 种交易方式（双边协商、集中撮合、单向挂牌、双挂双摘）的多品种、高频次、全周期中长期交易框架体系；实现中长期市场按工作日连续运营，现货市场陆续开展 5 轮次试运行。历经煤价高企、新能源大发、保电关键期等长周期多场景检验，"发现价格、稳定供需"的作用得到有效验证。辅助服务市场方面，按照"谁服务、谁获利，谁受益、谁承担"的总体原则，不断完善省内调峰辅助服务市场规则，市场成员持续扩容，分摊机制更加公平合理，推动煤电深调能力逐步提升，累计减少弃风弃光电量 280 亿千瓦时。容量市场方面，构建煤电容量电价机制，促进电量电价通过市场化方式有效形成，出台煤电机组最大出力申报认定及考核管理办法，推动煤电向基础保障性和系统调节性电源并重转型。落实抽水蓄能容量电价政策，稳定抽水蓄能项目投资发展市场预期。

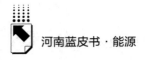

3.市场支撑发展成效显著

十年来，河南统筹能源安全、能源转型和能源经济三重目标，构建适应新能源运行特性、满足经济社会发展需要的电力市场体系，保供应、促转型、稳价格的综合效用充分体现。市场保障电力安全可靠供应。坚持"统一市场、两级运作"总体架构，充分发挥外电保供作用，强化政企协同，通过年度市场高比例签约、短周期交易挖掘潜力、创新多种互济方式、电源通道灵活适配，不断提升省间中长期与现货市场购电能力，连续五年购入外电超过600亿千瓦时，高峰时段外购电力约占最大负荷的1/6，有效支撑度夏度冬保供大局。市场促进能源绿色低碳转型。推动省内风电、光伏富余电量纳入电力中长期交易管理，2024年1~10月累计分摊新能源电量329亿千瓦时，降低工业用户用电成本20亿元。坚持绿色电力优先组织、优先出清、优先调度、优先结算，2021年至2023年10月累计达成绿电交易1.5亿千瓦时、成交绿证接近9万张，满足富士康等重要企业绿电消费需求。完善新型储能参与中长期、调峰等各类市场机制，推动负荷聚合商参与调峰响应，最大限度释放新能源消纳空间，2023年全省非水可再生能源消纳责任权重完成值超过30%，位居华北、华中、华东地区各省份之首。市场保障终端用能价格平稳。优化分时电价机制，推动峰平谷时段连续设置，便于工业企业安排生产时序，拉大峰谷价差，引导用户错峰用电、降低用电成本。强化煤电容量电价与电量电价、辅助服务市场衔接，保障综合电价水平稳中有降。提高外购电中新能源交易占比，保障全省低价电供应规模。

（二）建体系、促发展，能源行业治理能力有效提升

1.各项改革政策有效落实

十年来，河南切实贯彻落实国家关于能源体制改革的总体部署，统筹发展和安全，持续深化电力体制改革，稳步推动油气行业改革，实现各项改革政策在河南有效落地。系统推进新一轮电力体制改革，贯彻《中共中央 国务院关于进一步深化电力体制改革的若干意见》精神，国内首批开展电

力体制综合改革试点建设，印发河南电力体制改革综合试点方案和多个专项方案，沿着"三放开、一独立、三强化"的思路推动各项改革举措落细落实。按照燃煤发电市场化改革和代理购电有关要求，建立优先发电和优先购电制度，推动全省 71 家燃煤发电企业、431 万户工商业用户直接或以电网企业代理形式进入市场，市场化交易电量规模占售电量的比重达到 70%。售电侧改革成效显著，自 2017 年售电公司首次参与交易以来，售电市场逐步壮大，目前已形成百余家稳定运营售电公司，代理用户数量超过 3 万家，交易规模占电力直接交易的比重达到 74%，民营售电企业发展壮大、数量占比接近 90%。增量配电改革持续推进，实现增量配电改革试点省辖市全覆盖，试点数量居全国第一位，市场主体数量、交易电量规模居全国前列。开放电网公平接入，服务"7+28"重点产业链企业"用好电""快用电"，优化新能源、新型储能等并网服务流程，激发各类企业和新型主体投资热情。有序开放油气管网设施，原油、成品油管网设施向第三方开放，天然气管网实现"输销"分离，成立河南省天然气管网公司，统筹建设省级干线管道，集约输送和公平服务能力显著提升。

2. **市场治理体系持续完善**

十年来，河南推动有效市场和有为政府更好结合，更好发挥政府的管理服务、规则制定、兜底保障等作用，能源市场制度和规则体系不断健全，市场管理水平和治理效能全面提升。建立煤电油气运厅际协调机制，明确议事机制和各方职责，加强煤电油气运供需调节，发挥煤电联动、源网荷储协同管理作用，保障生产生活用能需要。成立电力市场管理委员会，引入发电企业、电力用户、售电公司、电网企业、交易机构、第三方机构等各类主体代表，推动电力市场多方共建、成果各方共享。首批完成电力交易机构股份制改造，搭建流程规范、运作透明、信息充分、便于监管的交易平台，信息披露、信用评价、运营分析等配套机制持续完善，交易机构独立规范运作水平有效提升，电力资源配置方式加速由计划向市场转变。持续完善电力交易规则体系，紧密承接全国统一电力市场"1+N"基础规则体系，先后出台《河南省电力市场交易规则（试行）》《河南省电力市场运营基本规则（试行）》，筑牢市场建设运营规则基础。按年度出台电力交易方案，细化完善参与方式、交易安排、结算模式等关键事宜，保障全年电力市场平稳运行。持续提升能源监管能力。加大能源设施安全、电力保供、新能源消纳、市场运营等监管力度，及时开展重大安全风险隐患排查整治，保障油气长输管道和重要电网通道安全稳定运行，持续提升电力市场运营水平。

五 十年积淀，能源对外合作开创新局面

习近平总书记指出："要在立足国内的前提条件下，在能源生产和消费革命所涉及的各个方面加强国际合作，保障能源资源安全。"[①] 河南能源行业瞄准开放强省建设目标，统筹用好省内省外两个市场、两种资源，坚定不移实施制度型开放战略，坚持"引进来"和"走出去"并举，全方位加强能源领域省际合作，构筑连接河南与全国的能源合作网，有力支撑了全省能源高质量发展。

（一）坚持"引进来"，能源保障能力持续加强

1. 煤油气外引能力持续提升

十年来，河南能源行业立足国家产能布局调整、省内传统能源产量持续下降的发展趋势，大力推动国家重大油气基础设施建设，加大省外煤油气购入力度，有效稳定了煤油气综合供给基本盘。外联通道逐步完善。世界上一次性建成并开通运营里程最长的重载铁路——浩吉铁路建成投产，其作为"北煤南运"国家战略运输通道，自 2019 年建成以来累计运量近 3.5 亿吨，有力保障了河南煤炭供应。日照—濮阳—洛阳原油管道工程建成投产，增加输量 1000 万吨/年，洛阳—新郑国际机场航煤管道项目正式开工，设计输量 330 万吨/年，锦州—郑州成品油管道华北注入支线顺利投用，成品油省外

---

① 中共中央党史和文献研究院：《为中国式现代化建设提供安全可靠的能源保障——学习〈习近平关于国家能源安全论述摘编〉》，《人民日报》2024 年 9 月 20 日，第 6 版。

调度能力持续提升。积极对接国家"西气东输、北气南下、海气登陆"战略，基本建成西气东输三线中段工程，推动苏皖豫、川气东送二线输气管道项目纳入国家"十四五"专项规划，建成以西气东输、榆济线、山西煤层气为主要气源，覆盖全省的"两纵三横"天然气长输管网，加强与沿海气源合作，国内首例异地建设储气设施——江苏滨海LNG储气项目建成投运，充分发挥周口内陆港口作用，通过海运转河运方式，实现海外LNG"一罐到底"直达河南。引入规模不断提升。出台加强省外原煤购销等政策措施，依托浩吉、瓦日、宁西等运煤通道，不断提高煤炭调入运力。加大油气资源签约力度，保障了省外原油、天然气供应占比91.7%、96.6%的实现。

2. 外电引入规模持续提升

十年来，河南能源行业积极融入全国统一电力市场发展格局，充分发挥省间电力通道保障作用，推动外电入豫规模从245亿千瓦时跃升至680亿千瓦时，电力保供能力有效提升。省间通道受电能力大幅提升。发挥特高压电网大规模资源优化配置作用，先后推动建成"疆电外送"首个特高压输电项目——天中直流和世界首条全清洁能源特高压工程——青豫直流，天中直流累计送电近4000亿千瓦时，"青海之光点亮河南之灯"成为亮丽名片，建成投产驻马店—武汉、南阳—荆门特高压交流输电工程，支撑华中特高压交流形成"日"字形双环网结构，外电入豫通道能力从2014年的1081万千瓦提升至2023年的2051万千瓦、实现倍增式提升。外电入豫有效支撑度夏保供。充分发挥天中、青豫"双引擎"作用，度夏高峰时段天中直流保持600万千瓦满送，青豫直流送电功率逐年提升、2024年达到533万千瓦，加强跨省跨区合作，与甘肃签订清洁能源合作协议，与四川签订川豫互济合作协议，与新疆、湖北、湖南等省份签订互济互保协议，省间购电合作基础持续夯实，2024年度夏午、晚高峰购入省外合同电力分别达到1307万千瓦、1147万千瓦，均创历史新高。推动煤电企业参与外送交易。常态化开展省内燃煤电厂华中省间外送交易，自2023年10月19日起推动省内燃煤电厂参与省间现货市场售电，2024年1~10月累计外送电量43.8亿千瓦时、售电均价不低于省内水平，有效提升了煤电企业经营质效，释放了省内新能源消纳空间，同时助力江西、重庆、安徽等地区电力保供。

3. 省企能源合作水平持续提升

十年来，河南能源行业充分发挥纽带连接作用，搭建省委省政府与能源央企、民营企业之间合作桥梁，借势而行、顺势而为、造势而动，推动构建新时期能源领域省企合作新高地。战略合作基础持续夯实。省委省政府多次召开中央驻豫企业座谈会，为深化央地合作、促进共赢发展打下良好基础，河南省政府先后与国家电网、中石化、华电集团，郑州市政府与中国能源建设集团等多家能源央企签署战略合作协议，在电网发展、油气转型、新兴产业、工程建设等方面谱写央地协作河南篇章，创新开展央地合作"云签约"活动，大力推进中国产业转移发展对接活动（河南），充分发挥央企战略保障作用，为加强河南能源保障注入充沛动能。产业带动作用有效发挥。成立中国电气装备集团中原区域总部，打造中原地区智慧电气装备原创技术策源地、产业高质量发展示范区，有力支撑河南省建设现代化新型电力（新能源）装备产业集群。比亚迪郑州基地实现量产下线、宁德时代洛阳基地一期项目电池工厂建成投产，上汽郑州整车、发动机及动力电池三大基地加速形成，通威、晶澳、晶科等国内光伏领域龙头企业及其配套企业陆续在河南布局，带动河南电动汽车、光伏产品、锂电池"新三样"经济顺势腾飞，2024年前三季度，河南新能源汽车产量增长28.9%，锂电池产量增长51.4%，"新三样"出口77.8亿元，同比增长11.4%。中煤集团、陕煤集团等分别参与河南新纳规燃煤电厂建设，煤电投资主体不断丰富，保障水平进一步提升。明阳集团全面融入全省新能源产业集群建设，实施全国首个整县"千乡万村驭风行动"，打造多个源网荷储一体化示范项目。

（二）坚持"走出去"，能源多方合作成效凸显

1. 省间投资合作多点开花

十年来，河南能源行业发挥河南交通区位优势，持续做优做强做大省属国有企业，以参与项目运营、承接省外工程、提供成套装备等多种"走出

去"形式,加快融入全国产业链,推动构建省内省外双循环相互促进的能源发展格局。推动能源项目省外落地。落实国家新时代援疆工作部署,充分发挥能源支撑拉动功能,积极融入新疆大型油气生产加工和储备基地、大型煤炭煤电煤化工基地、大型风电基地"三基地"建设,将新疆区域打造为综合能源保供基地和河南能源战略转移承接地。发挥河南能源集团龙头企业优势,打造哈密园区、库拜基地、准东基地"一园区两基地",目前已拥有煤炭资源储量147亿吨,累计生产原煤1.53亿吨,累计实现营业收入1489亿元、创收利润121.84亿元。签署《哈密新能源产业战略合作协议》,挂牌上线豫哈零碳科技产业援疆平台,为新疆地区引进风电光伏等落地项目近40亿元。加强能源产业技术创新合作。成立河南新能源与储能产业联盟,发挥宁德时代、许继集团等产业头部企业,华润电力、大唐集团等中央能源企业,河南投资集团、平煤神马集团等省管企业多方优势,带动新能源与储能产业链集群上下游融合发展。加强省间企业合作,推动省属能源企业与东方风电、中国节能、中铁装备等央企子企业以及陕西榆能集团等外省能源强企签署战略合作协议,在煤炭、新能源、电气装备等领域实现互补合作,通过中国河南国际投资贸易洽谈会等加强与外省优势企业签约合作,激发省内能源企业发展新动能。

2. 能源品牌效应有效彰显

十年来,河南能源行业充分发挥制造领域先发优势,持续优化营商环境,通过高水平论坛、高质量项目等发出河南声音、铸就河南品牌,能源发展影响力持续提升。能源领域河南制造惠及全国。煤炭产品优势凸显,全国综合质量最优的"豫永喷吹煤"成为各大知名钢铁企业不可或缺的基础煤种,含磷量全球最低的"永煤精粒"作为稀缺战略资源产品远销海内外,拥有自主知识产权的MMA技术和合成气制乙二醇催化剂关键技术达到世界领先水平,碳纤维、三胺泡绵等国家战略工程材料广泛应用于航空航天和军工领域。电气装备走向全球,依托许继、平高等行业领军企业,在特高压成套装备、继电保护、综合能源等领域打造了GIS组合电器、柔性直流输电换流阀、大型发变组保护装置等世界一流产品,成就了张北国家风光储输示范、青豫直流、闽粤联网等一批重大工程，为中老铁路通车、"一带一路"能源项目建设等贡献了河南力量。能源示范引领作用日益彰显。郑煤机智慧园区荣膺全球煤机行业首家"灯塔工厂"，兰考农村能源革命成为全国示范，中国石化洛阳百万吨乙烯项目入选"2023年度央企十大超级工程"，"周口地区地热清洁取暖项目"入选国家能源局中芬能源合作示范项目，万江零碳能源港项目、兰考职业技术学院地热应用示范项目成功入选世界地热科考路线。成功举办第三届碳经济（中国）论坛、2023农村能源发展大会、中国（郑州）国际新能源·智能汽车发展峰会等重大活动，积极展现河南能源发展成果，扩大能源合作朋友圈。

结　语

阔步奋进十年路，扬帆启航新征程。奋进十年，河南能源安全保障能力持续提升，低碳转型发展成效显著，基本形成了清洁低碳、安全高效的能源保障新体系。党的二十届三中全会明确指出，深化能源管理体制改革，加快规划建设新型能源体系，建立能耗双控向碳排放双控全面转型新机制。河南作为经济大省、人口大省、新兴工业大省，能源电力需求还将持续增长，资源环境约束依然长期存在。当前，河南已开启全面建设社会主义现代化河南新征程，对能源高质量发展提出新要求，建设新型能源体系、推动碳达峰碳中和既是破题之要，也是担当之举。

凡是过往，皆为序章。当前，世界百年未有之大变局加速演进，新一轮科技革命和产业变革深入发展，全球能源治理格局深度调整。面对经济发展新形势、深化改革新要求、人民群众新期待，河南能源行业将深入贯彻习近平总书记关于保障国家能源安全的重要论述精神，全面贯彻落实党的二十大和二十届二中、三中全会精神，紧抓构建新发展格局战略机遇、新时代推动中部地区高质量发展政策机遇、黄河流域生态保护和高质量发展历史机遇，进一步落实能源安全新战略，加快建设新型能源体系，推动实现碳达峰碳中和，为中国式现代化建设河南实践提供坚强能源支撑。

参考文献

中共中央党史和文献研究院编《习近平关于总体国家安全观论述摘编》，中央文献出版社，2018。

习近平：《高举中国特色社会主义伟大旗帜　为全面建设社会主义现代化国家而团结奋斗——在中国共产党第二十次全国代表大会上的报告》，2022 年 10 月 16 日。

《中共中央关于进一步全面深化改革　推进中国式现代化的决定》，2024 年 7 月 21 日。

国务院新闻办：《中国的能源转型》白皮书，2024 年 8 月 29 日。

国家能源局：《以能源转型发展支撑中国式现代化》，《人民日报》2024 年 9 月 9 日。

章建华：《以高质量新能源发展有力保障高水平能源安全》，《学习时报》2024 年 8 月 14 日。

张智刚：《能源安全新战略引领电力事业高质量发展》，《求是》2024 年第 11 期。

《中共河南省委、河南省人民政府关于全面推进美丽河南建设的实施意见》，2024 年 7 月 9 日。

河南省人民政府：《河南省国民经济和社会发展第十四个五年规划和二〇三五年远景目标纲要》，2021 年 4 月 2 日。

河南省人民政府：《河南省"十四五"节能减排综合工作方案》，2022 年 7 月 28 日。

《河南省能源大数据中心建成投运》，《河南日报》2021 年 1 月 13 日。

行业发展篇

B.3
2024~2025年河南省煤炭行业发展形势分析与展望

于泊宁　李虎军*

摘　要：　2024年，河南省煤炭行业坚持稳中求进工作总基调，着力推动高质量发展，坚决保障煤炭稳产增供，加快煤炭储备基地建设，推动行业绿色低碳与数智化转型，发挥了能源安全保障"压舱石"的作用。2025年，预计全省煤炭消费基本稳定，煤炭供需将延续整体平衡态势。河南省煤炭行业应统筹发展与安全，持续做好保供应、促转型、优环境、提质效等方面工作，着力发展新质生产力、推动行业高质量发展，为"十四五"圆满收官、中国式现代化建设河南实践提供坚强支撑。

关键词：　煤炭行业　煤炭供给　煤炭消费　绿色低碳转型　河南省

---

* 于泊宁，国网河南省电力公司经济技术研究院工程师，研究方向为能源电力供需与市场分析；李虎军，国网河南省电力公司经济技术研究院高级工程师，研究方向为能源电力供需。

2024 年是深入实施"四个革命、一个合作"能源安全新战略十周年，面对极端天气频发与能源保供形势严峻等多重挑战，河南煤炭行业进一步深化供给侧结构性改革，积极推动行业绿色低碳转型，煤炭生产实现稳产增供，煤炭消费略有下降，煤炭价格有所回落，全省煤炭供需形势整体平衡，为全省经济平稳运行和民生保障提供了坚实支撑。2025 年是"十四五"规划的收官之年，河南煤炭行业继续坚持稳中求进工作总基调，着力保供应、促转型、优环境、提质效，因地制宜发展行业新质生产力，推动全省煤炭供应保障能力和清洁高效利用水平迈上新台阶。

一 2024年河南省煤炭行业发展情况分析

2024 年，河南省煤炭行业充分发挥能源安全保障"压舱石"作用，为经济社会发展提供了坚强支撑。受多重因素影响，全省煤炭生产呈阶段性波动，总产量实现小幅增长，煤炭消费在非电需求低迷的影响下略有降低，煤炭价格整体回落后进入震荡调整区间，全省煤炭供需形势整体平衡。

（一）煤炭生产稳中有增，行业保供基础持续增强

2024 年，河南省煤炭行业坚持稳中求进工作总基调，全力保障煤炭生产供应稳定，持续推进煤矿重点项目和煤炭储备基地项目建设，着力推动煤矿安全和智能化改造，加快研究煤层气勘探开发方案，全省煤炭产能稳定运行，行业保供基础持续增强。

煤炭生产稳中有增。1~10 月，全省原煤产量 8705.8 万吨，同比增长 2.2%，增速较全国快 1.0 个百分点。分阶段看，1~2 月，受春节假期和全国安全生产与监察行动影响，全省煤炭生产明显放缓，同比增长 -8.1%（见图 1）；3~4 月，随着社会需求的逐步恢复和各项监督整改举措落实到位，全省煤炭产能逐步恢复，产量同比增长 1.7%；5~6 月，为保障度夏期

间能源供应安全稳定，全省煤炭行业开足产能，原煤生产1829.7万吨，同比增长9.0%；7~10月，全省煤炭生产有所回落，增长2.8%。

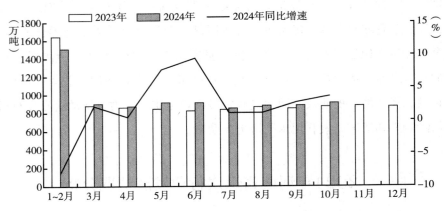

图1 2023年至2024年10月河南省原煤产量及增速情况

资料来源：国家统计局。

保供基础持续增强。一是煤矿重点项目建设接续推进。义络矿井前期工作有序开展，陈召北井扩边扩储建设加快实施。二是煤炭储备能力建设稳步开展。鹤壁二期、豫西二期、华润登封、平顶山鲁阳4个共220万吨中央政府煤炭储备基地项目全部开工建设，预计年底建成投产；内乡、信阳、焦作、台前、济源、周口等6个中央政府煤炭储备基地项目选址意见全部纳入国家布局方案。三是煤矿安全改造落实到位。2023年煤矿安全改造项目全部竣工，2024年煤矿安全改造中央预算内资金总额和项目数分别居全国第二、第三位，相关项目建设按节点计划有序推进。四是煤层气开发利用取得新进展。平顶山矿区瓦斯全浓度梯级高效利用工程入选国家示范项目。

（二）非电行业需求下降明显，整体消费略有降低

2024年，全省能源消费结构继续优化调整。受清洁替代以及高耗能行业增长乏力等因素影响，工业用煤（非发电）需求明显下降；在年初多轮极寒天气、提前入夏以及长时间跨度的"桑拿天"影响下，取暖、降温用电增长带动发电用煤增长较快。整体来看，1～10月，全省煤炭消费 20228万吨，同比增长 0.6%。

工业用煤方面，2024年全省房地产行业低迷形势未出现明显好转，叠加能耗和碳排放双控影响，建材、钢铁等高耗能行业产量下行（见图2），工业耗煤总量保持下降态势。1～10月，全省水泥、生铁产量同比分别下降14.8%、14.0%，非电端煤炭需求表现低迷。分阶段看，第一季度省内建材、钢铁市场行情较弱，水泥、生铁产量同比分别下降 33.5%、12.8%；4～5月，受同期基数偏低影响，全省水泥、生铁产量降幅均有所收窄，同比分别下降 6.8%、9.3%；6～7月，水泥、钢铁市场行情再次回落，对应产量增速跌至-22.4%、-22.0%。8～10月，全省水泥、生铁产量进一步下降，但由于上年同期基数较低，降幅分别收窄至-9.3%和-12.4%。

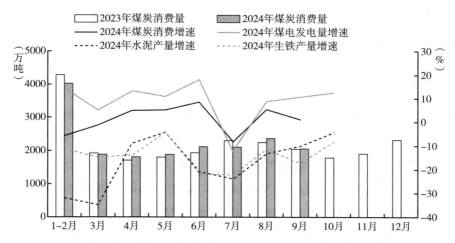

图2　2023年至2024年10月河南省煤炭消费及相关行业产品产量增速情况

资料来源：国家统计局、河南能源大数据中心。

发电用煤方面，新能源快速发展虽在一定程度上挤占了煤电发电空间，但由于全社会用电量保持快速增长，1～10月全省煤电发电量仍呈现增长态势，同比增长 7.5%。分阶段看，1～2月受极端低温天气影响，煤电发电量同比增长 14.2%；4~5 月，天中直流配套火电送电电力调减出让发电空间，省内煤电发电量同比增长 11.7%；6~8 月，夏季湿热天气带动全省电力需求持续攀升，但受可再生能源发电量同比增长 20.7% 的影响，省内煤电发电量同比增长 3.4%。9~10 月，高温天气消退较慢，全省气温较同期明显偏高，省内煤电发电量同比增长 5.6%。

（三）煤炭价格整体回落，全年运行呈现窄幅震荡

2024 年，国内外煤炭价格虽整体回落，但仍维持高位，呈震荡运行态势。上半年纽卡斯尔港煤炭均价较 2023 年同期下跌约 80 美元/吨，同期我国进口煤炭平均成本下降约 19.1%。在工业用煤需求下降及进口煤增加的影响下，上半年山西优混（5500 大卡）市场均价同比下降 14.5%，为 878 元/吨，但相比 2020 年前仍处于价格高位。国内煤炭中长期合约均价约 704 元/吨，同比下降约 2%。受全国市场行情影响，上半年河南电煤价格同比下降约 5%，6 月末均价收于 776 元/吨，较年初下降 47.5 元/吨。

分阶段看，2024 年以来，国内煤炭价格整体呈前高后低态势，第二季度探底后保持窄幅震荡。第一季度，山西优混（5500 大卡）市场均价 908 元/吨，同比下降 20.2%；河南电煤价格相对平稳，基本保持在 800 元/吨以上，直至供暖期结束后逐步进入价格下行周期。第二季度，煤炭价格延续下行态势，山西优混（5500 大卡）均价 852 元/吨，同比下降 8.3%，季初煤价探底跌至 820 元/吨，5 月末 6 月初，电煤夏储需求季节性攀升导致煤炭价格回升，山西优混（5500 大卡）同期均价保持在 880 元/吨附近，随后再次回落。河南电煤自 4 月中旬起价格进入中位横盘阶段，第二季度均价 773 元/吨，同比降幅收窄至 1.6%。第三季度，国内煤炭价格呈企稳态势，山西优混（5500 大卡）均价 853 元/吨，与第二季度基本持平（见图 3）。预计随着工业用煤需求边际改善及冬季供热旺季带来的电煤需求攀升，全国煤炭价格后续有望重拾升势。

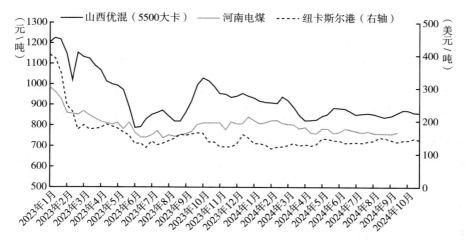

图3　2023年至2024年10月煤炭市场均价走势

资料来源：河南能源大数据中心。

（四）内产外引协同发力，全省煤炭供需保持平稳

河南省煤炭供应半数以上依赖外运，省内供需形势与全国及国际煤炭市场环境具有较强相关性。2024年，国际煤炭市场供给较为充分、国内供需基本平衡，配合全省货运运力充分调度，河南煤炭供需保持整体平稳。

从国际层面看，2024年上半年全球能源供应格局基本稳定。在供给侧，受市场惯性影响，全球煤炭产能保持高位；在需求侧，主要经济体经济发展速度放缓、煤炭需求下行，国际煤炭市场整体呈现供大于求的态势。

从全国层面看，1~10月全国规上工业原煤产量38.9亿吨，同比增长1.2%，处于历史高位，增速不高主要是受上半年全国安全生产、安全监察行动以及安全整改等因素影响。7月以来，随着度夏保供需求攀高与安监形势好转，山西、新疆等煤炭主产地生产有所恢复，2024年全国原煤产量增速有望进一步提升。煤炭进口略超预期，尽管1月起我国已恢复煤炭进口关税，但1~9月全国仍累计完成煤炭进口3.89亿吨，同比增长11.9%，主要增量来自澳大利亚等国家和地区，实现煤炭需求结构性补缺。煤炭库存仍处

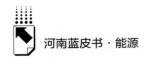

高位，受供需形势影响，全国港口、电厂存煤虽整体略低于上年同期，但已实现逐步回升，处于较高水平。

从河南层面看，在省内煤炭生产与消费增速"一升一降"的背景下，省外煤炭充分调入进一步支撑了全省能源保供。2024年以来，河南省协调晋陕蒙等省份调入煤炭资源1.2亿吨左右，在省内省外资源的共同支撑下，度夏期间全省电煤日均到煤38万吨、库存始终保持在1100万吨左右，达到电煤库存最高1184万吨、优质煤占比超过57%的历史最好水平，有力保障了供需紧张时段用煤需求。

预计2024年全省煤炭供需形势整体平稳、第四季度呈紧平衡态势。从供给看，受2024年以来煤矿安全事故影响，安全监察力度的加大将在一定程度上影响煤炭产量，预计第四季度国内煤炭市场供应增量有限。从需求看，随着采暖季到来带动电力行业耗煤增加，叠加经济领域一揽子增量政策效果的逐步显现，预计发电及工业用煤需求均将有所增加，第四季度全省煤炭消费明显增长，特殊时段、极端天气可能引起区域性供应紧张。预计2024年，河南省原煤生产约1亿吨，煤炭消费量约2.1亿吨，均较上年略增，全年煤炭供需整体平衡。

二 2025年河南省煤炭行业发展形势展望

2025年是"十四五"现代能源体系规划的收官之年，能耗双控向碳排放双控的制度转变、加快构建新型能源体系的决策部署、发展新质生产力的任务目标，都对煤炭行业在供给侧结构性改革、清洁高效利用等方面提出了更高要求。在全省经济运行持续向好、好中向新背景下，预计河南省煤炭消费规模将保持稳定，煤炭生产延续稳供增供基调，供需形势整体平衡。

（一）2025年河南省煤炭行业发展形势

1. 保供基础不断夯实，但安全保障压力依然巨大

河南省煤炭资源相对丰富，累计探明储量约440亿吨，中大型煤矿产能

占比约57%，产能布局较为合理。近年来，全省原煤产量保持在1亿吨左右，同时依靠焦柳、瓦日、侯月等运煤通道，煤炭保障基础坚实，有力支撑了全省经济社会发展的需要。但随着新型能源体系的加快构建，煤炭在能源安全保障中的定位逐步转向兜底保障性资源，对煤炭供给体系提出了新的要求。国家能源局《2024年能源工作指导意见》指出："保持煤炭产能合理裕度，增加战略储备和调节能力。建立煤炭产能储备制度，加强煤炭运输通道和产品储备能力建设，提升煤炭供给体系弹性。"2024年4月，国家发展改革委印发《关于建立煤炭产能储备制度的实施意见》，进一步提出完善产能储备政策，推动煤炭产能保持合理裕度和足够弹性，增强供给保障能力，更好发挥煤炭在能源供应中的兜底保障作用。

在当前能源安全新形势下，河南省煤炭保供与战略储备仍面临一系列挑战。一是煤炭供给"向上弹性"不足。目前省内煤炭后备资源储量有限，基础储量下降较快，部分矿区出现产能紧张局面，产能接续问题初步显现。同时，煤炭保障对省外调入依赖程度较高，供给能力受到外部供需环境和运煤通道运力制约。二是需求侧波动对煤炭市场的冲击增大。气候变化与可再生能源占比提高极大增加了电煤需求的不稳定性，而煤电作为兜底保障和支撑调节性电源，电煤保供压力有增无减，电、煤博弈加剧市场波动，煤炭中长期合同履约难度较大。三是安全生产形势制约煤炭增产增供。增产保供政策背景下，部分矿井产能利用率长时间高位运行，采掘关系较为紧张，长周期平稳生产难度较大。四是国际局势加剧煤炭进口环境波动。煤炭进口对我国煤炭消费结构性补缺具有重要意义，近年来俄乌、巴以冲突造成我国进出口环境发生一些波动，地缘政治形势变化将对进口煤炭量价造成影响，冲击煤炭供需格局。

2. 行业转型持续推进，但清洁利用水平仍待提高

"十四五"以来，河南省煤炭行业绿色低碳转型取得明显成效。当前，河南省原煤入选率已达80%以上，提前完成国家"十四五"任务目标；全省60万千瓦以上煤电机组占比超过2/3，平均供电煤耗降至299克/千瓦时，均明显优于全国平均水平。2024年9月，国家发展改革委等6部门印发《关于加强煤炭清洁高效利用的意见》，对煤炭行业减污降碳、提高能

效提出系统性指导意见与进一步要求。2024年5月，国务院印发《2024—2025年节能降碳行动方案》要求严格合理控制煤炭消费，持续推进燃煤锅炉关停整合和散煤治理，到2025年底，大气污染防治重点区域平原地区散煤基本清零，基本淘汰不符合规定的燃煤锅炉及各类燃煤设施。2024年6月国家发展改革委印发《煤电低碳化改造建设行动方案（2024—2027年）》，提出2025年建成投产的煤电低碳化改造项目，度电碳排放较2023年同类机组平均水平降低20%左右。国家系列政策陆续出台，为河南煤炭行业清洁低碳转型创造了有利环境。

从当前形势来看，河南煤炭行业绿色转型与先进水平还有一定差距。一是部分项目开采、利用方式仍然比较粗放。矿山开采破坏生态、侵占耕地、超挖超采等问题依然存在，小型煤矿数量占比仍然偏高，煤化工等工业用煤企业大气污染问题时有发生。二是煤炭消费替代控制和节能降耗改造仍有进步空间。部分高耗能企业落实煤炭替代和产能控制要求进度滞后，给全省完成国家"'十四五'期间煤炭消费减量10%左右"的任务目标造成一定压力。三是节能降碳技术亟须突破。当前全省煤炭生产与消费过程中，能耗控制、余压余热利用、碳捕集利用与封存等方面的技术和应用与世界先进水平尚有差距，煤炭分质分级利用以及瓦斯、煤矸石等伴生资源处置利用不足，燃煤机组低碳发电特别是灵活调峰型节煤技术有待进一步研究。

3. 产业体系日益健全，但高质量发展任重道远

2022年以来，在全省大力发展"7+28+N"产业链群的政策支持下，河南省煤炭工业牢牢把握发展机遇，实现产业上下游协同快速发展，产业集群日益壮大，产业体系日益健全。以郑州煤矿机械集团为代表的上游装备制造企业，以平煤神马集团、河南能源集团等为代表的中下游煤炭生产加工和煤化工企业多次入选中国企业500强。当前，发展新质生产力已成为推动高质量发展的重要着力点，2023年国家能源局印发《关于加快推进能源数字化智能化发展的若干意见》，并于2024年出台《关于进一步加快煤矿智能化建设促进煤炭高质量发展的通知》和《煤矿智能化标准体系建设指南》。河

南跟进印发《河南省加快推进煤矿数字化智能化高质量发展三年行动方案（2024—2026年）》，以数智化建设推动煤炭行业新质生产力加快形成。目前，平煤集团存储装运智能化升级改造、郑煤集团芦沟煤矿洗煤厂建设和神火集团洗煤厂智能化改造等项目均取得一定进展。

与此同时，河南省煤炭行业高质量发展仍受多重因素掣肘。一是高水平科技创新和人才支撑能力不强。河南省煤炭工业的技术优势主要集中在传统领域，在智能化核心技术装备方面支撑不足。省内数字智能产业基础较弱，对煤矿智能化建设助力有限，煤炭工业数字赋能与跨领域合作有待谋划。二是煤炭行业有效投资不足制约高质量发展。近年来河南省能源领域投资约半数集中在新能源领域，煤炭领域投资增长空间有限，产业升级和技术研发急需更多资金支持。三是行业发展不平衡不充分。当前河南省中小型煤炭企业在产能效率、产品质量、能耗水平、数智化发展等方面较骨干企业明显落后，上下游产业链中，除生产、利用环节外，对部分环节的重视程度不足，拉低了全产业链的综合效率。

4. 煤电企业经营持续好转，但煤炭企业压力暂难纾解

2024年以来，多方有利因素促使燃煤发电企业经营逐步好转。一是国家发展改革委和国家能源局《关于建立煤电容量电价机制的通知》自2024年1月起实施，实现了电能量价值和容量价值的区分，从实际运行情况来看，煤电企业可通过容量电价回收部分固定成本，有利于企业经营持续好转。二是2024年以来煤炭价格整体下行，而煤炭购进成本约占煤电企业总成本的约80%，煤电企业发电盈利空间扩大，有利于提高燃煤发电行业效益。三是全国及河南经济发展持续稳中向好，极端气候因素、终端电能替代促使电力需求持续增长，燃煤发电企业发电空间不断增大，整体盈利持续增长。2024年上半年，五大电力央企发电业绩普涨，其中，华能国际净利同比增长18%，国电电力净利增长127%，大唐发电净利同比增长105%。

对非发电煤炭行业而言，经营压力仍然较大。一是发展路径依赖难以摆脱。煤炭行业由于前期投入大、专业性强，"粘滞效应""锁定效应"明显，企业决策成本较高，开展多元化业务、调整经营结构的意愿与能力不强。二是部分企业人员冗余与人才短缺结构性矛盾明显。河南省大型煤炭企业以国有企业为主，承担社会责任较重，存量人员规模较高且年龄结构偏大，人力成本高企挤占企业利润空间。高学历、创新型人才占比较低，难以支撑企业适应新形势下的发展需求。三是能耗控制、环境保护政策愈加严格，国有企业体制改革逐步深入，国际能源市场形势严峻复杂，内外因素共同作用，煤炭企业经营压力与日俱增。

（二）2025年河南省煤炭行业发展预测

2025年，随着新型能源体系建设加快推进，河南省煤炭行业保障基础将持续夯实，供给弹性将不断提升，能源安全兜底保障作用更加显著，行业高质量发展取得进一步成效，为扎实推动能源安全新战略走深走实、全力推进中国式现代化建设河南实践提供坚强支撑。

煤炭生产保持稳定。预计全省原煤产量维持在1亿吨左右，先进产能平稳释放。煤炭消费基本稳定，河南省以煤为主的基本省情，以及经济发展带来的能源需求刚性增长，随着政府出台一系列刺激经济的政策，叠加煤炭消费替代控制的影响，预计2025年全省煤炭消费总量维持在2.1亿吨左右。

煤炭供需整体平衡。在全国煤炭生产稳供增供的背景下，煤炭战略储备制度的确立将有利于煤炭供需环境优化。从河南来看，随着2024年省内煤炭储备基地建设持续推进，以及周口港益海嘉里专用码头、沈丘刘湾作业区二期项目建设有序开展，2025年全省将新增220万吨静态储备能力，内河运输能力进一步扩容提质，全省煤炭资源保障基础不断增强，预计供需形势将整体平衡、略有宽松。

煤炭价格呈弱下行趋势。当前国内煤炭市场供大于求的态势延续，在电能替代、能耗控制等技术和政策背景下，煤炭消费增速将低于经济增长。同时，当前煤炭价格较2020年前仍处高位，具有较大的下降空间。但受美元降息影响，预计2025年海外煤炭市场需求将有所恢复，将一定程度抵消煤价下探趋势。

煤炭产业升级深入推进。煤化工产业补链强链延链取得更好成效，煤炭清洁高效利用持续谋划，煤层气勘探开发开展试点试验、煤矿智能化绿色化改造建设陆续完成，一批技术先进、引领性强的智能化示范煤矿建成投产，减人增安提效将继续显现。

三 河南省煤炭行业发展对策建议

2025年，河南省煤炭行业应深入贯彻"四个革命、一个合作"能源安全新战略，坚持稳中求进工作总基调，因地制宜发展行业新质生产力，保供应、促转型、优环境、提质效，推动行业持续高质量发展。

（一）夯基固本保供应，持续提升煤炭安全兜底保障能力

煤炭兜底保障能力对于保障能源安全稳定供应具有重要意义，煤炭行业要坚持把保障能源安全放在首位，充分发挥"压舱石""稳定器"作用。一是贯彻落实煤炭稳产增供要求。推动省内骨干企业在确保安全的前提下稳产满产，推进陈召北井、义络煤矿、安阳大众煤矿等改扩建项目按期建成投产，河南能源金鼎矿、安阳王家岭等停缓建项目尽快复工复产。二是加大煤炭资源勘探投入，优化生产开发布局。加快义马、永夏等煤田深部资源以及石林、薄壁等预测区资源精细化勘查，增加后备资源储备，提升支撑保障能力。加强省内6个矿区的规划管理工作，科学谋划产能布局，因地制宜制定开发建设方案，增强煤炭矿区稳产增产潜力。三是加快构建煤炭战略储备体系。加快形成煤炭储备产能、扩大静态储备能力、提升区域调配能力，提升煤炭供给弹性，优化储运网络，提高重点区域保障水平。加快中央政府煤炭储备项目建设，争取更多国家储备基地项目落地。四是加强安全监管，贯彻底线思维，坚决落实安全生产各方责任，提高优质先进煤炭产能占比，以健康的煤炭采掘关系推动煤炭生产高效运行。

（二）擎旗奋楫促转型，持续推动煤炭行业生产消费变革

节能减排降碳是当前煤炭行业发展的关键问题与必然要求，行业绿色低

碳转型需要全面准确贯彻落实"四个革命、一个合作"能源安全新战略，推动实现煤炭从生产到消费的全流程变革。一是有序推进煤炭生产全流程节能降碳。推动煤炭集约高效开发，统筹开展煤炭开采、洗选、加工等环节的节能降碳建设改造，推广原位区、采动区、采空区"三区联动"开采建设，研究煤层气开发利用方案，加快河南能源千秋矿、平煤五矿等绿色矿山建设，推进煤炭洗选能力建设，加强老旧洗煤厂升级改造，推动平煤四矿等智能选矸系统建设，严格控制煤炭生产加工过程中的能耗与碳排放水平。二是全力推进煤炭清洁高效利用。除发电用煤外，明确煤炭消费由燃料定位向原料定位的转变。加强煤化工、炼焦等煤炭消费环节绿色高效用煤改造，大力发展碳捕集与固碳减污技术。加快建成一批清洁高效煤电机组，研究发展煤电机组绿氨、生物质掺烧等低碳发电技术，强化工业余热余压余气利用，推动超低排放热电联产集中供暖应用。三是加强商品煤质量管理。提升煤炭深加工水平，推广郑州矿区干法分选等技术工艺，探索重介、浮选等湿法工艺应用，提高煤炭产品质量。探索建立清洁煤标准体系，促进符合标准的清洁煤广泛流通使用。加强散煤综合治理和煤炭分质分级利用。四是严格合理控制全社会煤炭消费与碳排放。持续推进工业领域电、氢、氨清洁替代和农村地区清洁供暖，加快建立碳足迹管理体系，推动煤炭消费尽早达峰。

（三）协同共进优环境，持续探索煤炭链群长效共赢机制

现代煤炭产业体系规模大、上下游联动效应强，优化煤炭企业经营环境需要多方合作、优势互补。一是健全煤炭市场体系。合理区分煤炭供给的安全保障和商品流通性质，完善不同性质煤炭的价值实现与价格形成机制。加强煤炭中长期合同制度建设与履约监管，建立煤炭电力长效互保与成本回收机制，促进行业、企业间经营利润合理分配。二是积极探索多能互补融合发展路径。推进煤炭行业与新能源融合发展，鼓励多种形式的煤电联营、多能优化组合，共享新型电力系统建设带来的发展机遇。推进煤矿区源网荷储一体化项目建设，助力煤炭企业减负脱困，加快资源枯竭型矿区转型发展。三是推动构建上下游产业合作长效共赢机制。探索煤炭产

业与建材、钢铁、化工等行业协同发展模式，促进煤炭与非煤能源、伴生矿产协同提供多种终端消费产品，实现各项资源高效循环利用，优化煤炭企业经营布局。

（四）创新创优提质效，持续构建煤炭产业高质量发展格局

发展新质生产力是推动高质量发展的内在要求和重要着力点，特点是创新，关键在质优。一是全面推进煤矿数字化、智能化、绿色化建设。加强煤矿智能装备技术攻关与应用推广，促进煤炭技术与数字技术融合发展，推动煤矿开采减人、增安、提效，助力煤矿安全治理模式向事前预防转型。二是提升煤炭工业全产业链数字化水平。强化煤炭数字资源利用，助力加强煤炭供应链管理，提高煤炭生产利用效率。推动发展煤炭领域数据要素市场与数字经济，服务煤炭市场与新型能源体系建设。三是培育壮大煤炭领域战略性新兴产业。打造煤炭工业与前沿新材料、现代智慧物流、高端装备制造等产业的集群化、生态化发展体系，构建煤炭经济新增长极。四是提升科技创新能力。加大科技创新投入、强化基础研究布局，加快构建创新型人才队伍与高水平科研创新平台。

参考文献

国家能源局：《2024年能源工作指导意见》，2024年3月。

国家发展改革委、国家能源局：《"十四五"现代能源体系规划》，2022年1月。

习近平：《发展新质生产力是推动高质量发展的内在要求和重要着力点》，第二十届中央政治局第十一次集体学习，2024年1月31日。

国家能源局：《关于进一步加快煤矿智能化建设促进煤炭高质量发展的通知》，2024年5月。

国家能源局：《关于加快推进能源数字化智能化发展的若干意见》，2023年3月。

国务院：《2024—2025年节能降碳行动方案》，2024年5月。

河南省人民政府：《河南省加快推进煤矿数字化智能化高质量发展三年行动方案（2024—2026年）》，2024年4月。

国家发展改革委、国家能源局:《煤电低碳化改造建设行动方案（2024—2027年）》,2024年6月。

国家发展改革委、国家能源局:《关于建立煤炭产能储备制度的实施意见》,2024年4月。

国家发展改革委等6部门:《关于加强煤炭清洁高效利用的意见》,2024年9月。

B.4
2024~2025年河南省石油行业发展形势
分析与展望

路 尧 刘军会*

摘 要： 2024年世界经济缓慢复苏，地缘政治局势持续紧张，国际油价中高位震荡。面对复杂多变的内外部环境，河南石油行业持续夯实安全保供基础，原油生产保持稳定，成品油产量增长迅速，油品消费低速增长，供需态势保持宽松。河南抢抓机遇布局绿氢绿醇清洁产业，油气行业高质量发展迈出坚实步伐。2025年是"十四五"规划的收官之年，随着新能源汽车销售量的快速增长，预计全省成品油消费量小幅增长，全年成品油供需保持宽松态势。河南石油行业应抢抓历史机遇，深入推进行业绿色转型和产品优化升级，积极构建新型炼化一体化产业链，推动石油化工产业发展再上新台阶。

关键词： 石油行业 石油供需 油气接续 绿色低碳转型 河南省

　　2024年，河南石油行业围绕油气资源安全稳定供应，以储油基地、输油管道等基础设施建设为抓手，进一步完善全省石油产供储销体系；以洛阳百万吨乙烯项目为抓手，以"7+28+N"重点产业链群为主线，加快推动全省炼化产业高质量转型发展，为全省能源行业高质量发展提供了有力支撑。2025年，是"十四五"规划收官之年，全省石油行业将加快完善产供储销

---

* 路尧，国网河南省电力公司经济技术研究院工程师，研究方向为能源电力经济与企业发展战略；刘军会，国网河南省电力公司经济技术研究院高级工程师，研究方向为能源电力经济与企业发展战略。

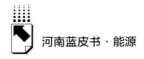

体系，持续提升安全保供能力，以低碳化、多元化、数字化为抓手推动行业高质量发展，助力构建清洁低碳、安全高效的现代能源体系。

一 2024年河南省石油行业发展情况分析

2024年，河南石油行业全力稳产增供，保障原油及成品油供应，原油产量、成品油消费量与上年基本持平，石油供需保持宽松态势，成品油价格总体平稳，石油化工产业链不断完善，行业发展质量持续提升。

（一）油品供需保持宽松态势

原油生产保持基本稳定，原油勘探与储备取得新进展。原油生产方面，1~10月，全省原油产量159.4万吨，基本保持稳产态势。预计2024年全省原油产量190万吨左右，与上年基本持平。随着中原、河南两大油田资源逐步枯竭，保持油田稳产是主要目标。原油勘探方面，新探明资源量约2.2亿吨。其中，中原油田对东濮凹陷葛岗集洼陷带原油资源进行技术评估，初步预测资源量达1.1亿吨；河南灵宝函谷关发现原油，初步预测原油资源量达1.07亿吨。原油储备方面，省内布局的济源基地项目有序推进，预计2027年投入使用。

成品油产量增长迅速。随着河南省工业化进程加快，工业体系日益完善，制造业、交通运输业呈现出积极的发展态势，成品油生产市场对成品油需求的预期向好，同时，伴随着全省炼油产能逐步达产稳产，成品油产量增长迅速。2024年1~10月，全省规模以上工业汽油产量236.9万吨、同比增长17.5%，柴油产量178.2万吨、同比增长11.7%。预计2024年全省汽油产量270万吨，柴油产量230万吨，同比增长10%左右。

成品油消费低速增长。2024年河南省经济运行保持稳中向好、持续向好态势，生产、生活交通出行提升活跃，但受到新能源汽车用能替代的影响，成品油消费增速较低。1~10月全省成品油消费量约1368万吨，与上年同期基本持平。预计2024年全省成品油消费量1650万吨，同比增长0.4%。

油品供需保持宽松。供应保障方面，成品油供应能力有所增强，锦郑成品油管道开始投入使用。2024 年 8 月，首批成品柴油开始注入锦郑成品油管道华北注入支线，未来东北的成品油将逐步增加华北、华中的成品油供应能力。由于成品油消费增长较慢，成品油生产能力、供应能力持续增强，全省成品油供需保持宽松。

（二）成品油价格持续震荡

2024 年以来，国际原油市场供需两端在巴以、俄乌冲突等地缘局势、国际经济形势及美国货币政策多重因素影响下不断博弈。4 月，地缘冲突稍显缓和，原油价格首次登顶；之后地缘局势紧张加剧、美联储加息引发市场对全球经济前景的担忧，原油价格出现回落。6 月，"OPEC+"减产计划期限前移，提振需求端对供应市场的信心，原油价格出现上涨。7 月，随着地缘冲突等利空因素的反复作用，油价整体出现滑坡式下跌。9 月末，美联储宣布降息，油价短时上扬。10 月，全球石油需求延续疲弱，油价整体震荡下行。总体来看，2024 年 1~10 月国际油价整体在中高位震荡，平均价格较上年同期低 1.4%（见图 1）。受国际油价变化情况及成品油价格形成机制影

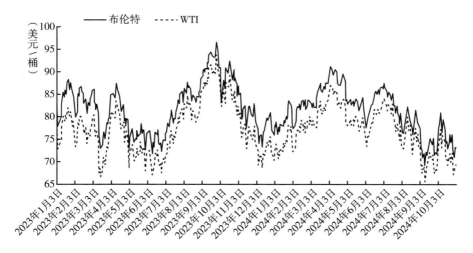

图 1　2023 年至 2024 年 10 月国际原油期货价格走势

响，河南成品油价格呈小幅波动走势（见图2）。2024年截至10月，国内成品油价格共上调9次、下调8次，整体价格水平较上年同期高1.1%。

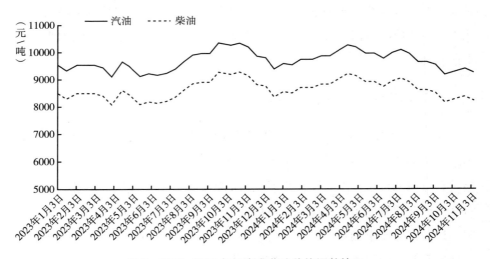

图2　2023~2024年河南汽柴油价格调整情况

资料来源：2024年国内成品油价格调整日历，中国金融信息网。

（三）产业聚链成势产品不断丰富

产业链不断完善。2024年，全省石油行业围绕"破局、科创、绿色"主题，在非常规油气开发、科技创新攻关、产业链扩容等方面持续发力。一是上游勘探开发开辟非常规资源新领域。页岩油、致密油、稠油勘探接连实现新突破，初步建成三大千万吨级储量阵地。二是中游原油生产加大科技创新投入。强化科技创新攻关，对开发潜力大的油气资源区，采用热化学复合蒸汽驱等技术，显著降低自然递减率，巩固稳产态势。三是下游积极培育新产品。河南将化工新材料产业纳入"7+28+N"重点产业链群；鹤壁积极推进化工新材料研发，投资建设特种异氰酸酯等产品；河南洛阳百万吨乙烯项目"朋友圈"再扩容，通过与国内聚烯烃改性领域企业合作，完成下游丁二烯、环氧乙烷等产业链条延伸，创造经济价值超过1500亿元。

新质生产力不断培育。持续推进绿色转型，部署实施能效提升项目，坚持用好风电、光伏等新能源资源，做好新材料、新工艺、新技术的研发培育。中国石化首个百兆瓦级风电项目的首台风机在濮阳顺利并网发电，为河南省首个"绿氢"制造项目提供低成本"绿电"。项目整体规划风电装机容量112兆瓦，建成后年发电能力将达到2亿千瓦时，可实现年减排二氧化碳17万吨。河南加快推动绿色氨醇低碳产业体系建设，在信阳等地开展试点示范，加快绿氢、绿氨、绿醇相关装备产业培育。

二 2025年河南省石油行业形势展望

当前，全球石油需求增速预期下调，新能源汽车蓬勃发展对传统燃油车市场产生重大影响，节能降碳和环保政策进一步推动行业转型和升级。2025年是"十四五"规划收官之年，河南石油化工行业需紧紧围绕高质量发展主题，持续做好原油稳产及油品供应，着力优化升级产业链条，预计2025年石油供需形势保持整体宽松的态势。

（一）面临形势

1. 低碳转型不断走深，绿色低碳技术应用前景广阔

在落实"双碳"目标、推动建设新型能源体系的大背景下，能源低碳转型步伐加快。石化行业作为工业生产中耗能、碳排放"双高"行业，绿色低碳技术具有广阔的应用场景。2024年5月，国务院发布的《2024—2025年节能降碳行动方案》提出化石能源消费减量替代行动、非化石能源消费提升行动等重点任务。目前，生物基材料技术已成为石化行业节能降碳的重要技术，通过可再生有机物制造可降解塑料等环境友好型材料，起到绿色降碳的作用。2024年8月，国家能源局发布《关于组织开展绿色液体燃料技术攻关和产业化试点的通知（征求意见稿）》，拟开展绿色液体燃料技术攻关和产业化试点，主要包括生物柴油、可持续航煤、可再生醇醚及可再生氨。"双碳"目标下，河南石化行业需要更加关注绿色低碳技术在行业中

的应用，不断探索生物基材料、绿色液体燃料技术等低碳技术应用，切实有效实现节能低碳转型。

2. 新质生产力不断发展，高端化工新材料需求增大

当前我国正处在经济发展方式转型、经济结构调整、新旧动能转换的叠加期。以新能源汽车、新型储能、分布式光伏为主的新动能正在逐渐发展成为能源新质生产力的重要力量，战略性新兴产业发展将带动化工新材料的高端化、精细化转型。具体到河南，《河南省推动工业领域设备更新实施方案》明确提出，开展"一转带三化"行动和制造业绿色低碳发展行动，推进"7+28+N"产业链群建设，加快制造业高端化、智能化、绿色化发展。在此背景下，高端化工新材料的市场需求进一步释放，"油转化""油转特"趋势更加明显，新型炼化一体化产业链将更加突出高端、绿色、智能等特征。河南石油行业需要紧跟市场产品需求变化，不断延伸产业链，调整产品结构，"做精做特"高端化工新材料。

3. 碳市场建设步伐加快，油气行业减排压力增大

随着国际国内碳市场规模的持续扩大，碳定价机制作用将更加突出。已建成的碳市场将逐步纳入更多行业，对油气行业而言，欧盟碳市场和北美西部气候倡议已分别将炼油和油气供应等环节纳入覆盖范围，部分国家和地区出台了碳税以管控本地油气生产和消费环节碳排放，欧盟更是计划自2030年起管控进口油气的甲烷排放强度。我国油气行业是排放相对集中的领域，未来将面临较大的减排压力，油气企业必须采取有效措施减少温室气体排放。对于河南石油行业来说，需要提前谋划多种碳减排措施，避免因被纳入碳市场造成生产成本的抬升。

4. 新能源汽车替代加速，石油消费进一步增长空间有限

随着新能源汽车技术的进步和市场的扩大，新能源汽车的发展对石油消费产生的替代趋势将进一步加强。以电动汽车及氢能汽车为代表的新能源汽车销量和保有量快速增长，将逐步挤占传统燃油车的市场份额，进而对成品油消费需求产生替代作用。2024年，国内新能源汽车的渗透率首次达到50%，成为推动汽车工业增长的新动力。预计到2030年，新能源汽车国内销量将突破 2000 万辆，市场渗透率超过 70%；新能源汽车保有量突破 1.2 亿辆，占汽车保有量的比重接近 30%。从油品的角度进行分析，电动汽车在很大程度上会对汽油业务形成较强的替代效应，氢能汽车则主要会对柴油业务产生较大的替代作用。2024 年上半年，中国汽油消费量同比仅增长 0.32%，显示出新能源汽车的替代效应。河南省新能源汽车保有量位居全国第五，新能源汽车的加速替代对全省成品油消费的影响将持续增大，成品油消费增速可能长期放缓、消费量提前达峰。

（二）2025年河南省石油行业供需形势研判

1. 原油产量保持基本稳定

河南省内两大油田历经多年开采，资源量日益枯竭。在老油田充分挖潜，以及页岩油等非常规石油资源勘探开发的基础上，初步预计 2025 年河南省原油产量在 190 万吨左右。省内炼油行业所需部分原油资源还需通过输油管道等运输途径，从上游企业或周边省份外引。

2. 成品油供需保持宽松态势

需求方面，随着电车成本下降、电池技术进步及充电基础设施逐步完善，电动汽车的快速发展将对燃油汽车形成规模化替代。同时，国内经济形势持续向好，旅游出行、交通物流需求旺盛，带动成品油消费需求小幅增长。综合预判，2025 年河南成品油消费量约 1700 万吨、同比增长约 3%。油品供应方面，国内整体炼油产能充足，预计河南成品油供需保持宽松态势。

3. 成品油价格将中位徘徊

在排除地缘政治风险情况下，国际原油供需两侧短期内不太可能出现趋势性变化，中国经济的提振作用将助力全球经济整体温和增长，国际油价难以出现大幅回落，国际原油供需总体呈现宽松态势。预计 2025 年国际油价将在中位徘徊，原油市场价格可能在 75 美元/桶左右震荡，国际石油供应能够保持相对平稳。综合判断，河南省汽油、柴油零售价格也将趋向于呈中位横盘态势。

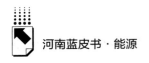

三 河南省石油行业发展对策建议

2025 年是"十四五"规划收官之年，河南石油行业应紧紧围绕高质量发展这条主线，全力提升石油安全保供能力，加强传统油田的技术攻关，完善省内成品油监管体系。持续推进绿色低碳转型，加快完善碳市场体制机制。以洛阳石化百万吨乙烯项目建设为契机，构建新型炼化一体化产业链。推动石油行业新旧动能平稳接续转换，持续助力河南新型能源体系建设。

（一）做好油气接续抓牢安全保供

石油是国民经济的重要支柱，是国家战略资源的重要组成部分，因此，保障石油供应和产品安全、完善市场监管意义重大。一是持续加强传统油田的技术攻关。加速攻克产业、工程技术难题，重点关注东濮凹陷、三门峡盆地等石油资源勘探突破区，大力推动中原地区油气资源接续基地建设，为河南中小盆地油气资源勘探提供重要借鉴和示范。二是持续完善省内成品油监管体系。规范成品油市场秩序，加强油品质量监管，维护消费者权益，确保油品符合国Ⅵ标准，加强安全环保隐患排查。

（二）做好循环发展助推绿色转型

石化行业绿色低碳转型是实现可持续发展的必由之路。一是持续推动传统能源与新能源的耦合发展。充分利用油田区域发展光伏、风电、地热等清洁能源，打造冷、热、电联供一体化的综合供能模式。有序推进 CCUS 技术与风光新能源发电联合发展模式，通过"资源—产品—资源"的主线发展循环化工产业。二是加快完善碳市场体制机制。通过技术创新和管理优化降低碳排放强度。三是推广采用生物燃料。有序开展燃料油清洁替代，推动采用绿色甲醇、生物柴油等生物燃料，推动产品向清洁、可循环方向发展。

（三）做好炼化一体化打造高端产品

炼化一体化是石化行业的重要发展方向，对于提升产业效率、产品市场竞争力意义重大。一是优化炼化方案。创新采用"分子炼油""过程再造"技术，推动炼化发展模式由原来的"拼规模"转向"拼竞争"。二是创新利用新一代信息技术。研发生产、供应链、设备、安全、决策等智能技术管理场景，打造数智化炼化工厂。三是推动产业链延伸。以洛阳石化百万吨乙烯项目建设为契机，围绕乙烯下游产业进行延链补链增链，集中力量加强化工新材料、高端精细化学品、高性能纤维及其复合材料等领域攻关。

（四）做好新旧动能平稳接续转换

石化行业新旧动能转换对于提升产业层次、增加高端技术人才产出、加速工业化升级、实现高质量发展意义重大。一是推动产学研用一体化发展。聚焦新环保、新材料、高端化工产品等领域，加快构建产学研用一体化平台，加速纵向一体化进程。二是优化产品结构。要对聚氯乙烯、尿素等过剩产能进行严格管控，对于符合政策规定的、采用先进工艺的改造提升项目，实施等量或者减量置换。推动中原油田石化总厂、丰利石化等企业扩大高附加值产品生产，推动河南油田石蜡产业引进精加工项目、发展高附加值产品。三是不断完善现代企业制度。推行新型经营责任制，激发多元主体活力，为加快发展新质生产力提供沃土。

参考文献

国务院：《2024—2025年节能降碳行动方案》，2024年5月。

河南省工业和信息化厅等14部门：《河南省推动工业领域设备更新实施方案》，2024年5月。

国家能源局：《关于组织开展绿色液体燃料技术攻关和产业化试点的通知（征求意见稿）》，2024年8月。

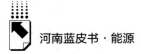

国家发展改革委等 5 部门：《炼油行业节能降碳专项行动计划》，2024 年 5 月。

钱兴坤等：《2023 年国内外油气行业发展及 2024 年展望》，《国际石油经济》2024 年第 2 期。

韩冰、齐超、于献策：《新能源汽车对成品油替代的区域性研究》，《国际石油经济》2024 年第 1 期。

《加快制造业高端化智能化绿色化发展》，《河南日报》2024 年 6 月 15 日。

《加快推动能源绿色低碳转型》，《中国经济时报》2024 年 6 月 18 日。

B.5

2024~2025年河南省天然气行业发展
形势分析与展望

陈兴　尹硕　姚玉鹏*

摘　要： 2024年，河南省大力推动天然气行业发展，天然气消费量回升，产量持续增长，输气、储气等基础设施建设稳步推进，天然气行业安全保供、数字智能化、体制改革等方面均取得了较大成效。2025年，河南省天然气行业发展面临的机遇和挑战并存，机遇大于挑战。随着全省天然气消费需求持续复苏、输气储气能力不断提升，全省天然气消费将保持增长态势，预计消费量将达125亿立方米左右。为推动天然气行业在新型能源体系构建中发挥更大的作用，河南需要进一步加强天然气供应保障、存储体系建设和安全管理，持续深化天然气价格改革。

关键词： 天然气行业　天然气管网　输储基础设施　河南省

　　天然气作为清洁能源，具有广阔的发展前景，是河南省构建新型能源体系的重要组成部分。随着河南省天然气管网项目与储气调峰体系的加快建设，天然气供应保障能力不断提升，全省新质生产力不断培育壮大、新兴产业持续快速发展，引导天然气消费水平稳步提升，高效利用天然气将推动河南省天然气行业高质量发展，助力实现碳达峰碳中和目标。

---

* 陈兴，经济学博士，国网河南省电力公司经济技术研究院中级经济师，研究方向为能源电力经济与企业发展战略；尹硕，经济学博士，国网河南省电力公司经济技术研究院教授级高级经济师，研究方向为能源电力经济与企业发展战略；姚玉鹏，河南省天然气储运有限公司经济师，研究方向为天然气运行管理。

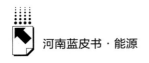
一 2024年河南省天然气行业发展情况分析

2024年，河南省经济运行保持稳中向好、持续向好态势，带动全省天然气消费企稳回升。全省天然气行业产供储销体系不断完善，输储基础设施建设稳步推进，输气管道保护日渐加强，体制机制改革全面落实，数字监管手段不断应用，天然气行业在河南省新型能源体系构建中发挥了日益重要的作用。

（一）天然气消费企稳复苏，增产保供成效显著

天然气消费企稳复苏（见图1）。2024年1~10月全省天然气消费量104.7亿立方米，同比增长2.1%。从结构来看，得益于居民日常生活和冬季采暖的天然气消费量稳步提高，城市燃气占比为51.7%；汽车、电子等行业快速发展带动工业用气增长迅速，工业用气占比达到43.3%，其中，化工和发电用气占比分别为2.9%、2.1%（见图2）。预计2024年河南省天然气消费量将达121亿立方米，同比增长0.8%。

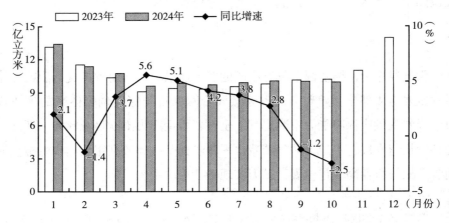

图1 2023年至2024年10月河南省天然气逐月消费量情况

资料来源：河南省能源大数据中心。

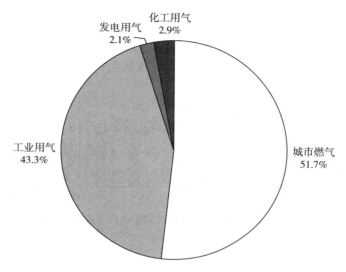

图 2　2024 年 1~10 月河南省天然气各类型消费占比

资料来源：河南省能源大数据中心。

天然气生产有所增长（见图 3）。2024 年 1~10 月，全省天然气产量 1.95 亿立方米，同比增长 6.2%。2024 年河南省持续加大天然气勘探开发力度，不断投入技术创新研发，取得重大进展。其中，中原油田在东濮凹陷油气勘探和开采中突破工程和技术瓶颈，葛岗集洼陷带的马 3001 斜井日产天然气 4.32 万立方米。全年来看，预计 2024 年河南省天然气产量将稳定保持在 2 亿立方米。

天然气价格小幅攀升。2024 年河南省液化天然气价格走势与 2023 年基本保持一致，表现为年初年末两头价格高、年中价格低的"U"形走势（见图 4）。2024 年初河南省液化天然气价格为 5996 元/吨，4 月降至 3987 元/吨，之后呈上升趋势，8 月涨至 5063 元/吨。与上年相比，受全球大宗商品需求趋于强劲等因素影响，第二、三季度价格较 2023 年同期价格高 9%。预计 2024 年第四季度河南省液化天然气价格将回升至 6000 元/吨。

天然气供应平稳有序。河南省天然气对外依存度为 96.5%，供应主要依靠由外省输入的管道天然气。在 2024 年初供暖期间，全省天然气上、中、

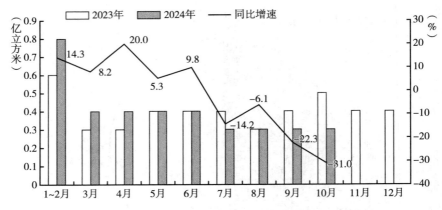

图3　2023年至2024年10月河南省天然气逐月产量情况

资料来源：河南省能源大数据中心。

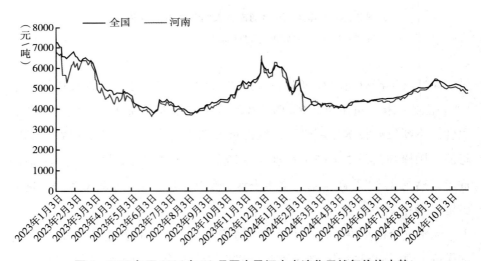

图4　2023年至2024年10月国内及河南省液化天然气价格走势

资料来源：中国石油天然气交易中心。

下游企业间供应与需求衔接顺畅，未发生短供断供情况，供暖季天然气保供任务圆满完成。省内天然气企业与中国石油、中国石化等上游供气企业的年度供气合同顺利签订，合同气量与上年同期基本持平，天然气供需整体平衡。

（二）基础设施建设稳步推进，输储能力不断增强

全省天然气管道建设稳步推进。一是国家天然气干线河南段建设大力推进。西气东输三线河南段工程累计完成焊接233.22公里，预计2024年底前河南段主体工程可基本完成。西气东输一线港区段迁建、苏皖豫、川气东送等项目稳步推进。其中港区段迁建项目已报核准，苏皖豫管道预计年内可完成核准要件办理，川气东送二线天然气管道工程枣阳—宣城联络线获得国家核准，预计年底前开工建设。二是省内干支线管道建设持续加快。镇平—邓州等多条输气管道项目推进整体顺利。其中，濮阳—鹤壁输气管道工程完成焊接158公里，占总里程的90%；开封—周口输气管道工程完成焊接157.65公里，占总里程的99.2%；周口—柘城输气管道工程完成焊接89.79公里，超过总里程的85%；伊川—薛店输气管道工程完成焊接60.49公里，占总里程的40%；博爱—新乡—长垣输气管道工程完成焊接90公里，约占总里程50%。另外，三门峡—伊川输气管道工程已完成环评、地灾、地震等评价工作，周口—驻马店输气管道获得核准。

储气调峰项目有序推进。濮阳文23储气库二期工程钻井工程24口井全部完井，新增库容19.34亿立方米、工作气量7.35亿立方米，实现总注气规模2400万立方米/日、采气规模3900万立方米/日的建设目标，极大提升了文23储气库的储气调峰能力。河南省平顶山市叶县天然气盐穴储气库一期工程持续取得进展，工程内容包括建设1座集注站、1座集配站、3座丛式井场、3座单井井场、2组老腔改造利用，新建5口储气溶腔，预计形成工作气量3亿立方米。

安全基础不断夯实。2024年，陆续出台《河南省安全生产治本攻坚三年行动实施方案（2024—2026年）》《河南省油气管道保护治本攻坚三年行动实施方案（2024—2026年）》《河南省2024年石油天然气管道保护工作要点》《河南省城镇燃气管道设施"带病运行"专项治理实施方案》等文件，河南省人民代表大会常务委员会发布《河南省燃气管理条例（草案）》修改了35条、新增了25条，为天然气管道保护提供政策保障。同时全省开展

了隐患排查整治、特殊时期天然气管道保护、天然气长输管道泄漏突发事故应急演练、老旧天然气管道设施改造与更新等行动，天然气管道安全基础不断夯实。

（三）体制改革全面落实，市场活力逐步激发

居民阶梯气价进一步疏导。2018 年 3 月，河南省发展改革委出台《河南省城镇管道天然气配气价格管理办法（试行）》，办法中明确规定实行城镇燃气销售价格与上游管道天然气价格调整联动机制。2021 年 4 月和 2023 年 4 月，郑州市上游民用气供气价格在基准门站价格基础上分别上浮了 5% 和 10%，累计上浮 15%。考虑经济下行阶段民众的生活压力，郑州市终端销售价格一直未同步联动疏导，上涨成本由城燃企业和政府承担。2024 年 4 月，上游民用天然气供气价格进一步上浮 3.5%，相较于 2021 年初已经累计上浮了 18.5%。为保障居民用气稳定和燃气行业健康可持续发展，充分考虑上游气价上浮情况和用户可承受能力，2024 年 10 月，郑州市发展改革委下发了《关于疏导郑州市区居民管道天然气销售价格的通知》，优化调整了居民管道天然气销售价格。郑州市区居民管道天然气第一阶梯销售价格执行 2.94 元/立方米，第二阶梯销售价格按照 1∶1.3 的差率相应调整。

矿产资源上游开发管理改革稳步推进。矿业权市场公开挂牌出让油气资源探矿权取得重要进展。2024 年河南省在南华北盆地豫西隆起等地区实施了 7 个石油天然气探矿权的挂牌出让。地区内包括豫西隆起 1 区块、豫西隆起 2 区块、豫西隆起 3 区块、太康坳陷西 2 区块、周口隆起、洛宁凹陷 1 区块和洛宁凹陷 2 区块，经过在网上交易系统公平竞价，7 个探矿权全部顺利成交，总成交额达到 2.95 亿元。

下游配售市场参与活力不断增强。多家企业参与河南省天然气市场竞争，其中河南蓝天燃气股份有限公司作为民营企业，成为河南省主干线管网覆盖范围最广、规模最大的新能源专业化企业。2024 年 1~6 月，全省管道天然气配售气量为 4.05 亿立方米，代输业务配售气量 1.05 亿立方米，下游城市燃气公司配售气量 2.95 亿立方米，合计 8.05 亿立方米。

（四）数字技术深化应用，智能业务体系完善

数字化转型步伐加快。全省生产端注重智能化平台建设，通过应用物联网技术，提高生产运营的智能化水平。其中，中原油田全力建设"数智赋能型"油田，持续加强数据治理，夯实数据要素基础，大力推进天然气生产、科学研究、业务流程、决策指挥等领域数字化、智能化提升。另外，消费端加快推进天然气数字化监管建设，省辖市及部分市县基本实现天然气数字化监管。

智能业务体系持续完善。通过建设智慧天然气监测平台，实现天然气管道状态实时监测、预警预报和智能决策，提升天然气供应安全防控能力和设施现代化管理水平。其中，郑州华润燃气将智能化技术应用于天然气安全管理中，自主开展智慧燃气建设，建立 RSCADA、CIS 等信息系统，形成了较为完善的城镇天然气信息系统体系。新奥集团河南分公司利用物联网、大数据等技术，建立智慧天然气监控系统，实时掌握天然气管网运行状态，及时发现并处理潜在问题。构建用户体验中心智能化服务系统，通过自助服务终端，用户可以轻松完成天然气缴费、查询、业务办理等多种服务，等待时间大幅缩短。

二　2025年河南省天然气行业发展形势展望

目前全球天然气产量保持高位，市场供需宽松，主要国家和地区库存高企，国际气价震荡走低。由于国际天然气供应受国际政治经济形势影响较大，不确定、难预料因素增多，2025 年全球天然气供需平衡具有一定的脆弱性。国内天然气市场持续复苏向好，考虑到俄气增供、国内自产气田潜力进一步释放和全球 LNG 产量持续增加，2025 年我国天然气供应总体偏紧的形势可能有所缓解。在此背景下，随着河南经济逐步稳定向好，预计 2025 年全省天然气消费量将随之增长，约为 125 亿立方米。

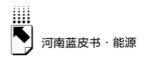

（一）面临的机遇

1. 我国天然气市场发展形势良好

2024 年以来，我国天然气消费在能源转型背景下保持中高速增长。受冬季冷空气活动频繁带来的降温影响，我国北方农村"煤改气"、南方自采暖需求增加；城市燃气和发电用气均快速增长，交通、商业和公共服务用气增长较快，市场需求持续复苏向好，预计 2024 年我国天然气消费量将达到 4200 亿至 4250 亿立方米。河南省受城镇化率和天然气普及率快速提升、现代产业集群培育壮大、绿色低碳生产方式加速变革等因素影响，天然气消费市场增长潜力和动力较为显著。

2. 国内自产天然气产量持续增长

得益于政策推动、技术创新以及非常规天然气资源的开发，我国天然气勘探开采持续取得新进展，煤层气、深层煤岩气、页岩气勘探开发持续取得新突破，天然气产量保持了稳定的增长态势，为我国油气增储上产提供了有力保障。《河南省"十四五"现代能源体系和碳达峰碳中和规划》中提出了多项措施支持天然气开发，包括稳定省内常规油气资源产量、加大非常规天然气资源开发力度，河南省在煤层气的开发上持续取得进展，煤层气产量的快速增长对天然气增长贡献率较大，为全省天然气产量的增长注入了新动力。

3. 天然气进口环境不断改善

我国作为世界天然气进口量最大的国家，对外依存度较高。随着俄罗斯对我国天然气出口的持续增加，我国天然气的进口环境不断改善。俄罗斯天然气工业股份公司与中国中石油达成了提前增供协议，通过"西伯利亚力量"管道的天然气输送量将于 2024 年底前达到每年 380 亿立方米的最高合同水平。俄罗斯在天然气价格上做出让步，促成供应计划的加速。此外俄罗斯正在推进第三条通往中国的天然气管道建设，计划于 2027 年 1 月开始供应，届时俄罗斯天然气公司对华出口天然气总量将达到每年 480 亿立方米。

（二）存在的挑战

1. 天然气供需平衡较为脆弱

全球天然气供应量小幅增长。2024年上半年全球天然气供应增长率仅为2.3%，第二季度供应出现同比下降，是2020年以来的首次季度下降。随着天然气进入冬季储备期，不确定性因素增加了天然气供应风险。俄乌冲突对欧洲和亚洲的天然气储备供应造成威胁，巴以冲突威胁塔马尔气田停产或减产，影响欧洲天然气的供应与价格。全球范围内的天然气生产不确定性对国内天然气供应有一定影响。

2. 天然气安全压力持续存在

受天然气本身性质的影响，在出现泄漏后容易发生火灾和爆炸事故。随着天然气管道规模持续扩大，安全管理工作的难度不断增大，一些安全隐患和问题未能及时在管道运输过程中发现，相关主体未能明确自身在使用天然气管道安全管理中的责任，遇到安全问题时不能及时处理，进而导致安全隐患。河南省天然气建设可以追溯到20世纪80年代，河南部分天然气管道建设时间较早，天然气管道出现裂缝、腐蚀情况的隐患不断增加，对管道安全维护与管理提出更高要求。

（三）2025年河南省天然气供需形势预测

1. 天然气消费需求稳步上升

2025年，全省将在提高城镇化率、天然气普及率方面不断取得新进展，在培育发展现代产业集群、推动绿色低碳生产方式变革方面持续发力，带动天然气需求上升，预计2025年全省天然气消费需求将增加至125亿立方米左右。

2. 天然气供给韧性持续增强

河南省天然气对外依存度较高，为了增强天然气供给韧性，河南一方面加快天然气管网及储气设施建设，推动多元化气源供应，包括西部天然气、外省（四川、陕西）天然气、俄罗斯天然气、进口液化天然气等资源，以增强天然气供应保障能力，另一方面持续提升本省天然气开发利用水平，推广应用新技术、新设备，稳定省内天然气产量，预计 2025 年河南省天然气产量与 2024 年基本持平，维持在 2 亿立方米左右。

3. 天然气供需态势维持稳定

2025 年，预计河南省镇平—邓州等 6 条输气管道将全部完工投产，天然气外引能力继续提升，同时大型地下储气库、沿海 LNG 储罐、省内区域储气中心三级储气调峰体系的作用持续凸显，基本可满足全省稳步增长的天然气消费需求，全年全省天然气供需将保持稳定态势。

三　河南省天然气行业发展对策建议

2025 年是"十四五"规划收官之年，河南省天然气行业不断完善产供储销体系，扎实推进体制机制改革和市场建设，保供稳价成效显著。未来全省天然气行业将继续深入贯彻能源安全新战略，强化供应保障，完善存储体系，加快管网建设，提高利用效率，加强安全管理，深化价格改革，推动天然气在全省新型能源体系构建中发挥更加重要的作用。

（一）加快储气库建设投运，完善天然气存储体系

充分利用省内枯竭油气藏和盐穴资源，积极推进与骨干油气企业合作，推动国家管网集团、河南投资集团与平顶山市持续开展对接，加快推进中原储气库群和平顶山盐穴储气库项目建设，协调加快推进濮阳文 23 储气库二期工程、中石油盐穴储气库和省储运公司盐穴储气库等项目建设，把河南省打造成全国重要的"百亿方级"储气基地。积极推动储气责任落实，各地各企业落实储气任务，确保全省储气调峰体系正常运转，保障民生用气。积极与中石油、中石化河南销售公司开展对接研究，积极向总部争取将储备气列入合同气量，降低储气成本。

（二）拓展入豫输气通道，加强天然气管网建设

积极拓展外气入豫通道和国省管道互联互通工作，加强与国家管网公司

沟通衔接。重点推动西气东输三线河南段工程尽快投用，积极推动苏皖豫、枣合宜等国家干线项目进入实质性实施阶段，争取推动川气东送二线天然气管道工程枣阳—宣城联络线于年底前开工建设。积极配合推动苏皖豫输气管道项目前期工作。加快省级主干管网建设，推动濮阳—鹤壁、开封—周口、周口—柘城、伊川—薛店（一期）等省内干线管道尽快建成投运，开工建设三门峡—伊川、周口—驻马店输气管道，持续完善县域支线及互联互通管网。

（三）排查清理风险隐患，提升数智化管理水平

从严排查整治重点领域风险隐患，深入贯彻落实《河南省油气管道保护治本攻坚三年行动实施方案（2024—2026年）》和《河南省2024年石油天然气管道保护工作要点》有关要求，持续开展管道隐患排查清理、强化管道和线性工程交汇保护管理、加强管道保护范围内第三方施工管控等，督促管道企业加强管道巡护，开展对第三方施工的现场指导、监护，确保施工期间对管道零伤害。加强数字化监测技术手段，提高本质安全水平，抓好特殊时段管道保护，实时关注汛期雷电、大风等天气情况变化和管道沿线地质、洪涝等灾害情况，加强重大节庆、地质灾害高发期等重要时段的管道保护工作，合理提升重点场站和关键枢纽管道保护级别，增加巡护力量和频次。

（四）完善气价联动机制，深化天然气价格改革

深入贯彻党的二十届三中全会提出的能源领域价格改革和能源管理体制改革要求，完善天然气上下游价格联动机制，基于天然气企业的气源采购价格科学合理地调整终端销售价格，根据实际或预测的采购价格变动相应调整终端销售价格。提高价格透明度，要求城镇天然气企业及时、准确报送价格和成本相关信息，并定期公开采购价格信息，鼓励天然气企业优化气源结构，以合理价格采购天然气，同时建立有效的激励约束机制，推动天然气企业降本增效。

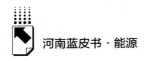

参考文献

中国石油国家高端智库研究中心等：《中国天然气发展报告（2024）》，石油工业出版社，2024。

国家能源局：《2024年能源工作指导意见》，2024年3月。

瞿新荣：《今冬明春天然气价格分析与预测》，《能源》2024年第9期。

王林：《全球LNG供需处于"脆弱平衡"状态》，《中国能源报》2024年7月8日。

国家发展改革委：《天然气利用管理办法》，2024年6月。

国家发展改革委等10部门：《绿色低碳转型产业指导目录（2024年版）》，2024年2月。

B.6
2024~2025年河南省电力行业发展形势分析与展望

司佳楠　于泊宁　邓方钊*

摘　要： 2024年是推动"十四五"规划目标落地的关键一年，河南电力行业以"用电可靠、转型有序、保障民生"的担当作为，为全省经济运行提供了坚实支撑。2025年，全省经济发展的基本面持续向好，市场广阔、经济韧性强、潜力大等有利因素持续释放，为推动电力行业高质量发展提供保障。河南应持续提升电力供应能力，有序推动电力行业低碳转型，加快提升灵活调节能力，优化完善体制机制，推动新型电力系统建设迈上新台阶。

关键词： 电力行业　新型电力系统　河南省

2024年是推动"十四五"规划目标落地的关键一年，全省上下锚定"两个确保"，持续实施"十大战略"，经济运行呈现稳中有进、持续向好态势。全省电力发展呈现"电量稳健增长、负荷再创新高、装机持续提升、转型稳步推进"的特征。2025年，随着新型电力系统建设持续推进，电力行业发展将迎来新机遇和新挑战。河南电力行业应紧紧围绕高质量发展要求，全力保障电力安全可靠供应，促进可再生能源高效绿色消纳，深化体制

---

* 司佳楠，国网河南省电力公司经济技术研究院工程师，研究方向为能源电力供需与市场分析；于泊宁，国网河南省电力公司经济技术研究院工程师，研究方向为能源电力供需与市场分析；邓方钊，国网河南省电力公司经济技术研究院高级工程师，研究方向为能源电力规划与供需分析。

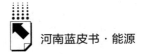

机制改革，加强源网荷储协同，加快构建新型电力系统，为推动中国式现代化建设河南实践提供可靠电力保障。

一　2024年河南电力行业发展情况分析

2024年，河南电力行业深入贯彻落实党中央、国务院、省委省政府决策部署，统筹发展和安全，加快构建新型电力系统，全力保障电力供应安全可靠，稳步推动绿色低碳转型，积极深化体制机制改革，有效服务产业和民生用电，为全省经济发展稳中向好提供了坚实支撑。

（一）电量消费增长较快，电力负荷创历史新高

2024年全省经济运行稳中有进，推动用电量实现较快增长，1～10月，河南省全社会用电量3624亿千瓦时，在上年较高基数的基础上，同比增长7.1%。工业用电量增长较稳，高端制造用电量增长强劲。全省工业用电量稳健增长，同比增长2.8%，其中，高技术及装备制造业用电量同比增长4.7%，汽车制造业、仪器仪表制造业、化学纤维制造业等高端制造业用电量同比增速超过10%。服务业用电量增长迅速，生活服务业用电强势领涨。服务业用电量同比增长11.5%，八大服务业全部保持正增长，其中，住宿餐饮、批发零售等生活性服务业用电量同比增长12.2%。初步预计，2024年全省全社会用电量约4330亿千瓦时，同比增长约6%。

度夏全网用电负荷首次突破8000万千瓦，创历史新高。2024年7月24日，全省全网用电负荷首次突破8000万千瓦，达8124万千瓦，成为全国第5个用电负荷突破8000万千瓦的省份，较上年最大负荷增加207万千瓦，增幅2.6%。全省14个地市用电负荷创历史新高，全省最大降温负荷约3950万千瓦，占比48.6%。迎峰度夏期间负荷呈现"高峰来得早、持续时间长、负荷尖峰高"三大特点。6月13日全省负荷首次超过7000万千瓦，较上年提前25天；最高负荷超7000万千瓦的天数有20天，同比增加7天；

9月1日（处暑后）全省负荷仍高达7600万千瓦以上，较上年同一水平负荷最迟时间又推迟了27天。

（二）新能源装机超越煤电，低碳转型稳步推进

可再生能源装机历史性超越火电，新能源装机历史性超越煤电。截至10月，全省可再生能源装机7500万千瓦，超越火电装机规模；风电、光伏等新能源装机6962万千瓦，历史性超越煤电成为全省第一大电源（见图1）。新能源仍是全省电源装机增长主力。2024年1~10月全省电力装机增长718万千瓦，其中风电装机增长85万千瓦，光伏装机增长555万千瓦，风光装机增量占全省电力装机增量的89.1%。分布式光伏从爆发式增长转为平稳有序增长，增长主力从户用光伏转变为工商业光伏。上年发布的《关于促进分布式光伏发电健康可持续发展的通知》、河南省分布式光伏承载力与可开放容量信息发布平台有效引导分布式光伏发展布局，2024年1~10月，全省新增分布式光伏装机562万千瓦，月均新增56万千瓦，其中，新增分布式光伏以工商业为主，占比达八成以上。

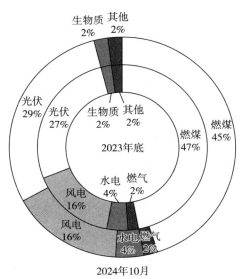

图1　2023年至2024年10月河南电源装机结构

清洁绿电消费规模持续扩大，节电利用效率持续提升。2024年1~10月，全省水电、风电、光伏发电等清洁绿色电力发电量达到985亿千瓦时，同比增长19.0%，预计全年省内新能源发电量将历史性超过1000亿千瓦时，绿色电力保障能力、消纳规模持续扩大。电力生产侧、消费侧节能降碳力度持续加大，电能利用效率进一步提升。大力推进燃煤机组"三改联动"，预计全年完成燃煤机组节能降碳改造、供热改造和灵活性改造200万千瓦。全年新建公共服务领域充电桩2万个，重点优化城区公用充电基础设施布局、完善县域充电基础设施，有效支撑绿色出行。

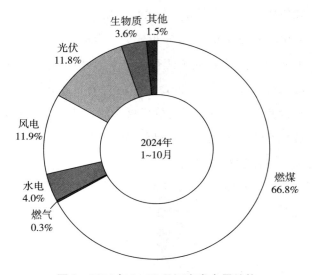

图2　2024年1~10月河南发电量结构

（三）行业协同全力以赴，打赢电力保供攻坚战

2024年，河南电力行业成功应对持续高温大负荷、恶劣天气突发频发、新能源出力大幅波动"三重考验"，圆满完成了迎峰度夏电力保供工作，守牢了民生用电安全底线。全省一次能源储备水平达历史最优。度夏期间，全省电煤库存达到最高1184万吨、优质煤占比超过57%的历史最好水平，度夏期间电煤库存始终保持在1100万吨左右，未发生缺煤停机，有力保障了

煤电稳定发电能力。燃气电站签订燃气年度长协合同，新增落实市场气量3850万立方米，为燃机顶峰发电夯实基础。各类机组顶峰能力持续提升。万基电厂2号机组度夏前正式运行，增加煤电机组保供能力60万千瓦。大负荷期间8台燃机每日10小时顶峰运行，最大出力达298万千瓦，较上年提升26万千瓦；积极应对黄河中上游多轮次洪水影响，大负荷期间顶峰浑水发电150万千瓦；加快储能电站的调试和投运进度，度夏期间储能电站顶峰能力超100万千瓦；地方电厂大负荷期间最大出力294万千瓦，同比提升10万千瓦。度夏晚峰外电签约电力再创新高。国家能源局出台关于青豫直流配套水电认定、高峰时段输送火电等政策支持，河南首次与湖北、湖南签订电力互济互保协议，重点提高度夏晚高峰时段购电电力。度夏午、晚高峰时段河南签约外电1307万千瓦、1147万千瓦，晚高峰签约电力再创历史新高。大负荷期间，临时增购外电最大电力280万千瓦、电量3173万千瓦时，有效弥补全省供电缺口。

（四）分时电价适时调整，行业新业态快速发展

分时电价适时优化调整，有效减轻保供消纳压力。2024年5月，省发展改革委发布《关于调整工商业分时电价有关事项的通知》，出台新版分时电价政策，在"峰谷时段、峰谷价差、尖峰电价、季节性电价"四个方面进行了调整（见图3）。一是春/秋季增设午间低谷时段，促进光伏大发时段多用电，促进新能源消纳（11：00~14：00）；二是集中设置高（尖）峰时段助力保供，缓解工商业负荷和降温负荷叠加矛盾，引导企业错峰生产（16：00~24：00）；三是打破峰平谷等分设置，连续16小时设置平谷时段，便于企业组织生产，稳定用电成本（00：00~16：00）；四是合理拉大峰谷价差（峰谷比3.8）引导错峰用电，助力新型储能、车网互动等新兴主体、新业态发展。度夏期间，新版分时电价政策引导削减晚高峰负荷约279万千瓦、抬升午高峰负荷约260万千瓦，有力支撑了电力保供与新能源消纳。

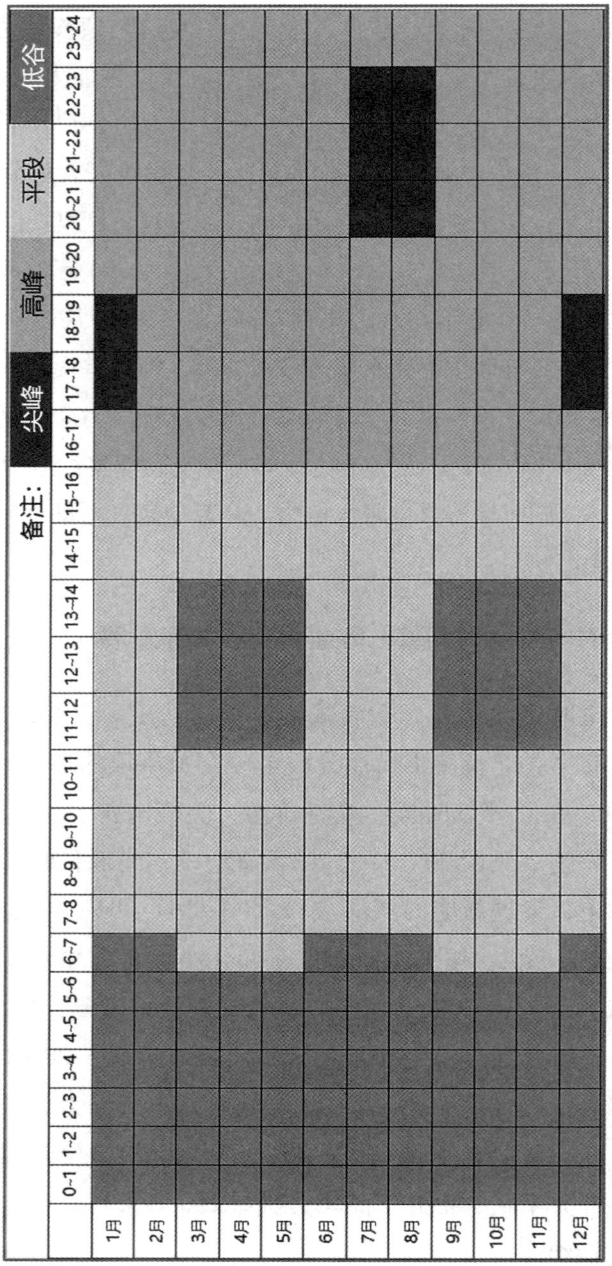

图 3 2024 年新版分时电价峰谷时段分布

源网荷储一体化新业态起步发展。2024年5月，河南省发展改革委围绕工业企业、增量配电网、农村地区等3类场景分别出台《河南省工业企业源网荷储一体化项目实施细则（暂行）》《河南省增量配电网类源网荷储一体化项目实施细则（暂行）》《河南省农村地区源网荷储一体化项目实施细则（暂行）》，推动传统"源随荷动"供电模式，向源网荷储各环节高效协同的一体化模式转变，提高新能源消纳能力。目前河南省发展改革委已经公布三批源网荷储一体化项目，涉及新能源装机容量375万千瓦（工业企业类238万千瓦、增量配电网类134万千瓦、农村地区类16.3万千瓦），其中风电263万千瓦、光伏112万千瓦。

（五）全面优化营商环境，持之以恒惠及民生

全力惠企服务产业链群发展壮大。积极落实"万人助万企"活动，首次将省内新能源优发富余电量用于降低工商业用户用电成本。积极开展"三零""三省"服务，节省用户办电支出十余亿元，"获得电力"连续五年获评省内营商环境"优势指标"。积极服务全省"7+28+N"重点产业链群发展，电力服务做到重点产业链企业"有诉必应、有诉必报、合规必办"，超前谋划产业园区主网建设、超前部署产业园区配网建设、超前实施项目接网工程建设，确保产业链企业通电快速及时，为产业链生产提供坚实用电保障。

全力推动惠民工程落到实处。持续加大农村电力基础设施建设改造力度，实施农村电网巩固提升工程，预计全年农村电网投入超过100亿元，为乡村振兴提供充足可靠的电力保障。围绕2024年度高标准农田建设任务，全力做好电力保障，助力河南省粮食稳产高产。持续推进革命老区电网发展，持续加大大别山、太行山等革命老区电网投资倾斜力度，加快补齐配电网短板，提升老区人民生产生活用电服务水平。

二　2025年河南电力行业发展形势展望

2025年是"十四五"规划收官之年，全省经济运行保持稳中有进、持

续向好态势，为电力行业发展提供良好经济环境，全省电力供应能力持续提升，清洁低碳转型有序推进。初步预计，2025 年全省全社会用电量将达到约 4600 亿千瓦时，同比增长 6% 左右。

（一）2025年河南电力行业发展形势分析

1. 经济发展整体有利于电量增长，不确定性仍然存在

2024 年，全省经济运行稳中向好、好中向新，主要经济指标高于全国平均水平，坚定扛稳了经济大省勇挑大梁的政治责任。2024 年前三季度，全省地区生产总值同比增长 5.0%，高于全国 0.2 个百分点；规上工业增加值同比增长 7.7%，高于全国 1.9 个百分点；固定资产投资同比增长 6.7%，高于全国 3.3 个百分点；社会消费品零售总额同比增长 5.7%，高于全国 2.4 个百分点。2025 年全省经济将继续保持稳中有进的发展态势，为全省用电量增长创造良好环境。

与此同时，电量增长的不确定性因素仍然较多，可能会影响 2025 年全省电力消费。一是从经济发展推动电量增长的动力来看，经济运行有效需求不足问题突出，市场信心亟须提振，服务业下行压力依然较大，部分企业经营面临困难，推动全省经济持续向好、带动用电量持续稳定较快增长仍面临不少挑战。二是从气温影响来看，2024 年 1~3 月全省面临持续性低温、5~6 月气温又持续性偏高、8~9 月的温度高于上年同期，带动全省采暖、降温电量大幅增长，经测算，2024 年 1~10 月降温采暖电量较上年同期增长 114 亿千瓦时，影响全年全省电量增速 2.8 个百分点。在当前气候变化不确定性持续增大、负荷电量对气温敏感性上升的背景下，2025 年全省用电增长受气温不确定性影响极大。

2. 电力保障能力持续提升，电力保供压力依然较大

2025 年，预计随着一批电源等保障措施的落地，全省电力保供能力将更加坚实稳固。一是一批传统电源机组将陆续建成。预计许昌能信、陕煤信阳 1 台机组共计 170 万千瓦煤电，洛阳洛宁、信阳五岳部分机组共计 135 万千瓦抽蓄机组将在 2025 年内投产，将有效提升河南保供顶峰能力。二是青

豫直流配套电源将有新增投产。2025 年青豫直流配套电源玛尔挡、羊曲水电站建成后，将有效提升青豫直流晚峰顶峰能力。三是新型储能建设将加速推进。当前全省新型储能装机仅 110 多万千瓦，要达到 2025 年 500 万~600万千瓦的装机目标，2025 年全省新型储能将迎来迅猛增长态势。河南独立储能市场已经开始运营，形成了"容量租赁+调峰补偿+充放电价差"的盈利模式。此外，源网荷储一体化等新兴业态也将为新型储能发展带来新动力。新型储能的大规模、快速发展，将有效弥补近期电网短时供电缺口、提升供电能力。

与此同时，河南电力保供仍面临较大压力。一是 2025 年河南负荷增长潜力大。2025 年是河南 28 个重点产业链建设三年行动方案的收官之年，居民用电需求增长潜力巨大，重点产业链建设逐步实现从量变到质变。二是新能源晚峰保供支撑能力有限。"十四五"以来，河南净增装机中风电和光伏占比接近 90%，在新能源"极热无风、晚峰无光"特性影响下，随着全省负荷增长，顶峰能力不足问题更加突出。三是外电曲线与用电负荷特征不完全一致，外电峰值持续时间较短，无法完全覆盖大负荷可能出现的时刻，送电规模和曲线仍有优化空间。四是负荷侧弹性调节空间有限。2024 年新版分时电价出台后，具备可调节能力的连续生产工业用户已"应响尽响"，工业负荷侧调节能力挖掘空间有限，而居民、工商业侧的空调负荷挖掘难度大。

3. 行业低碳转型加快推进，新能源消纳难仍然突出

当前，电力行业低碳转型进入高质量发展阶段。一是传统机组方面，国家发展改革委和国家能源局《煤电低碳化改造建设行动方案（2024—2027年）》指出，统筹推进存量煤电机组低碳化改造和新上煤电机组低碳化建设，通过生物质掺烧、绿氨掺烧、碳捕集利用与封存等技术手段，度电碳排放较 2023 年同类煤电机组平均碳排放水平降低 20% 左右。二是新能源建设管理方面，国家能源局《分布式光伏发电开发建设管理办法（征求意见稿）》进一步明确了分布式光伏在备案、接入、上网模式、调度、参与市场等方面的权责义务，引导分布式光伏高质量可持续发展。三是新能源发展方式方面,"千乡万村驭风行动"方兴未艾,河南省农村地区广阔,风电发展将迎来新的发展机遇;河南当前新增分布式光伏已从以户用光伏为主转变为以工商业光伏为主,有利于用户侧就近就地消纳。

与此同时,新能源消纳难问题仍然突出。一是在规模出力方面,全省风光新能源装机占全省电力装机比重已达到45%,新能源常态化最大出力已超过2000万千瓦,新能源消纳压力与日俱增。根据全国新能源消纳监测预警中心公布的数据,2024年1~9月,全省风电消纳率为96.3%,居全国第18位,光伏消纳率为98.1%(见表1),居全国第20位。2024年度夏期间共有23天发生新能源弃电。二是河南源荷不匹配调节能力不足。河南新能源装机总量与江苏相当、结构近似,但最大用电负荷仅为江苏的55%,在春秋季新能源出力超过3000万千瓦,常态化出现发用电不匹配问题。河南抽水蓄能、燃气电站、新型储能等调节性资源装机占比极低,难以满足调节需求。三是城乡源荷逆向分布、新能源开发不均衡。河南农村屋顶光伏资源丰富,分布式光伏近九成通过低压接入,时段性过剩出力需层层上翻至更高电压等级,送至城市用电负荷中心逐级消纳。

表1 2024年1~9月河南省新能源消纳率

单位:%

指标	1月	2月	3月	4月	5月	6月	7月	8月	9月	1~9月累计
风电消纳率	98.1	89.1	93.4	97.8	95.8	99.7	98.6	97.9	97.7	96.3
光伏消纳率	97.7	95.1	94.6	97.4	97.0	99.9	99.4	99.8	99.4	98.1

资料来源:全国新能源消纳监测预警中心。

(二)2025年河南电力行业发展预测

2025年,河南省电力行业将加快推进低碳转型,全力挖掘保供潜力,着力提升消纳能力,持续做好用电服务,以加快构建新型电力系统的实际行动,为河南经济社会发展提供坚实保障。

全社会用电量预计保持稳健增长。2025年是"十四五"规划收官之年,也是河南 28 个重点产业链三年行动方案收官之年，全省制造业朝着"能级高、结构优、创新强、融合深、韧性好"的目标不断迈进，现代服务业建设持续推进，居民对生活舒适程度、电气化水平的需求进一步提升。虽然2025 年全省电量增长仍面临系列不确定性，但整体来看稳健增长的趋势较为明显。预计 2025 年全省全社会用电量约 4600 亿千瓦时，同比增长 6%左右。

新型电力系统建设高质量推进。预计 2025 年河南电源总装机将接近16000 万千瓦，煤电仍保持 6600 万千瓦左右规模，装机基本保持稳定；抽蓄电站随着五岳和洛宁部分机组投运，预计新增投产 135 万千瓦；新能源装机预计将突破 8000 万千瓦，占全省电力装机比重接近 50%；新型储能在建设需求提升和政策利好释放的双重因素驱动下将提速发展，预计装机将达到500 万千瓦。

电力供需依然维持紧平衡态势。2025 年，全省最大负荷预计将达到8600 万千瓦，全省电力可靠供给能力增长略低于负荷增幅。新能源机组在"极热无风、晚峰无光"特性影响下，晚峰保供能力存在较大压力，同时华中区域电力供需总体紧张导致省间互保互济空间下降，预计全省局部时段、局部地区存在供电缺额。随着新能源装机规模持续增大，预计新能源最大出力将突破 3500 万千瓦，导致电网调峰和新能源消纳压力仍然较大。

三　河南省电力行业发展对策建议

2025 年，河南电力行业要贯彻党中央、国务院关于加快构建新型电力系统和切实保障电力安全重大决策部署，落实省委省政府工作安排，切实增强电力安全可靠供应能力，推动电力系统绿色低碳转型升级，实现电力高质量发展，为经济社会高质量发展奠定基础。

（一）大力争取煤电项目，超前谋划外电通道

煤电仍是电源"压舱石"，应切实推动陕煤信阳、南阳电厂、中煤永

城等已开工项目加快进度，确保按期建成投运。适度超前做好煤电规划建设工作，保障煤电装机裕度。综合考虑用电需求、项目技术条件、业主投资意愿等因素，在瓦日、浩吉等运煤通道沿线及距离煤源较近、煤价较低的地区提前布局新增支撑性煤电项目，推动煤电布局优化和基地化建设。

电源基地与线位资源有限，外电通道应超前谋划争取。超前谋划外电入豫新通道，结合国家西部地区"沙戈荒"清洁能源送出基地规划，以新疆吐鲁番、哈密和内蒙古等地为重点开展研究比选，支持省内能源企业利用获取的煤炭资源建设坑口电厂和新能源电站，确定合理的外电入豫新通道，力争将新通道纳入国家规划。推动入豫第三直流和配套电源工程建设，形成合理的送电电价和送电曲线。巩固提升现有输电通道输送能力，推动青豫直流送端省份配套电源加快建设，研究提高天中、青豫直流送电能力措施，力争疆电、青电早日实现满功率输送。

（二）合理加快风电项目开发，有序把控光伏建设节奏

重点围绕沿黄城市和黄淮四市，谋划建设风电规模化开发项目，打造一批百万千瓦级风电基地。将存量风电项目分类施策，对于已开工项目，推动加快建设进程和并网速度；有序开展存量风电场改造升级，推动老旧机组以大代小、以优代劣。按照每个县一个行政村、每个试点项目不超过2万千瓦的要求，统筹做好"千乡万村驭风行动"试点建设工作，探索科学开发模式，稳步有序推广。鼓励使用高塔筒、长叶片、大容量、低重量产品，减少土地占用和原材料消耗，推动风电机组向大型化、定制化和智能化方向发展。加速智能运维、变流变桨智能控制、风场大数据管理等技术应用，打造新型智慧风场。探索建设平原地区风电实证平台，研发适宜平原低风速条件的现代化风电设备。

加强分布式光伏行业管理，做好投资指引，及时化解潜在风险，积极开展分布式光伏多场景开发应用，在党政机关、校园、医院等基础设施和公共建筑领域，合理挖掘开发空间；鼓励新建建筑同步建设分布式光伏设施，推

广使用太阳能薄膜发电玻璃、光伏建筑一体化等新产品新技术，打造绿色零碳建筑；合理利用露天停车场、地铁站检修库屋顶、高铁站两侧雨棚建设分布式光伏设施，打造绿色低碳交通设施。按照节约集约高效用地导向，在满足河南省国土空间规划、土地利用政策等条件下，积极借鉴外省先进经验，优化选址方案，提升规划水平，重点结合灌溉渠道、高速边坡、垃圾填埋场等，研究推动高标准光伏电站应用示范。

（三）持续推动煤电灵活性改造，加快储能和抽蓄项目建设

推进煤电机组灵活性改造。持续开展煤电机组节能改造、供热改造、灵活性改造，持续提高煤电机组单机容量、运行参数、能效和污染物排放水平等关键指标，兼顾安全、技术和经济目标，推动煤电加快向基础保障性和系统调节性电源并重转型。

加快建设抽蓄电站。加快推进在建项目工程建设进度，力争洛阳洛宁和信阳五岳项目 2026 年前全部投产；争取汝阳抽蓄项目尽快开工、济源逢石河抽蓄项目尽快核准。谋划推动一批新的抽水蓄能项目滚动纳入国家规划，重点在调峰压力大的豫中、豫南地区新增一批技术条件好、单位造价低的抽水蓄能站点，推动新增项目早日获得纳归批复，科学把握项目推进节奏，实现有序开工、有序投产。

大力发展新型储能。结合新能源消纳条件和系统安全，需要加强统筹谋划，推动"新能源+储能"深度融合，建设系统友好型新能源电站。结合输电通道建设、区域调峰需要等，在抽水蓄能无法提供充足支撑的地方布局建设大型独立储能项目。落实电网企业、电源企业责任，积极推动新型储能实现市场化、规模化发展。

完善提升负荷管理。研究制定需求侧响应工作方案，利用数字赋能技术引导企业主动错峰避峰用电，推进负控分路、用户负荷管理终端改造，实现大工业用户智能电表全覆盖，加强重点行业、重点企业负荷管理，精准匹配重点用户的用电曲线和负荷曲线，降低尖峰用电需求。建立需求侧灵活调节资源库，优化调度运行机制，完善市场和价格机制，充分激发需求侧响应活

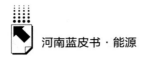

力。深入挖掘用户侧储能、电动汽车和综合智慧能源系统等灵活调节资源，释放居民、商业和一般工业负荷的用电弹性。

（四）完善电力市场功能建设，合理把握新兴业态发展

推动电力中长期市场持续稳定运行。加快电力辅助服务和电力容量市场建设，丰富辅助服务交易品种，更好体现调峰辅助服务和备用容量价值。加快建设更能体现灵活调节能力的现货市场。开展绿电和可再生能源绿色电力证书（绿证）交易，落实新增可再生能源不纳入能源消耗总量和强度控制的政策，鼓励各类用户自愿消费绿电，提高外向型企业和高载能企业绿电消费比例。

合理把握新业态发展方向和进度。合理完善源网荷储一体化项目市场准入规则，确保行业健康有序发展。明确微电网、增量配电网运营主体的责任和义务，鼓励依托数字技术开展平台化管理，完善与主干电网协调运行模式。研究促进分布式电源、微电网发展的价格机制，加强微电网、增量配电网与大电网在规划、调度、交易等方面的衔接，形成主网、配网、微电网协同运行、分级调控、良性互动的格局。

参考文献

河南省发展改革委：《关于做好 2024 年煤电淘汰落后产能与机组改造工作的通知》，2024 年 3 月。

河南省人民政府：《加快构建新型电力系统实施方案（2024—2030 年）》，2024 年 5 月。

河南省发展改革委：《河南省工业企业源网荷储一体化项目实施细则（暂行）》《河南省增量配电网类源网荷储一体化项目实施细则（暂行）》《河南省农村地区源网荷储一体化项目实施细则（暂行）》，2024 年 5 月。

河南省发展改革委：《关于进一步完善分时电价机制有关事项的通知》，2024 年 5 月。

国家发展改革委、国家能源局：《煤电低碳化改造建设行动方案（2024—2027

年）》，2024年6月。

河南省人民政府：《扎实推进2024年下半年经济稳进向好若干措施》，2024年7月。

国家能源局：《分布式光伏发电开发建设管理办法（征求意见稿）》，2024年10月。

河南省发展改革委、河南省农业农村厅：《河南省"千乡万村驭风行动"总体方案》，2024年10月。

B.7
2024~2025年河南省可再生能源发展形势分析与展望

晏昕童　邓振立　司瑞华　张申*

摘　要： 2024年，河南统筹能源绿色发展和安全保障，持续推进风电、光伏、抽水蓄能、新型储能项目建设，大力支持生物质能、地热能、氢能开发利用，可再生能源结构和品种进一步优化，装机总量历史性超越火电，占电源总装机的比重超过50%，可再生能源持续大规模、高比例发展的态势。2025年，河南可再生能源发展机遇和挑战并存，要牢牢把握新时代新能源大规模、高比例、市场化、高质量发展特征，统筹考虑新能源发展和坚守生态保护红线、粮食安全底线等相关要求，在提高规模化发展、灵活调节能力和绿电、绿证、碳市场发展水平上下大功夫，着力构建"风、光、火、储、氢"多能互补的能源格局，持续推进河南可再生能源高质量跃升发展，为中国式现代化建设河南实践提供绿色能源可靠保障。

关键词： 可再生能源　高质量发展　新能源消纳　河南省

可再生能源是我国多轮驱动的多元能源供应体系重要组成部分，对于保障能源安全、改善能源结构、保护生态环境、应对气候变化、实现经济社会

---

* 晏昕童，国网河南省电力公司经济技术研究院工程师，研究方向为主网规划与新能源接入及消纳；邓振立，国网河南省电力公司经济技术研究院工程师，研究方向为能源电力转型与规划；司瑞华，国网河南省电力公司经济技术研究院高级工程师，研究方向为电网规划与新能源接入及消纳；张申，河南省价格认证中心高级工程师，研究方向为可再生能源发展管理。

可持续发展具有重要意义。2024 年，河南可再生能源行业以习近平新时代中国特色社会主义思想为指导，深入实施能源安全新战略，推动风能、太阳能、生物质能等可再生能源快速发展，协同推进新型储能、抽水蓄能、地热能、氢能等开发利用，可再生能源装机及发电量取得新突破，全省能源结构优化成效明显。2025 年，河南将持续深化实施能源绿色低碳转型战略，加强统筹谋划和政策支持，推进可再生能源快速发展和高效利用。

一　2024年河南省可再生能源发展情况分析

2024 年，国家层面不断完善可再生能源政策体系，积极推动多品类可再生能源发展。河南全面贯彻落实能源安全新战略和新型能源体系建设部署，推动可再生能源行业高质量发展，全省可再生能源装机历史性超越火电、发电量突破千亿千瓦时，新能源通过政府授权合约方式入市，非电利用场景持续拓展，能源领域新质生产力加快形成。

（一）供应结构持续优化，可再生能源装机占比超过50%

新增装机发展态势趋于平稳。截至 2024 年 10 月，河南可再生能源发电总装机 7368 万千瓦，位于四川、内蒙古、山东、新疆、江苏、湖北之后，排名全国第七，同比增长 15.6%，占电源总装机的比重提升至 50.3%。分布式光伏进入健康有序发展阶段。河南全面落实促进分布式光伏发电行业健康可持续发展等政策要求，分季度发布"红、黄、绿"承载力评估等级，指引分布式光伏有序发展，并推动已建未并网项目全部于 2024 年 7 月保障性并网发电，确保政策过渡期分布式光伏平稳有序发展。分品类看，截至 2024 年 10 月，河南风电总装机 2263 万千瓦，光伏发电 4286 万千瓦，生物质发电 281 万千瓦，水电 538 万千瓦（见图 1），较上年同期分别增加 182万、790 万、18 万、1 万千瓦，分散式风电装机规模居全国第一，预计 2024年底河南可再生能源总装机将突破 7500 万千瓦。2024 年 1~10 月，河南省分布式光伏新增装机 562 万千瓦。分地域看，周口、商丘两地市新增可再生能源装机超过 70 万千瓦，南阳、洛阳、安阳、新乡四地市可再生能源总装机均达到 600 万千瓦以上，合计容量接近全省的 40%，其中南阳可再生能源总装机突破 860 万千瓦，位居全省第一。

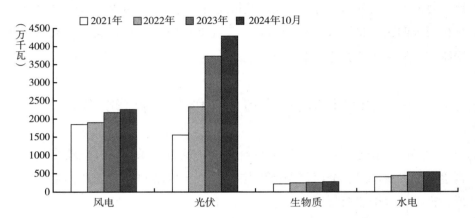

图 1　2021 年至 2024 年 10 月河南可再生能源发电装机情况

资料来源：国家能源局河南监管办公室。

可再生能源发电量占全口径发电量比重超过三成。河南能源消费结构由以煤为主加速向多元化、清洁化转变。从发电量看，2024 年 1~10 月，河南可再生能源发电量 985 亿千瓦时，较上年同期增加 157 亿千瓦时，超过省内全部电源总发电量的三成，占全社会用电量的 27.2%（见图 2）。从出力情况看，2024 年以来，河南深挖潜能、拓展新能源消纳空间，全省新能源出力超过 2500 万千瓦已成常态，8 月午间全省新能源发电出力接近 3000 万千瓦，超过当年全社会最大用电负荷的 1/3。初步预计，全年全省可再生能源发电量将突破 1200 亿千瓦时，可再生能源电力消费量达 1500 亿千瓦时（含外电），可再生能源消纳责任权重达到 35% 左右，将超额完成国家下达指标。

（二）政策市场双轮驱动，可再生能源消纳与机制创新并举

多措并举提升电力灵活调节能力。新型储能发展政策支持力度持续加

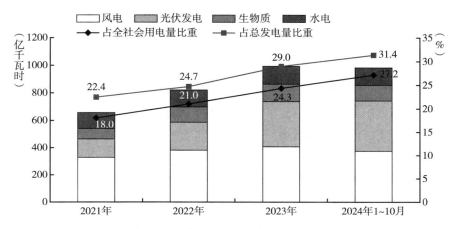

图2　2021年至2024年1~10月河南可再生能源发电量情况

资料来源：国家能源局河南监管办公室。

大。河南相继发布独立储能项目管理、独立储能电站调度运行等一系列政策文件，优先支持独立储能容量租赁，明确示范项目年度调用次数不低于350次/年，且不得出现高价充、低价放现象等调度运行机制，保障新型储能建设收益。以磷酸铁锂电池为主，压缩空气储能、全钒液流电池为辅的多样化发展格局加快形成，截至2024年10月，全省新型储能装机达到122万千瓦，预计年底装机将接近160万千瓦。煤电灵活性改造和调相机改造持续推进。2024年，全省计划完成郑州荥阳电厂、洛阳孟津电厂等共8台机组、总规模376万千瓦改造任务，改造后全省公用统调机组综合最小出力率将低于30%，刷新调峰深度新纪录。全国首例现役300兆瓦级火电机组改造项目—驻马店乐润电厂1号机组改造完成，机组兼具发电、调相多模式，为全省高比例新能源接入提供电压支撑。抽水蓄能项目建设稳步推进。信阳五岳项目首台机组年内投产，洛阳洛宁项目主体工程基本完成，汝阳菠菜沟获得核准，平顶山鲁山、辉县九峰山等6个项目顺利推进，争取国家下达2024~2028年抽水蓄能项目规模1180万千瓦、居全国第二。

创新改革持续完善市场机制。调整分时电价提升新能源消纳能力。5月，河南省发展改革委发布《关于调整工商业分时电价有关事项的通知》，对峰谷时段设置、峰谷浮动比例等方面进行调整，春、秋两季光伏大发时段的 11~14 时执行谷段电价，引导用户在午间光伏大发时段多用电，缓解新能源消纳困难。迈出分布式光伏参与分担系统调节成本第一步。河南省公布《河南电力辅助服务市场交易细则（征求意见稿）》，拟进一步完善和深化河南电力辅助服务分担共享新机制，明确将 10（6）千伏及以上电压等级并网的分散式风电、分布式光伏（不含扶贫项目）纳入辅助服务管理范围，参与辅助服务费用分摊。新能源入市进程取得进展。2024 年河南省电力市场交易通知明确，省内风电、光伏电量优先满足居民、农业用电需求，剩余新能源电量按照政府授权合约形式纳入电力中长期交易管理。集中式新能源参与现货结算试运行。6 月，河南省电力现货市场第二次长周期试运行顺利完成，全部集中式新能源发电企业 10% 上网电量按照现货价格结算参与，创孟、鹤厂两家独立储能电站"报量不报价"参与现货市场，向国家要求的"2030 年新能源全面参与市场交易"稳步迈进。

积极探索可再生能源发展路径新模式。5 月，河南省印发工业企业、增量配电网、农村地区三类源网荷储项目实施细则，按照试点先行原则推进一体化项目试点建设，积极探索兼顾各方利益、妥善处理交叉补贴、大电网兜底保障等各种关系新模式新业态，截至 2024 年 9 月，共分四批审核项目近 200 个，信阳市率先建成投运 11 个工业类源网荷储一体化项目，涵盖工业企业、公共服务、公共机构三大行业，共配套建设光伏 28 兆瓦、储能 14 兆瓦时，推动新能源就近消纳。全国首批发布"千乡万村驭风行动"方案。10 月，河南省发展改革委、河南省农业农村厅印发《河南省"千乡万村驭风行动"总体方案》，提出在具备条件的县（市、区）农村地区，以行政村为单位，分阶段就地就近开发利用风电项目。2024~2025 年为试点阶段，原则上每个县（市、区）选择 1 个行政村开展试点示范，优先支持整村开发类源网荷储一体化项目的行政村纳入"千乡万村驭风行动"试点，每个试点项目建设规模不超过 2 万千瓦；2026~2030 年为推广阶段，在总结试点成功经验的基础上，梳理完善"千乡万村驭风行动"发展政策和体制机制，因地制宜，稳步推广。10 月，由国家能源局和河南省能源局共同主办的

"千乡万村驭风行动"推进会在河南平顶山召开，进一步推动"千乡万村驭风行动"落地实施。

（三）非电利用加速推进，可再生能源利用场景持续拓展

地热能清洁供暖加快开发步伐。河南积极推动地热能集中供暖纳入城镇供热管网规划，全国首个省级地热资源监测平台河南省地热资源监测平台正式投入运行，为全省地热资源科学有序开发利用提供有力技术支撑。截至2024年6月，全省中深层地热清洁供暖已覆盖超过10个省辖市，供暖面积累计超过1.3亿平方米，居全国第四、中部第一，起步较早的郑州、开封、濮阳、周口4个千万平方米基地已建成供热面积超过4750万平方米。氢能利用场景不断丰富。截至2024年9月，"十四五"以来全省累计新建加氢站36座，新推广燃料电池汽车1666辆，仅次于北京和上海；郑州上线运营氢能燃料电池公交车超400辆，总运营里程已超4300万公里，数量全国领先。全国首个2兆瓦级氢燃料电池热电联供示范项目在河南能源集团开元化工公司投运，河南豫氢燃料电池技术在大功率副产氢发电领域实现里程碑式突破。生物质天然气助力乡村振兴。豫天新能源商水县农业废弃物综合利用生产天然气项目建成投产，2024年上半年累计产气超1000万立方米，作为补充气源并入城市燃气管网使用。垃圾发电助力生活垃圾零填埋，依托以垃圾焚烧发电为核心的静脉产业园，郑州市域、洛阳、焦作已率先实现生活垃圾零填埋。

（四）风光储氢产业加快发展，能源领域新质生产力不断形成

绿色制造成为推动经济高质量发展的关键支撑。2024年，开封市新能源（储能）装备产业链、许昌市绿色低碳电力产业链、商丘虞城县新能源装备绿色产业链、信阳市新能源绿色装备制造产业链入选河南省绿色制造业产业链群培育名单。大型风电轴承制造技术取得新突破。世界首台25兆瓦级风电主轴轴承及齿轮箱轴承在洛阳轴研科技有限公司生产线成功下线，创造了全球风电轴承最大单机容量纪录，加快了风电主轴轴承和齿轮箱轴承国

产化进程。新一代光伏先进产能快速发展。明阳光伏南阳高效异质结太阳能电池及组件项目开工建设,许昌平煤隆基高效单晶硅太阳能电池生产线项目建成投产,基本建成从硅棒、硅片、电子浆料、电池片、光伏玻璃、组件、支架到配套储能、逆变设备和电站建设运维等完整产业链。新型储能装备产业蓬勃发展。宁德时代洛阳基地一期项目电池工厂、濮阳钠离子电池中试基地、三门峡易事特储能装备产业化项目、豫东南科创储能项目等重点项目建成投产,宁德时代洛阳基地二期、开封时代全钒液流扩建项目、平顶山固态电池和钠离子新能源产业园等重点项目开工建设。氢能利用和产业加快布局。河南发挥国家首批燃料电池示范城市群先发优势,在氢能供给、氢能装备、氢燃料电池汽车等领域攻关突破,在中高端和关键环节抢占先机,濮阳百千瓦级固体氧化物电解水制氢项目、明阳集团电氢醇固始示范项目、焦作孟州氢燃料电池及核心零部件产业园等重点项目开工建设,创新推动固体氧化物电解水制氢技术走出实验室,预计2024年全省氢燃料电池产能达到300万千瓦,氢能"制储运加用"全产业链加快形成。

二 2025年河南省可再生能源发展形势展望

2025年,随着能源转型承诺重申和新能源利用率限制放宽、技术进步带来的成本下降、低碳转型战略的深入推进、电力市场化改革体制机制的不断完善,预计河南可再生能源发展将继续保持良好势头。同时,河南可再生能源行业也面临着系统调节能力不足、转型成本上升、项目选址约束、新业态推广配套政策有待完善等诸多挑战。

(一)发展机遇

1."转型脱离化石燃料"达成共识,系列政策出台释放发展潜力

2024年11月,第29届气候变化大会(COP29)在阿塞拜疆举行,近200个缔约方就能源问题做出了集体承诺,旨在实现《巴黎协定》中将全球升温控制在1.5℃以内的目标。未来可再生能源的发展将更加注重多元化和均衡性，不仅包括风能、太阳能等传统可再生能源，还将拓展到海洋能、生物质能等新兴领域。同时，储能技术的发展将成为解决可再生能源间歇性、波动性问题的关键，电化学储能、抽水蓄能等技术将得到进一步推广应用。

作为全球最大的可再生能源生产和消费国，2024年7月，中国实现了在气候雄心大会上承诺的"到2030年风电、太阳能发电总装机容量达到12亿千瓦以上"的预测目标，比原计划提前6年。据国际能源署（IEA）预测，2025年全国可再生能源消费总量预计将占到全国能源消费总量的18%左右，风电和太阳能发电量将占到总发电量的16%以上。国务院印发《2024—2025年节能降碳行动方案》，提出在保证经济性的前提下，资源条件较好地区的新能源利用率可降低至90%。新能源消纳红线松绑，将进一步释放新能源装机潜力、拓展新能源发展空间，对新能源产业影响深远。河南省相继出台《中共河南省委　河南省人民政府关于全面推进美丽河南建设的实施意见》《河南省2024—2025年节能工作方案》《关于河南省2024年电力交易有关事项的通知》《河南省空气质量持续改善行动计划》等一系列政策措施，从推动新能源规模化发展、深入推进市场化改革、促进非化石能源消费、优化产业结构等方面优化可再生能源发展环境。

2. 可再生能源技术不断迭代革新，投资建设成本明显下降

风电、光伏的发电成本在过去10年分别下降了60%和80%（见图3）。光伏方面，根据国际能源署（IEA）数据，由于供应日益过剩，2023年全球太阳能光伏价格暴跌，太阳能光伏组件现货价格同比下降近50%。我国作为全球最大的光伏设备制造国，继续保持其在全球供应链中80%~95%的份额，并利用技术进步和规模经济，推动光伏成本的持续下降。风电方面，风力涡轮机的效率和容量因子将通过更大容量的涡轮机、更长的叶片和更先进的材料科学得到提升。基于大数据和人工智能控制技术，风电场开启无人值守、少人值守新模式，进一步降低了运维成本。储能方面，新能源并网对系统调节资源需求增加、峰谷电价差持续扩大、电力市场化进程不断深入等有利因素持续增多，将吸引更多的研发投资和产能布局，形成锂离子电池成本

继续下降，液流电池和其他长期储能技术不断突破的良好创新形态，技术进步、产能布局、市场竞争、上游碳酸锂等原材料价格走低共同推动储能投资建设成本持续下降，将为可再生能源可持续发展提供更经济的解决方案。构网型储能进入发展快车道，将以其强电压支撑能力、强频率支撑能力和短时高过载能力，成为储能未来入网的新趋势。氢能方面，随着电解槽技术的改进和规模化生产，绿色氢能的成本预计将大幅下降，使其成为新的储能形式、工业和交通领域脱碳的可行选择。可再生能源技术经济性提升，全省能源消费中绿电比例将继续增加，带动相关产业高质量发展、生态环境持续改善。

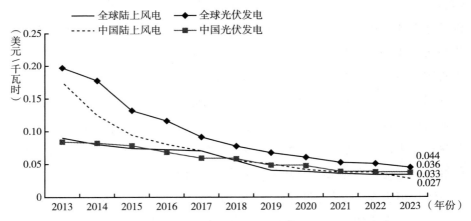

图3 2013~2023年全球及中国陆上风电与光伏发电平准化度电成本（LCOE）

资料来源：《2023年可再生能源发电成本》，国际可再生能源署。

3. 低碳转型战略深入推进，绿色多元能源供应体系加快形成

河南紧抓可再生能源高质量发展的重要窗口期，深入实施绿色低碳转型战略。风电方面，加快沿黄绿色能源廊道建设，推动4个百万千瓦高质量风电基地加快建设，通过集中优化配置风电资源，推动一批新能源规模化开发项目落地。河南省"千乡万村驭风行动"进入试点阶段，明确每个县（市、区）选择1个行政村开展试点示范的实施计划，推动风电就地就近开发利用，壮大村集体经济、助力乡村振兴。光伏发电方面，立足河南丰富的屋顶

资源，依托河南分布式光伏承载力评估和可开发容量信息发布平台，科学引导分布式光伏高质量发展；开展"光伏+"公共建筑屋顶提速行动，整合党政机关、学校、公共基础设施等产权清晰、面积充裕、就地消纳条件较好的屋顶资源，加快公共建筑屋顶光伏建设。抽水蓄能方面，洛阳洛宁、信阳五岳、平顶山鲁山等7个项目在建并顺利推进，将陆续进入投产阶段。生物质方面，因地制宜发展生物质能、落实生物质发电电价补贴，提升区域生物质资源能源化利用比重。以生物质资源丰富的县为重点，推进生物质高值化、多元化利用，加快推进生物质热电联产、生活垃圾发电厂供热改造，生物质锅炉供热等。地热方面，结合城市规划、新区建设和乡村振兴等，积极实施地热能利用连片开发，推进"地热能+"多能互补、梯级利用、供暖制冷双联供模式，打造一批百万平方米级地热利用示范县（市），持续推进郑州、开封、周口、濮阳等千万平方米地热供暖示范区建设。氢能方面，行动方案和产业发展支持政策密集出台，将依托郑州、开封、洛阳、濮阳、新乡等节点城市，适度超前布局建设一批加氢站、绿氢示范项目，持续拓展氢能应用场景，加快郑汴洛濮氢走廊发展。此外，新型电力系统的投资将推动可再生能源的高效利用，数智化技术的应用将显著提升相关场站运行、维护效率和可靠性。

4. 电力市场化程度不断提高，可再生能源发展环境更加稳健

河南深入贯彻落实全国统一电力市场体系建设工作要求，统筹省间、省内两级市场，包含电力中长期市场、现货市场及辅助服务市场在内的全市场体系建设取得积极成效。随着省间电力现货市场正式运行，可再生能源发电企业将有更多的机会通过市场交易实现收益。中长期市场架构日趋完善。河南基本建立覆盖5个交易品种（电力直接交易、电网代理购电交易、发电侧合同转让交易、用电侧合同转让交易、合同回购交易）、5类交易周期（年、季、月、旬、日）、4种交易方式（双边协商、集中撮合、单向挂牌、双挂双摘）的中长期交易框架体系。现货市场在探索中稳步推进。截至2024年6月，河南电力现货市场已开展多轮次模拟试运行和调电试运行，并开展结算试运行。新能源入市模式不断滚动优化调整，为优化新能源参与

模式积累了宝贵经验；根据结算试运行情况，集中式新能源参与现货市场后市场风险整体可控，利益分配基本符合市场设计目标。辅助服务市场规模不断扩大。自 2020 年市场运行以来，市场机制激励效果明显，全省火电调峰深度不断下探，累计减少弃风弃光量超过 335 亿千瓦时。绿色电力交易机制加快完善。2024 年 8 月，国家能源局印发《可再生能源绿色电力证书核发和交易规则》，首次以规则形式对我国绿色电力证书的核发、交易、划转、核销全生命周期流程进行了规范，为河南省开展绿电绿证工作提供了指引。当前，河南正持续完善可再生能源市场化发展政策，加大绿色金融支持，降低非技术成本，增加市场化交易比重，建立健全绿色电力交易机制，推进绿电绿证市场建设，培育绿色电力消费市场，促进绿电绿证交易与消纳保障、现货市场、碳交易融合，增添新能源绿色环境价值收益。

（二）面临的挑战

1. 系统调节能力紧缺，电网面临安全稳定风险

当前河南电网运行面临促消纳、保供应、保稳定等多重压力。新能源装机高速增长加剧消纳困难。担任主力调峰任务的煤电机组调峰深度已降至 30% 左右，潜力挖掘殆尽；河南抽水蓄能、燃气电站、新型储能等调节性资源装机仅为新能源装机的 10%，远低于可超其总装机 40% 的新能源出力日内波动调节需求；相比于中东部新能源装机大省，河南用电需求水平相对较低，消纳空间有限。大规模新能源装机关键时刻顶峰保供能力有限。"极热无风、寒潮无风"特性明显。2024 年，夏季全省用电大负荷时刻风电出力仅 323 万千瓦，同比减少 132 万千瓦；年初冬季河南大部分地区持续暴雪、寒潮，雨雪冰冻导致风机叶片覆冰，全省新能源出力持续低于 200 万千瓦。若通过增加支撑性电源来保证电力供应充裕度，又会造成支撑性电源仅在高峰时段提供短时支撑，推高用电成本及消纳代价。新能源装机占比上升增加了运行稳定风险。河南风光装机占比已超过 45%，叠加多条直流馈入，潮流分布均衡性降低、波动性增大，潮流频繁发生变化甚至翻转，显著增加电力系统的运行风险；风电、光伏发电采用电力电子装备接入系统，系统转动

惯量减小、抗扰动能力降低，故障时系统频率、电压波动加剧，甚至引发新能源机组大规模脱网或更严重的连锁故障。

2. 能源转型成本上升，市场机制有待完善

随着可再生能源占比增加，灵活性电源投资及改造成本、系统调节运行成本、大电网扩展及补强投资、接网及配网投资等系统成本将显著增加，同时产生更多调峰、调频、备用等辅助服务需求，能源转型整体成本快速上升的同时若缺乏有效的疏导渠道，不利于电力行业平稳、可持续低碳转型。《关于加快建设全国统一电力市场体系的指导意见》提出，鼓励新能源报量报价参与现货市场，对报价未中标电量不纳入弃风弃光电量考核。然而，鉴于河南省省情及经济发展阶段，全省居民对电价承受能力较弱，担心电价波动影响经济发展，社会对推进新能源电量正式入市持观望态度。河南电力系统资源配置正处于计划向市场过渡的探索阶段。电能量市场方面，自 2024 年 1 月起，除扶贫光伏外，河南风电、光伏发电电量按不高于省内燃煤发电基准价参与市场交易。现行"基准价+上下浮动"的电价机制不足以充分反映供求关系的变化，也不足以有效疏导发、输电成本。大规模风电、光伏在春秋季、午后等时段集中发电，现货市场价格或将下调，给新能源远期收益带来了风险。辅助服务市场方面，服务产品相对单一，以调峰辅助服务为主、调频次之，备用、爬坡等仍需推进。容量成本补偿机制方面，煤电容量电价补偿标准较低、储能租赁成交价低于指导价，不足以充分调动电力系统灵活性与充裕性资源的建设意愿。

3. 土地约束加剧，用地用林等要素更加严苛

风电光伏等新能源的开发需要以土地为关键载体，与传统能源相比，新能源能量密度较低，土地资源已成为影响新能源大规模发展的重要因素。以集中式光伏和风电为例，每百万千瓦集中式光伏电站实际建设过程中的土地征用面积约为 2.5 万~3 万亩、陆上集中式风电场约 450~600 亩。2022 年以来，相关部门重申新能源项目用地约束，集中式光伏设备用地一般占用农用地或未利用地，风电机组用地均按照建设用地管理。农用地和未利用地利用规则不明确、变更为建设用地审批复杂、部分林地国土及林业部门属性不一

致等问题往往导致新能源项目用地审批工作程序烦琐。河南为农业大省，根据国务院要求，至2035年河南省耕地保有量不低于10955.52万亩，生态保护红线面积不低于1.40万平方公里。同时，2024年10月生态环境部发布的《关于加强陆域风电、光伏发电建设项目生态环境保护工作的通知（征求意见稿）》对陆域风电、光伏发电项目的环境评价工作提出了多方面具体要求，要求充分考虑风电机组不同频率噪声及不同声源的叠加影响，新建风电项目的风机应距离周边居民、企事业单位等不得小于700米。新能源开发用地空间逐渐缩小，可再生能源发展面临的土地约束将进一步凸显。

4. 新业态推广面临自平衡与配套制度难题

河南正加快能源领域改革创新，提出科技创新、电源建设、配网建设、绿电消纳、储能发展等5项重点任务，探索形成一批可推广、可检验的源网荷储一体化项目应用场景。作为能源转型中的新模式、新业态，源网荷储一体化项目对于构建新型电力系统、促进地方经济发展、培育新质生产力具有积极意义，但项目实际运行中较难实现自平衡，仍需依托大电网配合调节；项目相关成本费用分摊、公平承担社会及安全责任政策尚不健全。随着源网荷储一体化项目数量逐步增加，亟须兼顾各方利益，加快完善利益分配机制，妥善处理好交叉补贴、大电网兜底保障等各种关系，建立健全一体化项目入网标准、管理规范、运行要求、安全责任等配套制度。此外，可再生能源发电和供电设施长达20年或更久的寿命与中小企业的平均寿命不匹配，导致投资风险和收益不确定性，需要政策及资金支持以确保项目的长期经济可持续性。

（三）发展预测

2024年，河南省继续把发展可再生能源作为优化能源结构、实现全省碳达峰的主攻方向，进一步扩大可再生能源应用规模，着力提升可再生能源电力在全社会用电量中的比重，推动可再生能源高效消纳。

风电方面，受土地、林业、矿产资源、军事等方面因素影响，项目选址困难，存量项目建设进度不及预期，同时受制于建设周期长，明年规模化开发项目无法大规模并网，预计风电新增并网规模与2024年基本持平；光伏方面，随着屋顶资源条件好、开发意愿强的农户减少，光伏开发企业投资趋于理性，预计光伏新增并网规模与2024年持平或略低。生物质方面，积极发展生物质供热供暖，着力推进生物质发电布局优化，因地制宜推进生物质热电联产项目建设；积极开展生物天然气示范工程建设，加快建立以县域为单位的原料收储运、生物质天然气消纳、有机肥利用的产业体系。地热能方面，持续推进地热资源勘查评价，推进沿黄绿色能源廊道建设，打造4个千万平方米中深层地热供暖集中连片示范区，探索"地热能+"多能互补的供暖形式。氢能方面，持续推动氢能在交通领域的应用，加快建设国内先进的燃料电池汽车产业示范集群，布局建设燃料电池及动力系统规模化生产基地，在郑州、开封、洛阳、新乡、焦作、安阳等地，率先开展燃料电池汽车示范应用。

初步预计，2025年全省新增可再生能源发电装机500万千瓦以上，装机总规模突破8000万千瓦，其中新能源装机达到7500万千瓦以上。新型储能发展速度加快，装机规模达到400万千瓦。全省可再生能源发电量达到1300亿千瓦时以上，其中新能源发电量超过1000亿千瓦时，地热能供暖、生物质供热、生物质燃料、太阳能热利用等非电利用规模将达到300万吨标准煤以上；新增生物质天然气产能将达到3000万立方米，生物液体燃料年利用量提升至110万吨左右；氢能应用领域不断拓展，交通领域氢能替代初具规模，各类氢燃料电池汽车数量达5000辆以上，车用氢气供应能力达到3万吨/年。

三 河南省可再生能源发展对策建议

2025年是"十四五"规划收官之年，是全面贯彻党的二十届三中全会精神的重要之年，河南应从打造新型能源产业链群、提升新能源系统友好性、推进系统灵活性建设、加强电网建设与调度、深化体制机制改革五个方面入手，持续推动全省可再生能源高质量发展。

（一）加快打造新型能源产业链群

瞄准能源科技和产业变革前沿，围绕清洁能源产业链，聚力补链延链强链，加快形成上中下游一体、各环节相互配合的产业链群，充分发挥"链主"企业资源配置能力和创新组织能力，加快打造特色鲜明、优势突出的现代化能源产业集群，引领可再生能源产业转型升级。推进许昌、安阳、信阳、濮阳等风电主机生产制造基地建设，完善风电装备产业链；加快开封、洛阳、安阳等光伏产业集群建设，大力补齐钙钛矿、异质结等产业链前沿技术短板；加快洛阳、开封、平顶山等新型储能产业集群布局，促进原材料供应、电池制造、系统集成、运营服务等环节协同发展；培育郑州、新乡、濮阳、开封等氢能产业集群，启动绿色氢醇产业体系建设。不断完善产业链条、强化产业配套，通过技术进步、装备升级、成本下降，巩固产业竞争力。

（二）提升新能源系统友好性

一是引导可再生能源合理布局。将新能源项目用地信息纳入国土空间规划"一张图"，保障项目建设用地用林需求。综合考虑风光资源、土地资源、水资源、通道资源、环境承载力等要素，及时发布评估结果，合理确定开发规模，科学有序推进风电、地面光伏规模化开发与分布式可再生能源就近开发。二是提升可再生能源涉网安全性能。科学确定项目接入电网节点以实现对各级电网的有效支撑；合理提高可再生能源发电项目对频率、电压扰动耐受能力和主动支撑调节能力，加强并网检测，确保涉网性能达标。三是提高可再生能源可靠出力水平。建设一批可有效提升电力供应保障能力的系统友好型新能源场站，对已配置新型储能但未有效利用的新能源场站进行升级改造，结合高精度、长时间功率预测技术和智慧集控等技术，提升典型场景下风电、光伏发电顶峰能力，确保新能源置信出力不低于10%。

（三）推进系统灵活性建设

一是发展电源侧灵活性资源。完善火电灵活性改造验收认定机制，深入开展煤电机组灵活性改造，到 2027 年存量煤电实现"应改尽改"。推动新型储能分层分区配置，选取典型地区、典型项目推广构网型技术应用。统筹安排抽水蓄能与新型储能建设，充分发挥各类型调节资源优势，形成多时间尺度、多应用场景的电力灵活调节能力。二是发展各类灵活性用电负荷。深入挖掘电动汽车、温控负荷等可调节负荷资源，开展智能小区、智能园区等电力需求响应及用户互动工程示范，鼓励各类高耗能企业改善工艺和生产流程，为系统提供可中断负荷、可控负荷等辅助服务。在新能源富集地区，重点发展热泵技术供热、蓄热式电锅炉等灵活用电负荷，鼓励可中断式电制氢、电转气等相关技术的推广和应用。三是充分挖掘直流送受端调节资源互济潜力。结合省内净负荷曲线变化形势，动态调整外电送电功率，同时加强直流落点近区抽水蓄能项目建设以适应新能源出力大幅波动带来的电力流向调整。

（四）加强电网建设与调度

一是构建坚强柔性输电网。优化第三、第四条入豫直流落点布局，推动柔性直流技术应用。综合考虑新能源出力的随机性与输电容量充裕度，加快输电网建设和智能化改造，保证电网结构强度，使之具备与新能源规模相适应的抗扰动能力和灵活送受电能力。在新能源送出受限地区，开展动态输电容量应用研究。二是提高配电网接纳分布式新能源的能力。结合分布式新能源发展目标，有针对性地加强满足分布式新能源规模化开发和就近消纳需求的分布式智能电网建设，实现与大电网的兼容互补和友好互动。三是提升电网智能调度水平。在风电和太阳能超短期高精度功率预测的基础上，提高新能源发电参与日内电力平衡比例，优化火电机组运行方式，确定合理开机备用率。在信阳等源网荷储一体化项目发展较快的地区，探索应用主配微网协同的有源配电网调度模式，提升配电网层面就地平衡能力和对主网的主动支撑能力。

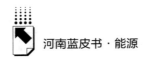

（五）深化体制机制改革

一是完善新能源参与电力市场政策。系统设计新能源入市路径，系统梳理各类新能源装机、补贴、投产时间等全量信息，做好新能源入市对各方影响分析，分批次逐步进入市场。完善适应新能源波动性的市场机制，推动中长期市场向更长和更短周期双向延伸，探索多年度长周期交易机制，稳定新能源企业的收益预期，完善中长期分时段连续交易机制，支持新能源发电曲线灵活调整，实现新能源发展和市场机制建设协同推进。二是完善各类调节资源投资回报机制。在新型储能进入现货市场前应明确通过中长期或调度指令调用的价格机制，探索建立动态调整的新型储能容量电价政策，保障其充放电的合理收益。推进辅助服务市场建设，探索煤电机组通过市场化启停调峰获取收益，并根据系统实际运行需求增加备用、爬坡、转动惯量等辅助服务品种。按照"谁受益、谁承担"的原则，建立电力用户参与的辅助服务分担共享机制，公平疏导调节资源建设运营成本。三是完善大电网与微电网协同运行与利益分配机制。明确微电网与大电网交互要求，科学设定交互曲线及偏差机制，推动源网荷储项目积极融入统一电力市场发展大局，共享改革成果、共担转型责任，进一步提升"自发自用"比例，保障大电网备用、调节成本有效回收。

参考文献

河南省发展改革委：《关于对加快推进规模化开发促进全省新能源高质量发展行动方案征求意见的函》，2023 年 12 月。

国家发展改革委、国家能源局：《关于加强电网调峰储能和智能化调度能力建设的指导意见》，2024 年 2 月。

河南省发展改革委：《关于做好 2024 年煤电淘汰落后产能与机组改造工作的通知》，2024 年 3 月。

国家能源局：《关于做好新能源消纳工作　保障新能源高质量发展的通知》，2024

年5月。

河南省发展改革委：《关于调整工商业分时电价有关事项的通知》，2024年5月。

河南省发展改革委：《河南省农村地区源网荷储一体化项目实施细则（暂行）》《河南省增量配电网类源网荷储一体化项目实施细则（暂行）》《河南省工业企业源网荷储一体化项目实施细则（暂行）》，2024年5月。

国际能源署：《2023年可再生能源：到2028年的分析和预测》（Renewables 2023：Analysis and forecasts to 2028），2024年1月。

国际可再生能源署：《2023年可再生能源发电成本报告》（Renewable Power Generation Cost in 2023），2024年9月。

新型能源体系篇

B.8
河南省"十五五"能源高质量发展
路径与建议

能源高质量发展课题组*

摘　要： 推动能源高质量发展是建设新型能源体系的本质要求。为统筹谋划好"十五五"时期河南能源高质量发展，课题组系统梳理了河南能源发展的基础优势和短板弱项，详细分析了河南能源发展面临的内外部环境，并对"十五五"时期河南能源高质量发展目标进行了量化分析。为顺利实现相应目标，河南应把握好能源发展安全性、经济性、清洁性、共享性四者之间的动态平衡关系，深入践行"四个革命、一个合作"能源安全新战略，走多目标统筹的能源高质量发展道路。

关键词： 新型能源体系　高质量发展　河南省

---

* 课题组组长：王世谦、王佳佳、邓方钊。课题组成员：李鹏、张艺涵、李虎军、白宏坤、金曼、郭兴五、于泊宁、邓振立、司佳楠。执笔：金曼，国网河南省电力公司经济技术研究院高级经济师，研究方向为能源电力经济；郭兴五，国网河南省电力公司经济技术研究院高级工程师，研究方向为能源电力规划。

"十五五"是碳达峰的攻坚期、新型能源体系建设加速推进的关键期，也是发展能源新质生产力、推动高质量发展的机遇期。河南作为能源生产和消费大省，推动全省"十五五"能源高质量发展，对于保障全省经济运行、服务全省在中部地区崛起中奋勇争先、培育发展能源领域新质生产力具有重要意义。展望"十五五"，河南能源发展迎来重大发展机遇，同时也面临一些新局面、新矛盾，主要体现在能源发展安全性、经济性、清洁性、共享性多目标要求互相制约等方面，需要从能源消费、能源供给、能源技术、能源体制、能源合作等方面协同发力，促进能源行业关系协同共生，推动河南能源高质量发展。

一　河南省"十四五"以来能源发展情况

河南省是传统能源生产大省和能源消费大省。从生产来看，全省能源开发起步较早，资源以煤为主，油、气、水、风、太阳能等赋存相对不足；从消费来看，全省能源消费总量与经济总量在全国的位次相当。"十四五"以来，河南能源发展取得显著成就，但全省能源发展仍呈现区位优势突出但禀赋不佳、能源供给安全稳定但潜在风险增加、结构优化但煤炭消费占比高、能效水平提升但能耗强度高等特点。

（一）河南能源生产消费现状

1. 能源资源"有煤少油乏气"，生产总量稳步提升

截至 2022 年，全省煤炭基础储量 44.4 亿吨，居全国第 9 位，占全国总量的 2.1%；人均基础储量 45.0 吨，约为全国平均水平的 30.7%。全省石油基础储量 2876.8 万吨，居全国第 13 位，占全国总量的 0.8%；人均基础储量 0.3 吨，为全国平均水平的 10.8%。常规天然气资源非常有限，全省天然气基础储量 61.4 亿立方米，居全国第 16 位，仅占全国总量的 0.1%；人均基础储量 62.2 立方米，仅为全国平均水平的 1.3%。河南省风能资源属于Ⅳ类地区，风电年利用小时数仅为新疆的一半；太阳能资源属于Ⅲ类地区，光

伏发电年利用小时数仅为青海的 2/3。生物质和垃圾发电发展潜力较大，截至 2023 年，全省生物质发电装机规模达到 262 万千瓦。

2023 年，全省能源生产总量约 1.1 亿吨标准煤，同比增长 6.2%。其中，煤炭生产约占 69%，比上年下降 0.6 个百分点；原油约占 3%，下降 0.3 个百分点；天然气约占 0.5%，与上年持平；非化石能源约占 27.5%，提高 0.9 个百分点。2023 年，全省规模以上工业原煤产量 10214.8 万吨，同比增长 4.3%，增速比全国平均快 1.4 个百分点；原油产量 235 万吨，同比下降 0.4%，全省规模以上工业原油加工量 795.69 万吨，同比下降 8.3%；全省规模以上工业天然气产量 4.38 亿立方米，同比增长 12.7%；全省电源装机容量 13915 万千瓦、同比增长 16.4%，发电量 3433 亿千瓦时、同比增长 3.1%。

2. 能源消费低速增长，单位 GDP 能耗持续下降

2023 年，河南能源消费总量为 2.49 亿吨标准煤，同比增长 2.6%，占全国能源消费总量的比重为 4.5%。2010~2023 年，河南能源消费总量呈现低速增长态势，年均增长 2.0%。2023 年，河南煤炭、石油、天然气、非化石能源消费分别占能源消费总量的 62.0%、15.9%、6.7%、15.4%，煤炭占能源消费总量的比重逐年降低，较 2010 年降低了 20.8 个百分点；非化石能源比重逐年提升，较 2010 年提升了 10.9 个百分点。2023 年，河南煤炭消费量 2.08 亿吨，同比增长 1.5%，对外依存度为 51%；石油消费量约 2715 万吨，同比增长 3.8%，对外依存度为 91.7%；天然气消费量约 127 亿立方米、创历史新高，同比增长 2.8%，对外依存度为 96.6%。2023 年，全省全社会用电量 4090 亿千瓦时，消纳清洁电量 1365 亿千瓦时，占全社会用电量比重超过 1/3。

2023 年，全省人均能源消费量 2.6 吨标准煤，同比增长 8.3%，与全国（人均 4.1 吨标准煤）相比仍有较大差距。2010 年以来，河南省人均能耗水平缓慢增长，2023 年较 2010 年累计增长 22.5%，年均增长 1.6%。2023 年河南人均生活用电量 899 千瓦时，同比增长 2.1%，是 2010 年的 3.1 倍。2023 年，河南省单位 GDP 能耗为 0.42 吨标准煤/万元，同比持平。近年来，河南省单位 GDP 能耗逐年下降，2010~2023 年累计下降了 48.4%，年均下降 5.0%，降幅超过全国水平。

（二）河南能源发展现状特点

1. 能源发展区位优势突出，但能源资源禀赋不佳

河南已基本建成辐射东中西的现代立体交通体系、物流通道枢纽和能源基础网络，能源要素集聚配置能力不断提升。煤炭方面，依托浩吉、瓦日、宁西等运煤通道不断提高煤炭调入能力。油气方面，建成油气长输管道 111 条，总里程为 10557 公里，形成了以郑州为枢纽、以洛阳炼化基地为依托，辐射全省、保障充分的油品输送网络。电力方面，河南电网处于全国联网的枢纽位置。与此同时，河南化石能源资源禀赋、清洁能源开发条件处于相对不利地位。截至 2022 年，河南人均煤炭、原油、天然气的基础储量仅分别为全国平均水平的 30.7%、10.8%、1.3%。作为中部内陆省份，与西部资源型省份相比，本身是能源消费大省却不具备化石能源自给支撑的能力；与沿海发达省份相比，不具备发展海上集中式风电、沿海核电、沿海煤炭港口等条件。

2. 能源供给安全稳定，但潜在风险因素不断增多

河南能源生产总量持续稳定在 1 亿吨标准煤以上、居全国第 10 位，电力装机突破 1.4 亿千瓦、居全国第 8 位，两项数据均居中部六省第 2 位。尤其是"十四五"以来，河南煤炭产量连续两年实现正增长，扭转了自 2010 年以来的下降态势，原油产量基本稳定，天然气产量快速提升，成功应对了 2021 年"7·20"暴雨灾害、2021 年秋冬季煤价高涨、2022 年夏季极端高温、2023 年冬季极端严寒等多轮次冲击，为全省经济稳中向好发展提供了坚强的能源支撑。与此同时，新形势下能源安全保障面临的风险因素不断增多，一是省内煤炭可开发后备资源不足，煤炭、石油、天然气储备体系尚未完善，化石能源兜底保障、储备调节、应对风险的能力仍需提升。二是常规电源发展缓慢支撑能力不足。2015～2023 年新能源装机增长了 30 余倍，水电、火电等可靠电源装机仅增长了 18%，省内电源可靠供电能力的增长远不及负荷增长。三是新能源在关键时刻可靠出力有限。受"极热无风、晚峰无光"自然特性影响，负荷尖峰、供需紧张时刻，新能源"发不出、顶不上"现象较为严重，根据历史年份数据测算，夏季午高峰、晚高峰时段风电出力保证率分别仅为风电总装机的1.5%、8.5%。

3. 能源结构大幅优化，但煤炭消费占比仍然偏高

2023年河南一次能源消费结构中煤、油、气、非化石消费结构分别为62.0∶15.9∶6.7∶15.4，与"十三五"末相比，煤炭消费比重下降了5.6个百分点，非化石能源消费比重提升了4.2个百分点。2023年河南一次能源生产结构中，煤、油、气、非化石生产结构分别为69.0∶3.0∶0.5∶27.5，与"十三五"末相比，煤炭占比下降了11.0个百分点、非化石占比提升了11.1个百分点。截至2023年，全省煤电装机占比历史性降至50%以下，可再生能源发电装机突破6700万千瓦、历史性超越煤电成为省内第一大电源。可再生能源发电量接近1000亿千瓦时、同比增长21%，约占全社会用电量比重的1/4。与此同时，与全国平均水平相比，河南能源电力结构偏煤的问题仍较为突出。其中，煤炭消费占比较全国高6.7个百分点，非化石能源消费占比低于全国2.5个百分点；煤电装机占比较全国高7.5个百分点，非化石发电装机占比低于全国5.7个百分点。作为全国重要的能源消费大省，在加快推动经济社会发展绿色低碳转型、全面推进美丽河南建设进程中，河南偏煤的能源电力结构将显著加大转型的压力。

4. 能效水平持续提升，但消耗强度仍然较高

河南坚持节能优先方针，用好能耗双控"指挥棒"，2010～2023年，河南以2.1%的能源消费增速支撑了7.1%的经济增长。2023年全省单位GDP能耗0.42吨标准煤/万元，优于全国0.45吨标准煤/万元的平均水平，较2010年累计下降了48.4%，年均下降5.0%，降幅超过全国平均水平。煤电清洁高效水平优于全国，全省60万千瓦以上机组占比67%，高于全国约20个百分点。促进终端用能电气化低碳化方面，截至2023年，全省新能源汽车保有量达到140.5万辆。与此同时，由于河南产业基础薄弱、结构偏重，部分领域能耗强度仍然较高。产业发展方面，河南能源原材料工业占规模以上工业增加值比重为45.4%，较"十三五"末提升了4.4个百分点，单位生产总值能耗高于东部地区平均水平。河南六大高耗能行业能源消费量占规模以上工业能源消费量的80%以上，全省公路货运量占比88.9%、较全国平均水平高 15 个百分点。

5. 用能条件持续改善，但城乡差距依然较大

清洁取暖方面，大力推进"双替代"（电代煤、气代煤）供暖工程，累计完成"双替代"供暖 548 万户，实现全省北方地区散煤取暖基本"清零"目标。电网设施方面，全省 500 千伏电网建成"鼎"字形网架结构，18 个地市均已实现 220 千伏环网供电，全部县拥有 220 千伏变电站且实现 110 千伏双电源供电，220 千伏电网开环为 19 个区域分片运行。充电基础设施方面，按照"一县一站"开展 105 座县域示范站建设，高速服务区充电设施覆盖率达到 100%，全省充电设施超过 40 万台。与此同时，农村清洁能源消费水平低于城镇，河南乡镇天然气普及率不足 5%，大幅低于城镇燃气普及率 98.2% 的水平；2023 年河南农网户均配变容量 2.93 千伏安，仅为城网户均配变容量的 80.7%，农网用户年平均停电时间 8.7 小时，是城网用户年平均停电时间的 4.35 倍，城乡供能服务均等化水平仍需提升。

6. 产业体系更加完备，但核心竞争力依然不强

经过多年发展，全省已形成资源勘探、开发利用、技术研发、装备制造等较为完备的能源产业链体系，培育了郑煤机、许继、平高、宇通新能源等一批国内外知名企业。加强能源前端技术研究，建设龙子湖新能源实验室、中原电气实验室等省实验室和清洁能源产业技术研究院等省产业技术研究院，加快风光储国家级实证实验平台建设。围绕"7+28+N"产业链部署创新链，积极培育能源产业集群。积极发展能源数字经济，示范建成全国首个农村能源革命试点，率先建成全国首家省级能源大数据中心。与此同时，相比发达省份，河南能源科技创新水平有待提高，领军企业、领军人才相对稀缺，研发力量较为分散，绿色低碳技术创新中心、重点实验室等创新平台仍相对不足；能源制造项目低水平重复建设仍有发生，缺乏制造关键核心能源装备的先进龙头企业，产业、产品配套协作不强，以基地和集聚区建设为载体的发展格局尚未成熟。

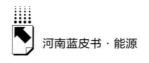

二 河南"十五五"能源发展形势研判

"十五五"是碳达峰的攻坚期、新型能源体系建设加速推进的关键期，也是发展能源新质生产力、推动高质量发展的机遇期。河南肩负着经济大省勇挑大梁的光荣使命，预计全省经济发展稳中向好，能源需求稳步增长，碳达峰目标能够较好实现。

（一）内外部环境

从国际看，全球能源转型面临世界经济复苏疲弱和国际地缘冲突引发能源格局深刻调整带来的双重考验。一是能源安全受到各国高度重视，新能源供应链体系成为新一轮科技革命和产业变革竞争的重点，各种形式的"脱钩断链""小院高墙"削弱了全球能源产业链供应链的稳定性，如美国发布《保护供应链以实现清洁能源转型战略》，欧盟通过"重新赋能欧盟"（REPowerEU）计划和"绿色协议工业计划"等。二是新能源技术的发展和应用成为推动能源转型的关键力量。先进电池技术、先进核能、先进太阳能、CCUS、碳去除、核聚变、氢能、长时储能、净零建筑等成为各国竞相投资的重点领域，为世界能源转型注入持久创新力量。三是各品类能源在复杂国际政治经济环境中表现各异。全球煤炭消费短期出现反弹、长期下降趋势不会改变，美国原油的市场份额进一步提升，"OPEC+"的产量协调机制作用将逐渐减弱，天然气市场供需格局总体宽松、各区域市场趋向短期平衡，全球核能稳步发展。

从国内看，能源转型是一场广泛而深刻的经济社会系统性变革，需要在能源安全新战略指引下稳中求进、久久为功。一是能源转型的顶层路径设计逐步明确。党的二十大报告指出，"加快规划建设新型能源体系"，这为我国能源事业发展指明了方向。二是中国式现代化对能源现代化发展道路提出更高要求。我国产业结构偏重、能源结构偏煤、能源效率偏低，推动能源转型需要进行广泛而深刻的经济社会系统性变革。三是全面深化改革，加速完善能源体制机制，要深化能源管理体制改革，建设全国统一电力市场，完善新能源消纳和调控政策措施，建立能耗双控向碳排放双控全面转型新机制。四是产业结构调整与能源体系优化同频共振。构建现代能源产业体系是发展新质生产力的应有之义，新能源产业、能源数字经济等战略性新兴产业蓬勃发展，为能源产业基础高级化和产业链现代化插上腾飞的翅膀。

从省内看，中国式现代化建设河南实践、奋力谱写新时代中原更加出彩的绚丽篇章为全省能源高质量发展提供了历史机遇。一是当前河南省正处于工业化、城镇化后期，能源电力消费将保持刚性增长态势，考虑新增可再生能源和原料用能不纳入能源消费总量控制、能耗"双控"逐步向碳排放总量和强度"双控"转变，河南经济发展可以选择一条以相对宽松的能源消费峰值实现能源低碳转型的道路。二是区域协调发展战略助推河南能源高质量发展。新时代推动中部地区崛起、黄河流域生态保护和高质量发展等系列重大战略在河南落地实施，河南有机会有能力把握新的产业转移机遇、区域能源合作机遇，因地制宜发展能源新质生产力，实现开放合作条件下的能源安全和绿色转型。三是农村地区是河南清洁能源开发的优势阵地。河南是典型农业大省，县域承载着全省90%的面积、80%的人口、70%的经济总量，乡村土地和建筑屋顶资源丰富，具有开发分布式新能源的天然优势，河南乡村清洁能源发展空间巨大，有望成为"电从身边来"的重要来源。

（二）"十五五"能源供需形势

1. 需求预测

经济发展研判。党的十九届五中全会对我国"十四五"及2035年远景目标做出了安排部署，明确提出到"十四五"末全国人均GDP达到现行高收入国家标准（1.25万美元），到2035年人均GDP达到中等发达国家水平（2.1万~2.3万美元）。预计到2025年，全国人均GDP达到1.5万美元左右，到2035年全国人均GDP达到2.4万美元左右。根据省委工作会议要求，到2035年全省人均GDP达到2万美元，据此预计，到2030年全省人均 GDP 达到 1.3 万美元左右。

能源电力消费预测。能源消费方面，初步测算，2025 年、2030 年、2035 年全省能源消费总量分别达到 2.66 亿、2.96 亿、3.05 亿吨标准煤，全省煤炭消费占比分别达到 59%、52%、46%，年均下降 1.5 个百分点；非化石能源消费占比分别达到 18%、25%、30%（见图 1），年均提升 1.2 个百分点。全省能源行业碳排放在 2030 年前达到峰值。电力需求方面，到 2035 年全省用电量较 2020 年翻一番，到 2050 年较当前翻一番；人均用电量到 2030 年达到当前全国水平，到 2035 年超过法国、德国当前水平。

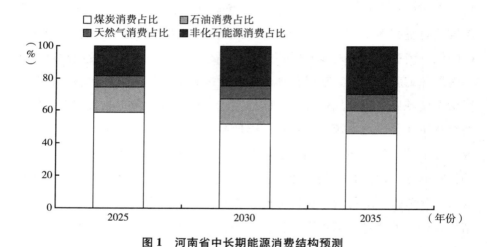

图 1　河南省中长期能源消费结构预测

2. 供需分析

从总量上看，能源供应能力还需要加强。自供方面，煤、油、气稳产压力逐年加大，风、光、地热等新能源快速增长但规模较小。特别是河南风能、太阳能分别为Ⅳ类、Ⅲ类地区，风电、光伏发电技术可开发容量分别占全国的 3%、0.4%，相对来说缺乏竞争优势。外引方面，2023 年全省外引比例已经达到 56%，未来还将持续升高。

从支撑上看，电力、天然气等外引渠道还不够多元。电力上，河南形成"两直两交"特高压供电格局，2023 年共吸纳外电 681 亿千瓦时，其中，通过哈密—郑州±800千伏直流线路送入443亿千瓦时,占全省总用电量的11%,占外电总量的65%。天然气上,2023年,河南通过管道引入天然气超110亿立方米,占全省天然气用量的89%,虽然分别通过西气东输、榆济、端博三个不同通道引入,但气源均来自西北方向,相对比较单一。

从运行上看,个别领域应急调节能力还存在短板。随着第三产业和城乡居民成为能源消费增长的主力军,能源消费日益呈现空间布局分散、高峰低谷差距大、用能品质和可靠性要求高等特点,对应急调节能力提出了更高要求。电力方面,近年来,全省用电峰谷差逐年拉大,加上省外来电基本没有参与调峰,风电光伏发电等波动性电源越来越多,电网运行方式安排难度加大。天然气方面,河南省采用"租地下库容、引海气入豫、建区域中心"方式,在全国率先成立省级储气平台公司,但由于地下储气库及沿海大型LNG储罐建设周期较长,目前可供使用的天然气调峰能力还比较有限。

三 河南"十五五"能源高质量发展目标与思路

支撑中国式现代化建设河南实践、构建新型能源体系,对河南能源高质量发展的安全性、清洁性、经济性、共享性提出更高的要求,河南要坚持系统观念,着眼于能源发展新局面,着力解决新矛盾,从能源发展战略支点、实施要点、治理痛点等方面协同发力,推动能源行业关系协同共生,逐步建立以非化石能源为供应主体、化石能源为兜底保障、新型电力系统为关键支撑、绿色智慧节约为用能导向的新型能源体系。

(一)能源高质量发展目标

1. 能源清洁低碳转型成效显著

到2030年,持续推动新能源与传统能源协同发展,煤炭基本实现清洁高效开发利用,全省煤炭消费占比降至52%左右;非化石能源成为能源消费增量的主体,70%以上的能源增长由非化石能源贡献,非化石能源消费占比提升至25%左右。省内非化石能源发电量占比超过1/3,区外来电

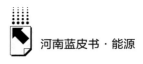

占用电量占比超过 1/4，有力支撑"十五五"期间全省碳达峰目标顺利实现。

2. 能源安全保障更加多元有力

到 2030 年，供应能力上，全省能源综合生产能力达到 1.1 亿吨以上，电力总装机达到约 2 亿千瓦，新能源装机将突破 1 亿千瓦。储备能力上，形成以企业储备为主体、以政府储备为补充、产品储备与产能储备有机结合的煤炭储备体系，政府储备与企业储备相结合、战略储备与商业储备并举的石油储备体系，地方政府、供气企业、管输企业、城镇燃气企业各负其责的多层次天然气储气调峰体系，有效应对各类风险能力大幅提升。

3. 能源经济高效发展取得长足进步

"十五五"期间河南省预计将以 2.2% 的能源消费增长支撑全省 6.0% 的经济增长，全省单位 GDP 能耗持续下降，"十五五"期间累计下降 16.8% 左右。全省交通、建筑、工业领域电气化深入推进，电能占终端能源消费比重提升至 35% 左右。煤电机组供电煤耗保持全国先进水平，平均达到 295 克标准煤/千瓦时。能源先进制造产业链、产业集群持续壮大，能源研发经费年均增长 10% 以上，能源产业创新升级推动新能源产业、新能源汽车业、能源高端装备制造业、能源生产消费新模式蓬勃发展，能源新质生产力为经济增长提供新引擎。

4. 能源普遍服务加速落地形成

全省人均年生活用能持续增长，"十五五"末达到 600 千克标准煤以上，基本达到全国平均水平。全省人均年生活用电持续快速增长，"十五五"期间年均增长 7.5% 左右，达到 1420 千瓦时左右。城乡燃气普及率大幅提升，能源普遍服务均等化加速落地，城乡人人可得、易得、可承受的高质量能源服务为人民美好生活充电赋能。

（二）能源高质量发展路径

1. 能源高质量发展"四性"原则

长期以来，全球能源发展面临"不可能三角"的制约：世界能源理事会认为一个国家和地区的能源转型,在一定的技术和体制等条件下,"安全性、经济性、清洁性"无法同时达到最优。其本质就是"没有免费的午餐",也正是在这样的矛盾对立统一中才形成了能源转型的复杂性。

推动实现中国式现代化,能源高质量发展背景下的多目标平衡有更为丰富的内涵:在传统能源"不可能三角"的基础上,增加了能源共享性发展目标维度,要求全社会普惠共享能源高质量发展成果(安全、经济、清洁的能源供应),形成能源高质量发展"四性"原则(见图2)。

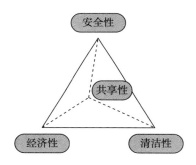

图2 能源高质量发展"四性"原则

其中,"安全性"是基本要求和约束,尤其是随着新能源比重持续提高,自然气象作为影响新能源发电的决定性因素,将促使能源系统与自然系统深度融合,以确定性为基础的技术和体系将难以满足新型能源体系发展、规划与运行需求,需要推动传统能源与新能源协调发展,夯实能源体系安全基础。"清洁性"是发展方向与本质,预计到2030年河南非化石能源消费占比达到25%,到2060年将达到80%以上,这种转变意味着能源生产消费全环节的形态都将发生颠覆性变化。"经济性"是发展基础与根本,新能源占比的提高、灵活调节资源的增加、新业态新模式的探索发展,都意味着转型成本的增长,需要在能源低碳转型中找到一条终端用户经济可承受、与经济产业发展互促互进的转型道路。"共享性"是发展目标与追求,走具有中国特色的能源转型、高质量发展道路,坚持以人民为中心。

2. 能源高质量发展思路

"十五五"是河南新型能源体系建设加速推进的关键期,也是发展能源

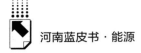

新质生产力、推动高质量发展的机遇期,需要重点做好以下几方面工作。

一是统筹好能源发展安全性、经济性、清洁性、共享性多目标要求互相制约的新关系。根据经济社会阶段性发展需要和主要矛盾,分阶段实现能源安全、能源成本、能源环境、能源共享四个目标在一定技术经济、体制机制条件下的动态统筹平衡。

二是应对能源高质量发展要求与现有技术条件和体制机制不适应的挑战。坚持问题导向、目标导向,以科技创新和体制机制创新为动力,增强能源发展动力、提升能源发展效率,实现能源高质量发展"四性"由不平衡迈向更高水平的动态平衡。

三是处理好能源电力刚性增长下同步推进产业结构与能源体系"双升级"的挑战,推动能源结构升级与产业结构升级"同频共振",大力发展绿色生产力,促进能源资源要素向优质产业配置。

整体来看,实现能源高质量发展,需要从战略支点、实施要点、治理痛点三端共同发力:以科技创新为第一动力,以产业升级为基础,以能源安全为前提,以节能提效为第一能源,以高质量能源供给为中心,以成本可承受为保障,以提升治理能力为根本,深入践行"四个革命、一个合作"能源安全新战略(见图3)。

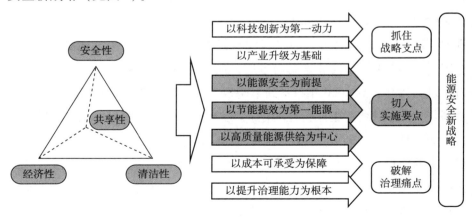

图3　能源高质量发展思路

四 河南"十五五"能源高质量发展建议

河南应深入践行"四个革命、一个合作"能源安全新战略,推进能源节能降碳增效,提升能源支撑保障能力,强化能源科技创新能力,深化能源体制机制改革,增强能源区域合作,推动"十五五"河南能源高质量发展。

(一)推进能源节能降碳增效,构建新型能源消费体系

完善需求侧管理。加强节能宣传和管理,利用数字赋能技术、引导企业主动错峰避峰用电。推进负控分路、用户负荷管理终端改造,实现大工业用户智能电表全覆盖,加强重点行业、重点企业负荷管理。深入挖掘用户侧储能、电动汽车和综合智慧能源系统等灵活调节资源,释放用电弹性。

完善控煤措施。优化电力调度机制,保障清洁能源应发尽发,优先支持清洁高效煤电机组多发,降低煤炭消费强度。实施能耗强度约束,推动能耗双控逐步转向碳排放双控。严格合理控制煤炭消费总量,优化配置和合理使用煤炭消费指标。

强化节能降耗。实施重点行业绿色升级工程,深入推进重点领域节能降碳改造,推行综合能源服务模式,形成市场主体自觉节能的机制,实施能源消费集成化、智能化改造,以工业、建筑、交通、公共机构为重点加强节能节电管理。

(二)提升能源支撑保障能力,构建新型能源供给体系

充分发挥煤电兜底保障作用。科学合理安排煤电项目布局,加快煤电结构优化升级,提升煤电清洁低碳和高效利用水平;积极支持煤电企业纾困解难,引导煤炭价格在合理区间运行,为煤电建设创造良好的市场环境;增加科技创新和资金投入,加大煤炭资源勘探力度,争取煤层气地面开发取得

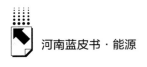

突破。

大力推动新能源开发。积极推进风电规模化开发，有序推进光伏发电建设，积极开展地热能利用，提升生物质能利用水平，在确保安全的前提下有序发展核电。积极拓展氢能在交通、储能、分布式能源、工业等领域替代应用和融合发展。

优化调节性电源布局建设。加快抽水蓄能电站建设，统筹新能源发展、外送落点和投资性价比，加强户用储能技术创新，推动新型储能示范项目建设投运，强化新型储能调度运行管理，全面提升储能项目效能。

打造坚强智能电网。推动省内主网架向特高压升级，推动省内特高压交流网架由"h"形向"H"形升级。优化市域电网结构，加快薄弱地区变电站布点，提升新能源消纳水平和市域电力调配能力。优化农网投资结构，逐步缩小城乡供电服务差距，实现农村电网供电质量和新能源消纳水平显著提升。

完善油气输送网络。加快推进"两纵四横"省级天然气主干管网建设，强化气源统筹调配能力。持续完善国家天然气干线配套支线、县域支线管道以及储气设施就近接入管网，补齐跨区域、跨市县调配短板，提升管网互联互通水平，实施天然气管道入镇进村工程，形成区域成网、广泛接入、运行灵活、安全可靠的天然气输配管网系统。推进省内油品管道互联互通，持续完善覆盖全省、辐射周边的成品油输送网络。

提升煤炭、油气储备能力。加快完善现有国家煤炭储备基地功能，因地制宜推进煤炭储备场站建设，完善煤炭储备体系。加快构建"大型地下储气库、沿海 LNG 储罐、省内区域储气中心"三级储气调峰体系，建设中原储气库群，打造"百亿方级"储气基地。

（三）强化能源科技创新能力，构建新型能源技术体系

发展能源数据经济。积极探索能源系统数字化智能化技术，推动煤炭、电网等传统行业与数字化、智能化技术深度融合，推进新型能源基础设施建设，促进释放能源数据要素价值潜力，构建全省数字能源生态。开发能源领

域监测预警、供需调配分析和能源管理等系列应用,提升政府能源治理能力、决策水平和管理效率。

加强能源科技创新。利用骨干企业、科研机构技术优势,整合新建一批能源研发创新平台和试验环境。聚焦大规模高比例可再生能源开发利用,研发更高效、更经济、更可靠的可再生能源先进发电及综合利用技术。突破储能系统集成关键技术和核心装备,支撑建设适应大规模可再生能源和分布式电源友好并网的先进电网。推进绿色高效化石能源开发利用,研发更高效、更灵活、更低排放的煤基发电技术,巩固煤电技术领先地位。积极搭建高效能柔性负荷微网系统试验环境、光伏储能实证试验平台等,为新型电力系统探索实施路径。

推动能源装备产业发展。推进风能产业集聚发展,提升低风速风电机组生产制造水平。推动太阳能产业提质增效,促进高效率、低成本的太阳能利用新技术产业化。推动生物质能、地热能产业多元化发展,突破先进生物质能源与化工技术。培育壮大氢能产业,加强氢能产业自主创新,推广氢燃料电池在热电联供领域的示范应用。

(四)深化能源体制机制改革,构建新型能源治理体系

大力推进农村能源革命。推动农村能源供给、消费、技术、体制变革,实现能源从"远方来"到"身边取"。建设屋顶光伏,补充建设分散式风电,合理配置储能。推广太阳能光伏供热,推行公共机构绿电办公、绿电教学。加快农村能源数字化发展,加快柔性、灵活智能配电网建设,促进新能源消纳。

积极推进综合供能服务站建设。积极推进建设加油(气)、加氢、充换电等一体化综合供能服务站。整合光伏、储能、充电等直流微网技术,布局建设光储充检一体化智能超充站,促进新能源汽车产业协同发展。

完善能源价格政策。加强电煤中长期合同监管,保障煤炭市场稳定。动态调整省内电煤中长期价格区间,引导煤电上网电价根据煤炭价格合理浮动。理顺电价传导机制,优化完善分时电价政策,实施需求侧引导调节机

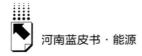
制，鼓励企业错峰用电降低成本。优化电力调度运行方式，最大限度降低购电成本。科学确定损益资金分摊期限，避免短时间内电价上涨过快。多渠道引进气源，完善输配气价格管理机制。

积极推动能源市场化改革。加强市场机制创新，实现新能源发展与市场建设协调推进，发挥市场促进消纳作用。健全绿色电力交易机制，推进绿电、绿证市场建设，培育绿色电力消费市场。统筹推进电力中长期、辅助服务和现货市场，引导虚拟电厂、新型储能等新型主体参与系统调节。推动用户侧储能、虚拟电厂、负荷聚合商等新型主体进入电力市场。

（五）增强能源外部引入能力，构建新型能源合作体系

积极引入省外清洁电力。加强省间特高压通道谋划建设，积极推进外电入豫第四直流。将外电引入和省内能源企业转型相结合，盘活省属企业在省外获得的煤炭资源，构建省外能源保障基地。

增强煤炭、油气引入能力。优化调整煤炭运输结构，推动铁路与矿区、用户、储备基地等无缝衔接。拓展外气入豫通道，构建多方向气源、多途径引入的通道格局。打通海上原油入豫通道，降低省内炼化企业原油运输成本。进一步完善以郑州为枢纽的油品骨干网络，强化互联互通，提高成品油管输比例和外引能力。

加强能源多元化对外合作。完善省际及企业间合作机制，支持中央在豫企业快速发展，积极参与"一带一路"建设，加快国际龙头企业、高端技术"引进来"，支持能源装备制造、工程服务"走出去"，在资源供给、海外投资、产业链升级和新型能源技术开发等领域开展国际合作，拓展能源发展空间。

参考文献

国网能源研究院有限公司：《中国特色能源电力碳达峰碳中和道路》，中国电力出版

社，2023。

魏澄宙、王承哲主编《河南能源发展报告（2023）》，社会科学文献出版社，2022。

魏澄宙、王承哲主编《河南能源发展报告（2024）》，社会科学文献出版社，2023。

曾鸣、王雨晴：《中国式能源现代化的内涵与实现路径思考》，《中国电力企业管理》2023 年第 13 期。

B.9
煤电低碳化改造典型案例调查
分析及建议

周信华　郑祯晨　于开坤　郭　颖　牛晨巍*

摘　要：　在"双碳"目标背景下，实施煤电低碳化改造是推动电力行业低碳化转型的重要途径。本文介绍了煤电掺烧生物质、绿氨，耦合碳捕集、利用与封存等技术路线的技术原理、特点及经济性，指出煤电低碳化改造是推动煤电低碳转型升级的重要方向，但同时也面临支持政策仍需完善、关键技术仍需突破等挑战。从国内外煤电低碳化改造项目示范应用调研情况来看，河南省仍需加强煤电低碳规划研究，完善产业支持配套政策，适度布局改造建设项目，推动多元应用创新发展、产学研用融合发展。

关键词：　煤电低碳化　生物质掺烧　河南省

2023 年，我国电力行业二氧化碳排放量约占全国碳排放总量的 40%，煤电发电用煤量约占全国煤炭消费总量的 60%。截至 2024 年 9 月，河南省煤电装机超 6585 万千瓦、占比约 45%，高于全国平均水平约 10 个百分点，在"双碳"目标背景下，能耗双控逐步转向碳排放双控，煤电作为河南省

---

* 周信华，中国电建集团河南省电力勘测设计院有限公司工程师，研究方向为能源电力规划与煤电技术；郑祯晨，中国电建集团河南省电力勘测设计院有限公司工程师，研究方向为综合能源与物料输送技术；于开坤，中国电建集团河南省电力勘测设计院有限公司正高级工程师，研究方向为能源电力规划与技术；郭颖，中国电建集团河南省电力勘测设计院有限公司高级工程师，研究方向为能源电力规划与技术；牛晨巍，中国电建集团河南省电力勘测设计院有限公司工程师，研究方向为能源电力规划与技术。

基础支撑性和系统调节性电源，加快煤电低碳化改造对于推动河南省新型能源体系建设、助力实现"双碳"目标具有十分重要的意义。

一 煤电低碳化技术及经济性分析

煤电低碳化技术主要分为源头减碳、过程降碳和末端固碳等，包括燃料替代（耦合掺烧生物质、绿氨等）、系统节能（锅炉、汽轮机、主要辅机节能综合提效，系统余热深度利用等）和末端固碳（碳捕集、利用与封存等）。其中系统节能属于过程降碳技术，因其政策引导早、技术较成熟、经济可靠性好、节能效果显著，在全国范围内取得积极成效。截至 2023 年，全国已累计完成煤电系统节能改造规模达 9 亿千瓦，占煤电总装机比重超过 75%，推动全国煤电平均供电煤耗下降至 302 克/千瓦时，较 2005 年下降约 68 克/千瓦时，对电力行业减排贡献率近 30%。对于煤电掺烧生物质、绿氨等源头降碳和耦合碳捕集、利用与封存等末端固碳技术，整体存在技术成熟度较低、经济成本较高、应用限制较多等诸多难题，是未来煤电行业实现深度降碳的重要探索方向之一。

（一）生物质掺烧技术

1. 技术特点

煤电耦合生物质掺烧是将农林废弃物、沙生植物、能源植物等生物质与煤炭一并送入燃煤锅炉进行掺烧，减少燃煤消耗量，从而降低煤电碳排放的技术。目前，主要分为直接掺烧、间接掺烧、蒸汽耦合等技术路线。其中，直接掺烧技术主要是将生物质成型颗粒、粉末和煤炭送入原磨煤机，或将生物质送入生物质磨独立破碎，再通过煤粉燃烧器或生物质专用燃烧器送入锅炉。间接掺烧技术主要是增设生物质气化炉，生物质气化产生可燃气体，再通过专用燃烧器送入锅炉。蒸汽耦合技术主要是增设生物质锅炉，生物质燃烧产生蒸汽，与燃煤锅炉产生的蒸汽进行混合，共同驱动机组发电。相比纯生物质发电，煤电耦合生物质掺烧发电技术具有初始投资更省、发电效率更高、新增占地更少、经济性更好等诸多优势，在目前政府补贴退坡导致纯生物质发电很难实现自身盈利的情况下，是生物质发电领域一个重要发展方向。

2. 技术经济性

煤电耦合生物质掺烧技术，成本方面主要有生物质燃料采购成本、运输和存储成本以及配套设备改造成本等。其中，生物质采购成本与燃料种类、燃料特性、区域位置、市场供需关系等有关，一般为200~500元/吨。运输和存储成本与运输距离及方式、存储时间及方式等有关，一般为50~200元/吨。设备改造一次性投入与改造内容、掺烧比例和规模、生物质处理、输送系统复杂程度等有关，直接掺烧一般为1000~2000元/千瓦，气化间接掺烧一般为4000~6000元/千瓦。收益方面主要有节煤收益、碳减排收益以及其他政策支持收益。总体来看，煤电掺烧生物质技术在经济性方面具有一定的可行性，是一种具有潜力的减排方案。随着生物质产业发展和技术进步，生物质燃料价格有望逐渐降低，设备改造和维护成本也将不断降低，从而进一步提高煤电掺烧生物质技术的经济性。

（二）绿氨掺烧技术

1. 技术特点

煤电耦合绿氨掺烧技术，利用可再生能源电力电解水制取绿氢，再将绿氢与空气分离得到的氮合成为绿氨，最后通过专门的氨燃烧器送入燃煤锅炉，实现与煤炭掺烧，减少燃煤消耗量，从而降低煤电碳排放。技术流程分为绿氢制备、绿氨合成、液氨运输存储、蒸发气化、入炉掺烧等环节，其中绿氢制备、绿氨合成环节需要解决低成本、大规模、高稳定的绿氢、绿氨供应问题；液氨储存及气化环节需要实现大流量、远距离的氨气供应；入炉掺烧环节需要克服高比例掺氨火焰不稳定、氮氧化物超标等问题。该技术仍采用煤电常规的热力循环，发电效率较高，技术风险小，仅需对现役煤电机组燃烧器区域及附属系统进行改造，既能充分发挥煤电机组原有性能，一定程度上又可提升煤电调峰、低负荷稳燃和负荷快速响应性能，是煤电机组一种相对可行的减碳途径。

2. 技术经济性

煤电耦合绿氨掺烧技术，成本方面主要有绿氨制取成本、运输和存储成本以及配套设备改造成本等。其中绿氨制取成本包括绿电成本，电解槽、合成塔等设备成本和运营成本等，如绿电度电成本按 0.15 元，绿氨制取成本约为 3000 元/吨；运输和存储成本与运输距离与方式、运输量和存储量、储罐建设成本等有关，一般为 200~500 元/吨；配套设备改造成本，如按掺氨量 20 吨/小时，一般为 500 万~1000 万元。收益方面同生物质掺烧技术一样，主要有节煤收益、碳减排收益以及其他政策支持收益。总体来看，现阶段煤电掺烧绿氨技术经济性较差，如绿氨制取成本按 3000 元/吨，则机组耦合掺烧 10%绿氨条件下度电成本增加约 0.1 元。随着绿电成本进一步降低，掺烧绿氨技术经济性将显著提升，当绿电度电成本降至 0.1 元，绿氨制取成本将低于 2000 元/吨，则机组耦合掺烧 10%绿氨条件下度电成本增加约 0.05 元；若进一步考虑碳减排带来的收益，度电成本只增加 0.04 元。从长期来看，在国内煤炭价格波动、绿氢生产成本逐渐降低、碳交易逐步推进的情况下，煤电掺烧绿氨技术将具有一定竞争力与市场经济效益。

（三）碳捕集、利用与封存技术

1. 技术特点

碳捕集、利用与封存（Carbon Capture, Utilization and Storage, CCUS）技术，是将能源利用、工业生产过程中产生的二氧化碳进行分离捕集，加以利用或直接注入地层，以实现二氧化碳永久减排。技术流程分为捕集、输送、利用与封存等环节，其中，捕集技术主要包括吸收法、吸附法、膜分离法等；输送技术主要包括罐车（汽车、铁路）、管道、船舶等方式；利用技术主要包括高效驱油采气等地质利用，加氢制甲醇等化工利用，生产食品添加剂、生物燃料等生物利用；封存技术主要包括陆上咸水层、海底咸水层、枯竭油气田封存等地质封存。碳源覆盖化工、电力、钢铁、水泥等行业，其中，煤电耦合碳捕集、利用与封存技术是目前存量机组主要采用的最成熟的燃烧后捕集方式，对燃烧后尾部烟气中的二氧化碳进行分离捕集、吸收再生、提纯压缩或制冷液化，输送至目标用户进一步利用或封存；新建机组还可采用燃烧前捕集技术、纯/富氧燃烧技术。作为一项能够实现化石能源大规模低碳化利用的重要减排技术，CCUS技术将在我国电力系统碳中和进程中发挥重要作用。

2.技术经济性

煤电耦合CCUS技术，全流程成本方面主要有二氧化碳捕集、输送、注入等成本。其中，二氧化碳捕集成本与捕集方法、捕集量、二氧化碳浓度等有关，一般为200~500元/吨。二氧化碳输送成本，适用于小规模、短距离的罐车运输一般为0.8~1.4元/吨·公里，适用于大规模、长距离的管道运输一般为0.3~0.5元/吨·公里。二氧化碳驱油利用成本，液相二氧化碳注入一般为30~33元/吨，超临界二氧化碳注入一般为62~64元/吨。煤电机组收益方面主要有碳减排收益、二氧化碳销售收入以及其他政策支持收益，其中，二氧化碳销售价格因用途、地区、纯度、市场供需等因素存在较大差异，工业级液态二氧化碳一般为200~300元/吨，食品级液态二氧化碳一般为200~600元/吨。总体来看，现阶段煤电耦合CCUS技术经济性较差，捕集成本与销售收入呈现倒挂会大幅增加煤电机组的成本，但从长期来看，若能够有效降低技术成本、提高二氧化碳的利用价值，并在碳交易市场等方面获得充分收益，煤电CCUS技术有可持续发展的机会。

二 煤电低碳化改造发展形势分析

近年来，国内外都在持续开展煤电机组低碳化技术探索，目前我国整体处于研发示范阶段，具有较好的引导政策措施，技术研发与示范应用已取得一定的成果，设备制造体系、应用场景示范、商业模式探索等方面也逐步完善，煤电低碳化改造迎来发展的时代契机，同时，煤电低碳化改造也面临政策体系不够完善、关键技术仍需突破、资源条件限制较多等方面的问题。

（一）发展机遇

1. 煤电低碳化改造是煤电升级、构建新型电力系统的重要方向

2024 年 8 月，国家发展改革委、国家能源局、国家数据局联合印发《加快构建新型电力系统行动方案（2024—2027 年）》，重点实施加快构建新型电力系统九大行动，提出要实施新一代煤电升级行动，开展新一代煤电试验示范，探索适应新型电力系统的发展路径；明确煤电发展定位，推动进一步提升煤电机组深度调峰、快速爬坡等高效调节能力，更好发挥煤电的电力供应保障作用；鼓励煤电低碳发展，探索应用零碳或低碳燃料掺烧、CCUS 等低碳技术，加快促进煤电碳排放水平大幅下降。我国生物质能资源丰富、分布广泛，是清洁低碳的零碳能源，若结合燃煤发电、CCUS 技术，既可实现生物质资源高值化利用，又可助力煤电行业降碳和电力系统减碳，对于加快新型电力系统建设具有重要意义。

2. 煤电低碳化改造是推动煤电行业低碳转型的主要手段

随着新能源大规模并网，煤电机组调峰的深度和频度持续增加，煤电面临安全保供、灵活调节和减碳降碳等多重压力。2024 年 6 月，国家发展改革委、国家能源局印发《煤电低碳化改造建设行动方案（2024—2027 年）》，统筹推进存量煤电机组低碳化改造和新上煤电机组低碳化建设，对标天然气发电机组碳排放水平，明确提出煤电低碳化改造建设项目 2025 年、2027 年分阶段主要目标，碳排放水平分别较 2023 年同类机组下降 20%、50% 左右，细化提出煤电耦合生物质掺烧、绿氨掺烧、CCUS 三种技术路线，优先支持在有条件的地区开展一批煤电低碳化改造建设项目。不仅可发挥煤电兜底保障与灵活调节作用，又促进了电煤消费替代、碳排放强度下降，拓宽了煤电低碳转型发展路径。

3. 煤电低碳化改造有利于推动煤电与绿色低碳产业融合发展

随着新能源大规模发展，新能源制氢成为一种可行的储能途径，但面临储氢成本高、安全性差、跨区域储运困难等难题，而氨作为全球产量最大的无机化工产品之一，易于液化，运输成本低，大规模合成技术成熟可靠，储运配套基础设施完善，可长距离管道输运和大容量长期储存，是良好的储氢载体。我国新能源装机规模、合成氨市场规模及煤电装机规模均位居全球第一，绿氢、绿氨产业将迎来较大的发展，在我国推广实施煤电掺烧绿氨技术，将拓展绿氢、绿氨的应用场景，可实现大规模的新能源消纳与存储。通过煤电实施掺烧生物质、绿氨，耦合 CCUS 技术应用，向上延伸到生物质产业的高质化利用、绿氢绿氨产业的多元化发展，向下延伸到碳捕集的探索化应用，为风光生物质、绿氢、绿氨等资源提供重要应用场景，带动相关产业技术发展迭代、装备制造升级、上下游产业联通，形成了"煤—生—新—电—氢—氨"多产业融合发展模式。

（二）面临挑战

1. 煤电低碳化支持政策仍需完善

在政策制定方面，目前全国煤电低碳化改造建设整体仍处于试点示范阶段，缺乏长期稳定的政策支持，电价、碳排放权交易政策机制尚不明确。在政策协同方面，各项政策衔接不畅。例如，煤电掺烧生物质的政策与生物质能产业其他相关政策可能存在不一致情况，导致在原料供应、项目审批等环节出现矛盾；煤电掺烧绿氨相关的产业规划、补贴政策等还不够完善，缺乏对绿氨生产、运输、储存等环节的系统性支持政策；CCUS 技术与其他低碳技术的协同发展不畅，政策的引导作用还不够明显。在监管政策方面，目前监管体系还不够健全，缺乏统一的标准和规范。例如，煤电掺烧生物质的比例如何准确监测、绿氨的质量如何把控、CCUS 项目二氧化碳的捕集和封存效果如何评估等。目前，煤电低碳化改造建设项目主要依靠政策支持和碳交易收益维持运行，导致企业在缺乏稳定盈利模式的情况下，投资意愿不强，难以大规模投资和推广。另外，煤电低碳化改造建设技术涉及煤电、生物质、氢、氨等多个产业，但目前各产业之间的联系还不够紧密，也影响了其大范围推广和应用。

2. 煤电低碳化关键技术仍需突破

目前，煤电低碳化改造建设技术整体处于发展初期阶段，技术成本较高、经济性较差，产业技术与基础条件仍不成熟。例如，煤电高比例掺烧生物质技术需要解决机组安全稳定运行、灵活调节、设备适应性、经济可行性等问题，煤电高比例掺烧绿氨技术需要解决机组低成本绿氨来源、优化燃烧技术、运行控制等问题，煤电 CCUS 技术需要解决低能耗大规模高效率捕集、多元化高值化资源化利用等问题，在技术攻关、设备研发等方面亟须加快突破，降低应用成本，提升技术经济性。

3. 煤电低碳化项目实施受外部条件限制较多

实施煤电低碳化改造建设项目的所在地应具有长期稳定的生物质、绿氨来源，二氧化碳利用场景或适宜的地质封存条件，另外机组还应具备较长的剩余使用寿命、较好的经济效益等实施条件。在资源条件方面，生物质燃料供应不稳定，分布较为分散，资源竞争激烈，收集和运输难度较大，资源质量差异大，增加了技术成本和难度。绿氨的生产需要可再生能源富余电力和水资源，可再生能源的分布不均匀或者水资源供应紧张的地区可能缺乏长期稳定的绿氨来源。二氧化碳封存的地质条件分布有限、较为稀缺，需要进行详细的地质勘探和评估，以确保封存的安全性和长期稳定性。在机组条件方面，煤电掺烧生物质、绿氨技术适用机组类型受限，对于一些老旧机组可能无法满足掺烧的要求，需要进行大规模的改造，成本较高；对于大容量、高参数的煤电机组，又可能会影响机组的运行效率和稳定性。煤电掺烧绿氨技术比较适用于沙戈荒风光基地配套煤电机组，便于获取低成本绿氨；煤电耦合 CCUS 技术比较适用于大型煤电基地，便于集中捕集和封存。

三　煤电低碳化改造项目示范案例分析

近年来，我国煤电低碳化技术取得较大进步，煤电耦合生物质掺烧技术已有较多的实践基础，煤电耦合绿氨掺烧技术处于工程示范阶段，煤电耦合 CCUS 也处于产业发展初期阶段，已形成了一批具有重要推广意义的示范工程案例，技术研发、设备制造、系统集成和运行维护等全产业链专业能力不断提升，应用场景和商业模式不断丰富和拓展。

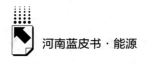

（一）生物质掺烧项目示范案例

许多国家积极推动煤电耦合生物质掺烧技术，最早可追溯到 20 世纪 80 年代初，丹麦、芬兰、英国等欧洲国家开始探索，目前已实现广泛应用。英国的德拉克斯电厂从 2003 年开始进行生物质直接掺烧，掺烧比例不断提高，到 2018 年已实现 4 台 66 万千瓦机组 100% 使用生物质燃料发电。

2022 年 11 月，华能山东日照电厂 4 号机组（68 万千瓦）耦合生物质发电示范项目顺利完成试运行，设计生物质直接掺烧比例 5%（3.4 万千瓦），主要使用废弃木材作为燃料，年掺烧量约 23 万吨，享受山东省优先发电量计划奖励。2023 年 8 月，国能山东寿光电厂 1 号机组（100 万千瓦）耦合生物质发电示范项目完成试运行，为国内首个百万千瓦机组生物质掺烧项目，设计年掺烧量 25 万吨。

河南省也积极响应国家政策要求，参与燃煤耦合生物质掺烧相关试点建设。2023 年，河南豫能控股南阳天益 3 号机组（60 万千瓦）、鹤壁鹤淇 2 号机组（66 万千瓦）耦合生物质发电项目先后投运，均采用直接炉内掺烧技术，年掺烧量均为约 10 万吨，改造投资、运行维护成本远低于其他掺烧项目（见表 1）。

表 1　国内部分煤电掺烧生物质示范项目情况

项目名称	年掺烧量（万吨）	掺烧功率（万千瓦）（比例）	掺烧技术	单位千瓦投资成本（元/千瓦）	投产时间	备注
华电湖北襄阳电厂 5 号机组（64 万千瓦）	5	1.08（1.7%）	气化间接掺烧	6500	2018 年	国内首个利用秸秆为主要原料的生物质气化耦合燃煤发电工程,2021 年度能源领域首台（套）重大技术装备（项目）

项目名称	年掺烧量（万吨）	掺烧功率（万千瓦）（比例）	掺烧技术	单位千瓦投资成本（元/千瓦）	投产时间	备注
华能山东日照电厂4号机组（68万千瓦）	23	3.4（5%）	直接掺烧	3000	2022年	国内首个60万千瓦级机组5%热值比例生物质直燃耦合发电项目
国能山东寿光电厂1号机组（100万千瓦）	25	3.5（3.5%）	直接掺烧	1000	2023年	国内首例百万千瓦级燃煤机组耦合生物质掺烧项目
豫能控股南阳天益3号机组（60万千瓦）	10	3.4（5.6%）	直接掺烧	500	2023年	河南首个燃煤直接掺烧生物质项目
豫能控股鹤壁鹤淇2号机组（66万千瓦）	10	3.4（5.2%）	直接掺烧	500	2023年	

目前煤电耦合生物质掺烧技术已有大量实践基础，但仍需要解决一些技术应用与政策问题等。从技术方案来看，直接掺烧技术在投资成本和运行维护成本方面有明显的优势；但随着掺烧比例提高到10%甚至更高，还需要解决生物质燃料与煤炭的特性差异带来的锅炉燃烧稳定性、受热面安全、机组运行灵活性、设备磨损等问题。从燃料成本来看，制约生物质掺烧发展的因素有生物质燃料的资源条件与成本控制，一般生物质资源较为分散，收集运输的难度和成本较高，导致掺烧生物质竞争力不强、驱动力不足。从盈利模式来看，目前煤电耦合生物质掺烧项目运营成本较高，无直接政策补贴和特殊上网电价，需要进一步制定可计量、可执行、可监管的政策法规和市场机制，完善电价、碳减排、碳交易等收益机制，提高项目的经济性和竞争力。

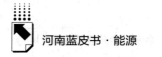

（二）绿氨掺烧项目示范案例

国际上煤电掺氨技术正处于不断探索和发展的阶段，日本最早探索掺氨燃烧技术，目前已在日本碧南火电厂100万千瓦机组完成了20%比例掺氨示范试验，为当前国际上机组容量最大的掺氨试验，计划在2028～2029年提高掺烧比例至50%；韩国正在加快推动氢、氨与天然气、煤混合燃烧发电，积极探索该技术在能源领域的应用；欧美一些国家也在积极进行相关技术研发与工业示范。

2022年1月，国家能源集团正式对外发布燃煤锅炉混氨燃烧技术，在国际上首次实现4万千瓦等级燃煤锅炉氨混燃比例为35%的中试验证，标志着国内燃煤锅炉混氨技术迈入国际领先行列，该技术开发了可灵活调节的混氨低氮煤粉燃烧器，并配备多变量可调的氨供应系统，完成了对氨煤混燃技术的整体性研究，为更高等级燃煤锅炉混氨燃烧系统的工业应用提供了基础数据和技术方案。2023年12月，国能神华广东台山电厂60万千瓦燃煤机组成功实施掺氨燃烧试验，是当时国内外完成掺氨试验验证的最大容量机组，试验主要采用氨煤预混燃烧技术，实现了50万千瓦、30万千瓦等多个负荷工况下燃煤锅炉掺氨燃烧平稳运行，锅炉运行参数正常，氨燃尽率达到99.99%，烟气污染物排放浓度无变化，验证了氨煤气固两相燃烧强化、等离子裂解等多种创新技术的先进性（见表2）。

表2　国内部分煤电掺氨示范项目情况

项目名称	运行功率（万千瓦）	掺烧比例（%）	掺烧流量（吨/小时）	投产时间	备注
皖能铜陵电厂30万千瓦燃煤机组掺氨示范	10～30	10～35	21	2023年	国内首个30万千瓦级机组煤电掺氨燃烧示范项目
国能神华广东台山电厂60万千瓦燃煤机组掺氨示范	30～50	—	—	2023年	国内最大煤电机组掺氨试验项目，国家第三批能源领域首台（套）重大技术装备（项目）

现阶段燃煤掺氨技术尚处于小规模示范阶段，扩大到实际燃煤机组容量规模的应用效果还有待进一步示范验证。从技术方面来看，氨燃烧着火稳燃特性较差（即自燃温度高，点火能量大，燃烧速度慢），高比例掺氨将造成锅炉燃烧不稳定、热量分布不均、运行控制难、氮氧化物排放量增大等技术问题，亟须开展更高比例掺混燃烧工程试验。从应用场景来看，大规模的煤电掺氨发电需要充足的氨供应，而利用绿电制取的氢所生产的绿氨，由于产量、价格、大规模供应需求的限制，在新能源资源丰富的三北地区之外的其他地区推广实施煤电掺烧绿氨技术不具备应用条件。从转换效率来看，电解水制氢能量转换效率一般为60%~90%，氢合成氨能量转换效率一般为90%，掺氨燃烧能量转换效率一般为40%，据此测算绿电—绿氢—绿氨—煤电掺烧全环节能量转换效率约22%~32%，整体转换效率较低，亟须通过技术攻关和设备研发提升转换效率。

（三）碳捕集、利用与封存技术示范案例分析

国际上CCUS技术应用推广已进入高速发展时期，百万吨级大规模工程示范项目已取得显著进展，加拿大和美国处于领先地位，欧盟、日本和冰岛等国家和地区均有相关商业项目投运。2014年10月，世界首个燃煤电厂100万吨碳捕集项目——加拿大Boundary Dam正式投运。2017年1月，美国Petra Nova燃煤电厂碳捕集项目正式运营，年碳捕集量140万吨。据不完全统计，目前美国运营CCUS项目40余个，约占全球运营项目总数的一半，碳捕集总量超过3000万吨，预计2025年将达到5000万吨；欧盟CCUS在运和在建项目近30个，预计2030年碳捕集总量达到5000万吨。

国内CCUS技术应用推广正处于快速发展阶段，已实现百万吨级煤化工碳捕集示范项目和50万吨级煤电碳捕集示范项目，目前全国具备碳捕集能力近400万吨，示范项目的二氧化碳捕集源涵盖电力、油气、化工、水泥、钢铁等多个行业，其中煤电CCUS项目（含CCS项目）总捕集能力约60万~80万吨/年，占比约为20%。2023年6月，国内最大燃煤电厂碳捕集项

目江苏泰州 50 万吨 CCUS 项目建成投产，该项目以泰州电厂 4 号机组湿式电除尘后烟气为原料气，年碳捕集量 50 万吨，再生热耗较传统吸收剂下降 35% 以上，每吨二氧化碳捕集热耗小于 2.4 吉焦、电耗小于 90 千瓦时，实现了我国自主设计、制造、安装和设备 100% 国产化，拓展了焊接制造、食品级干冰、高新机械清洗和油田驱油等用户需求，实现了捕集二氧化碳的 100% 消纳利用，具备稳定的盈利能力（见表 3）。

表 3　国内部分煤电 CCUS 示范项目情况

项目名称	年捕集量（万吨）	二氧化碳含量(%)	捕集工艺	捕集效率(%)	投资成本（元/吨）	投产时间	备注
国家电投重庆双槐电厂	1	12	胺液吸收法	>95	1200	2010 年	国内首个万吨级燃煤电厂碳捕集示范项目
华能上海石洞口电厂	12	13	胺液吸收法	>90	1000	2010 年	国内首个 10 万吨级燃煤电厂碳捕集示范项目
华润电力海丰电厂	2	12	胺液吸收法和膜分离法	>95	5000	2019 年	世界第三、亚洲首个多线程碳捕集测试平台
国家能源陕西锦界电厂	15	12	胺液吸收法	>90	1000	2021 年	燃煤电厂碳捕集与驱油封存全流程示范项目
国家电投上海长兴岛热电厂	10	3~12	胺液吸收法	>90	1400	2022 年	国内首个兼具"燃煤+燃气"烟气碳捕集商用全流程 CCUS 示范项目
国家能源江苏泰州热电厂	50	12	胺液吸收法	>90	900	2023 年	国内最大燃煤电厂碳捕集项目，装备 100% 国产化

我国煤电 CCUS 技术整体处于示范应用和产业发展初期阶段，项目数量和规模虽然有所增加，但还缺少全流程、大规模、可复制且经济效益明显的集成示范项目。从技术方案来看，在煤电 CCUS 技术应用中，烟气通常为常压且二氧化碳浓度相对较低（12%~14%），捕集方法主要采用以胺基吸收剂为代表的化学吸收法，该方法具有技术成熟、应用广泛的优点，在未来 5~10 年仍将是煤电碳捕集领域的主导技术。从应用场景来看，煤电 CCUS 技术捕集再生能耗较高，设备投资成本也很高，而二氧化碳应用场景受限，亟须进一步降低技术应用成本，加大二氧化碳市场开拓。从产业发展来看，未来亟须进一步推动 CCUS 技术由科技示范转向大规模应用，在低能耗大规模捕集，多元化资源化利用，安全高效可靠输送、封存与监测等方面仍需加强理论研究与创新试验。从政策体系来看，目前煤电 CCUS 政策支持和标准规范体系尚不完善，亟须通过政策补贴激励、税收优惠、财政金融等措施，以及建设、运营、监管等标准规范体系，进一步激发其发展动力。

四 推动河南煤电低碳化发展的相关建议

在深入践行"双碳"目标、加快构建新型电力系统的背景下，煤电低碳化改造将迎来快速发展，河南省应充分利用自身能源资源优势，持续打基础、建机制、重示范、搭场景、抓创新，推动全省煤电清洁低碳化发展与安全转型。

（一）打基础，加强煤电低碳规划研究

统筹考虑电力保供安全与低碳发展需要，坚持近期与远期目标相衔接，结合煤电机组的参数等级、剩余寿命、机组性能、综合经济条件等情况，合理有序推动一批煤电低碳化改造建设示范项目，带动相关技术发展和产业升级，制定配套支持政策措施。力争到 2025 年建成 1~2 个掺烧比例达到 10% 的煤电耦合生物质掺烧示范项目，到 2027 年建成 1~2 个掺烧

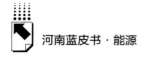

比例达到10%的煤电耦合绿氨掺烧和碳捕集量20万吨及以上的煤电 CCUS 示范项目，到2030年全省煤电平均碳排放水平较2023年降低5~10个百分点。

（二）建机制，完善产业支持配套政策

围绕资金支持、电价政策、电网调度等方面，积极推进煤电低碳化改造建设示范项目申请国家超长期特别国债、"两重"、"两新"、节能专项中央预算内资金等，优先推荐纳入国家能源领域首台（套）重大技术装备（项目）、绿色低碳先进技术示范工程、绿色技术推广目录等；依托煤电机组节能低碳标杆引领机组评比，优先给予先进机组一定小时数的优先发电电量奖励；探索开展降碳效果评估、激励电价、电力市场交易、优先调度上网、碳交易价格补偿等专项政策研究，推动各地因地制宜对示范项目给予阶段性支持政策，拓宽融资渠道，吸引各类投资主体参与项目建设。

（三）重示范，适度布局改造建设项目

重点在资源条件好、开发潜力大的区域，统筹兼顾煤电机组改造的安全性、技术性和经济性目标，分类有序推动相关机组开展示范项目建设。利用河南农业大省、秸秆资源丰富的优势，在豫东、豫南粮食主产区开展煤电耦合生物质掺烧示范项目建设；结合新能源资源、煤电装机布局等情况，在豫北、豫西地区建立区域氢能和氨能中心，开展煤电耦合绿氨掺烧示范项目建设；在二氧化碳资源化利用条件较好和封存条件适宜的区域，探索实施煤电 CCUS 示范项目建设；推动相关企业因地制宜、因厂制宜探索开展降碳效果和技术经济性好的多种技术路线耦合创新项目建设。

（四）搭场景，推动多元应用创新发展

依托示范项目建设，搭建多元创新应用平台，开展技术研发、设备制造、系统集成、运营管理、效果评估等实践，推动煤电低碳化改造建设向全

行业、多领域、深层次推进。加强煤电高比例掺烧生物质、绿氨等技术攻关，加快煤电低成本低能耗碳捕集装置、制氨设备等设计制造，开展绿氨掺烧、CCUS技术全流程、多环节系统集成研究，掌握不同区域资源条件、不同机组条件、不同工况下各类煤电低碳化技术的改造、建设和运行成本，研究制定碳减排效果核算方法，探索二氧化碳综合利用、碳减排服务等各类市场收益，客观全面论证评估技术的可靠性与经济性。

（五）抓创新，推动产学研用融合发展

充分利用省内资源，对接国内顶尖研发机构和高层次团队，推动科研院所、高等院校、骨干企业、行业协会协同合作，形成产、学、研、用强大创新合力。共同建立重点实验室、研发创新平台、产业化发展服务平台，积极申报国家级、省级相关科技项目、试点示范项目、重大技术装备项目等，争取资金和政策支持。开展基础研究和核心技术攻关，集中优势力量攻克技术短板弱项、应用堵点难点，加强集成创新和科技成果转化应用、落地实施。营造煤电低碳化发展的良好氛围，推动有条件的地区和企业开展重大技术、典型经验推广，总结梳理工程设计、建设、运行及降碳效果标准，推动全省煤电低碳化改造技术规模化、产业化。

参考文献

国家发展改革委、国家能源局、国家数据局：《加快构建新型电力系统行动方案（2024—2027年）》，2024年8月。

国家发展改革委、国家能源局：《煤电低碳化改造建设行动方案（2024—2027年）》，2024年6月。

电力规划设计院总院：《中国能源发展报告2023》，2023年8月。

舒印彪主编《新型电力系统导论》，中国科学技术出版社，2022。

国家发展改革委、国家能源局：《关于开展全国煤电机组改造升级的通知》，2021年10月。

生态环境部环境规划院：《中国二氧化碳捕集利用与封存（CCUS）年度报告

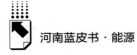

（2021）》，2021 年 7 月。

山东省发展改革委、山东省能源局：《关于做好大型燃煤机组耦合生物质发电相关工作的通知》，2021 年 1 月。

国家能源局、生态环境部：《关于燃煤耦合生物质发电技改试点项目建设的通知》，2018 年 6 月。

智研瞻产业研究院：《中国绿氨行业深度调研及投资前景预测报告》，2024 年 5 月。

B.10
2024～2025年河南省新型储能发展形势分析与建议

柴喆 刘军会 路尧[*]

摘　要：　新型储能是近期支撑可再生能源大规模接入、保障电力系统安全稳定经济运行、提高系统设备利用效率的重要手段。近年来，国家系列支持政策陆续出台叠加储能技术取得长足进步，新型储能实现了从试点示范试验到规模化发展的转变。本文总结了2024年河南省新型储能发展现状、技术路线、运营成本、发展模式的变化，认为新型储能行业发展整体呈现装机规模平稳增长、技术路线多元发展、应用场景更加丰富、收益渠道不断拓展、发展模式探索拓宽的良好态势。在系统分析当前新型储能发展面临的机遇和挑战的基础上，本文提出了推动储能产业规模化发展、鼓励新技术创新应用、健全标准体系等建议，以期促进河南新型储能健康可持续发展。

关键词：　新型储能　可再生能源　河南省

　　新型储能作为支撑新能源发挥主体电源作用的关键技术，是构建新型能源体系的重要组成部分，是实现新型电力系统安全、稳定、高效运行的重要保障。在碳达峰碳中和的目标引领下，河南省加快构建清洁低碳、安全高效

---

　　* 柴喆，国网河南省电力公司经济技术研究院工程师，研究方向为能源电力经济与电力市场运行；刘军会，国网河南省电力公司经济技术研究院高级工程师，研究方向为能源电力经济与电力市场运行；路尧，国网河南省电力公司经济技术研究院工程师，研究方向为能源电力经济与企业发展战略。

的能源体系和新型电力系统建设，积极发展清洁能源，加快布局新型储能，推动更大范围的源网荷储一体化协同运行。

一 河南省新型储能发展现状

2024 年，河南省新型储能投运规模已突破百万千瓦。磷酸铁锂电池成本因技术进步、产能增加、竞争加剧等因素价格持续下降，压缩空气、全钒液流电池等技术不断落地、试点应用。储能参与容量租赁和辅助服务市场规模日益增大，奖补政策和分时电价机制等政策体系逐步完善，为储能运营盈利提供了良好的外部环境，新型储能发展态势日趋良好。

（一）储能投运规模平稳增长，已经突破百万千瓦

2024 年以来，全省新型储能投产并网规模呈平稳增长态势。截至 2024 年 10 月，全省已投运新型储能电站 73 座、121.6 万千瓦，较年初增加 53 万千瓦（见图 1）。从电源侧储能来看，新能源配建储能电站 67 座，并网容量达到 66.6 万千瓦。最大容量为安阳内黄华润 20 万千瓦风电配储 10 万千瓦。其中 13.7%接入 220 千伏电压等级，83.6%接入 110 千伏电压等级，2.7%

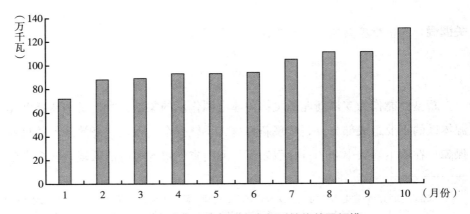

图 1　2024 年 1~10 月河南省新型储能并网规模

资料来源：国网河南省电力公司新型储能发展月报。

接入 35 千伏电压等级。从独立储能来看，全省一、二批示范项目中，已商业化运营项目 6 个、55 万千瓦，分别为平顶山创孟储能电站、鹤淇电厂电站、中广核浚县储能电站、三门峡旭辉储能电站、许昌掣升储能电站。目前全省两批省级独立储能示范项目 38 个，其中 34 个采用磷酸铁锂技术，3 项采用全钒液流技术；现有国家试点项目 2 项，1 项采用压缩空气储能技术。

（二）不同技术路线陆续落地，试点开展示范应用

当前，河南省在压缩空气、全钒液流电池、铅碳电池等储能技术应用上相继开展示范。信阳 30 万千瓦空气压缩储能国家示范项目入选国家能源局发布的新型储能试点示范项目名单，采用中储国能先进压缩空气储能技术，项目于 2024 年 1 月开工，建成后年发电量可达 4.2 亿千瓦时。开封时代全钒液流电池 10 万千瓦储能系统改扩建项目，引进了中国科学院大连化学物理研究所新一代全钒液流电池储能技术，较第一代总成本降低 40%，项目于 2024 年 7 月正式开工，目前已经建成自动化、规模化的全钒液流电池储能系统生产线，计划 2024 年底前投产。舞阳金大地采用的铅碳电池技术，规模 132 兆瓦/963 兆瓦时。金大地用户储能电站采用铅碳电池技术，本身不具备燃爆基因，安全可靠；通过太湖能谷自主研发的 TEC-Engine 系统，延长电池使用寿命，降低储能成本；废旧电池回收利用率高达 99%，清洁环保。

（三）储能技术成本不断突破，应用场景更加丰富

近年来，磷酸铁锂电池在储能产业快速发展的带动下，技术性能快速提升、规模化成本效应日益显现，成本下降趋势明显，技术进步、市场竞争进一步加速了价格下降。2023 年下半年以来，磷酸铁锂储能电站 EPC 平均中标价从 2024 年 1 月的 1.34 元/瓦时降至 2024 年 10 月的 0.93 元/瓦时（见图 2）。碳酸锂等原材料价格走低、产能扩张是新型储能 EPC 报价下降的主要原因。截至 2024 年 10 月，国内已投产的碳酸锂总产能达到 119 万吨/年，同比增长 36.7%；电池级碳酸锂均价为 7.9 万元/吨，较 2023 年底下降约

2.1万元/吨。技术方面，储能系统的集成技术不断优化，能量管理系统、逆变器等相关配套技术的进步，使得新型储能整体系统的效率更高、成本更低。市场竞争方面，随着宁德时代、比亚迪、阳光电源等越来越多的企业不断涌入储能市场，市场竞争更加激烈，进一步推动了储能市场价格的下降。

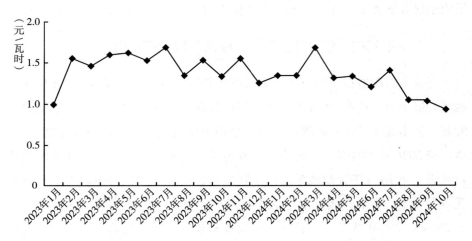

图2　2023年7月至2024年10月磷酸铁锂储能电站EPC中标均价走势

资料来源：2023年7月至2024年10月储能项目EPC报价，"储能日参"微信公众号。

压缩空气储能的成本与建设条件有关，利用天然岩穴的成本较低。不同地质条件下建设成本不同，利用地下洞穴的压缩空气储能配置规模可以达到数百兆瓦，建设成本可达0.17~0.3元/瓦时。目前河南省压缩空气储能在建项目主要有叶县200兆瓦压缩空气储能电站项目、信阳300兆瓦空气压缩储能国家示范项目等。

钒液流电池初次投资成本高，一般是同等规模磷酸铁锂电池项目投资的1.5倍。钒液流电池衰减较少，利用还原剂即可恢复电池活性，可以循环使用。循环寿命接近20000次，可稳定运行20年。随着储能时长增加，运行成本将有所降低。以4小时全钒液流储能为例，运行20年实际成本不到1.5元/瓦时；10小时储能系统运行20年成本降至0.81元/瓦时，20小时储能系统运行20年成本进一步降至0.6元/瓦时。目前河南省全钒液流储能在建项目主要有中国尼龙城源网荷储—储能项目 100 兆瓦/400 兆瓦时全钒液流电池储能、开封时代 10 万千瓦全钒液流电池储能系统改扩建项目等。

（四）储能政策体系持续完善，收益渠道更加多元

独立储能租赁与调用政策日趋完善。2024 年 6 月，河南省发展改革委正式发布《关于独立储能项目管理有关事项的通知》，从完善独立储能项目接入电网审查程序、加快独立储能项目建设、优先支持独立储能容量租赁、明确独立储能项目结算标准四个方面进行规范，以推动河南省新型储能有序、安全、健康发展。鼓励新能源企业"以租代建"，后续纳入年度开发方案的新能源项目，其配建储能容量低于 20 万千瓦时的，不再单独配建储能设施，应通过租赁方式配置储能。2024 年 5 月，河南省发展改革委发布《河南省独立储能电站调度运行实施细则（征求意见稿）》，细则指出调度机构应优先调用新型储能省级试点示范项目，全年调用不低于 350 次，对具备条件的项目探索按日"两充两放"调用，不得出现高电价充电、低电价放电的现象。现货市场长周期运行之后，由市场决定独立储能充放电次数。

非独立储能财政奖补政策开始执行。根据河南省人民政府办公厅《关于加快新型储能发展的实施意见》，对于新能源项目配建非独立储能、用户侧的非独立储能规模在 1000 千瓦时以上的储能项目，省财政在下一年度给予一次性奖励。2024 年 5 月，河南省发展改革委、河南省财政厅联合印发《关于开展 2023 年度新建非独立新型储能项目省级财政奖励资金审核工作有关事项的通知》，对相关新能源企业、工商业用户进行奖励，奖励标准为 140 元/千瓦时。奖补审核工作稳步推进，目前申请和审核工作已经完成，共 15 个项目 312 兆瓦时获得奖励 3526.9 万元。

新版分时电价提升了储能价差收益。自 2024 年 6 月 1 日开始执行《关于调整工商业分时电价机制有关事项的通知》，午间 11~14 时由高峰（含尖峰）在夏冬调整为平段、春秋季调整为谷段；夏冬季峰谷价差拉大，7 月、

8月、12月、1月峰谷价差由之前的3.6∶1调整为3.8∶1,尖峰低谷价差由之前的4.2∶1调整为4.6∶1,为储能创造更大的充放电峰谷价差空间;尽管春秋季不具备"两充两放"空间,但夏冬拉大的充放电峰谷价差空间有一定的补偿作用,对独立储能和用户侧储能的运营起到了一定的改善作用。在满足电网调用需求(午间充电促消纳、晚高峰放电保供应)的同时,独立储能电站"低充高放"或"平充高放"可实现获利。

辅助服务市场为储能带来额外收益。根据《河南新型储能参与电力调峰辅助服务市场规则(试行)》,独立储能自2023年底开始参与调峰辅助服务。储能依照河南省火电机组第一档调峰辅助服务交易结算价格优先出清,储能参与调峰补偿价格报价上限暂按0.3元/千瓦时执行。2024年1月,国家能源局河南监管办公室印发《关于修订完善我省电力调峰辅助服务规则部分条款的通知》,报价上限从0.3元/千瓦时调整为0.2元/千瓦时。据2024年1~10月调峰辅助服务市场情况,独立储能度电收益为0.14~0.20元。

(五)发展模式和业态不断丰富,储能发展路径拓宽

河南省正在研究将具备条件的新能源配建储能转为独立储能的实施办法。借鉴山东经验,为进一步提高新能源配建储能利用效率,拓宽配建储能盈利渠道,鼓励其积极参与电力市场,更好地发挥电力系统调节作用,10月22日河南省发展改革委印发《河南省新能源配建储能转为独立储能管理办法(征求意见稿)》,拟将新能源配套建设的储能设施转化为独立储能项目管理,并享受独立储能政策。同时,全省源网荷储一体化发展稳步推进。2024年河南省政府工作报告提出"实施1000个源网荷储一体化示范项目",5月河南省发展和改革委员会围绕工业企业、增量配电网、农村地区等三类场景分别出台源网荷储一体化项目实施细则(暂行)并开展试点申报。目前已经批准四批一体化192个项目,风电、光伏总装机规模约460万千瓦,水电规模1.1万千瓦,预计新增储能规模约112万千瓦/308万千瓦时。

二 河南省新型储能发展形势分析

当前，河南省加快清洁低碳安全高效的新型能源体系和新型电力系统建设，积极发展清洁能源，加快新型储能布局。河南省新型储能正处于发展初期，一方面政策体系不断健全、应用场景更加多元；另一方面还面临建设投运进度不及预期、价格机制有待完善、运行监测体系有待建立等问题。

（一）发展机遇

1. 政策体系日益健全为新型储能有序发展创造良好外部环境

2021年以来，国家出台促进新型储能健康发展系列政策文件，河南完善了"1+4"的政策体系。顶层设计方面，河南省人民政府办公厅《关于加快新型储能发展的实施意见》作为指导储能发展的关键性文件，明确了储能的电价政策，提出了完善电力辅助服务市场、建立容量共享租赁制度、优化调度运行机制等具体措施。随后配套印发4项细化政策，使储能项目在实际运行中有章可循。项目管理方面，河南省发展改革委《关于独立储能项目管理有关事项的通知》对独立储能的接网审查、项目建设提出具体要求。调度运行方面，《河南省独立储能电站调度运行实施细则（征求意见稿）》明确了调度权限、调用原则以及并网接入要求。市场运营方面，《河南新型储能参与电力调峰辅助服务市场规则（试行）》明确了新型储能参与电力调峰辅助服务的准入条件、出清机制、交易流程和结算方式。《河南省新型储能容量市场化交易试点方案》明确了交易开展的基本原则、交易组织方式、开展周期与流程等实施细则。

2. 多元应用场景创新为各类新型储能发展提供广阔发展空间

新型储能可与新型电力系统源、网、荷等配合运行，提升新能源利用水平和电力系统运行效率。电源侧，新型储能有利于加快推动系统友好型新能源场站建设，提升新能源并网友好性；电网侧，新型储能可以提供调峰、调频等多种辅助服务，在电网薄弱区域增强供电保障能力；用户侧，新型储能可降低用户用能成本、提高用能质量。2024年2月，国家发展改革委印发《关于加强电网调峰储能和智能化调度能力建设的指导意见》，指出要充分发挥各类新型储能的技术经济优势，结合电力系统不同应用场景需求，选取适宜的技术路线，以满足新型能源系统在多元化使用环境下的需求。此外，随着新能源汽车有序充电、虚拟电厂等模式不断发展成熟，工商业用户、新能源汽车光储充的分散式储能单元将通过灵活聚合的方式参与系统调节。此外，河南电网发布了《河南电网新型储能电站并网调度管理规范》，对于符合开发方案规定储能配比的新能源场站，在储能正常运行情况下，享有同类型场站的高优先发电等级；同一区域内，储能配比高的项目优先调度；容量比例相同的情况下，储能时长长的优先调度。

3. 商业模式趋于成熟为新型储能通过市场回收成本创造条件

相比于抽水蓄能等传统灵活性资源，新型储能建设周期短，是近期提升电网灵活运行能力的最有效手段之一；但由于其建设成本较高、收益模式单一，也是制约其规模化、产业化发展的重要因素。根据2024年8月《河南电力辅助服务市场交易细则（征求意见稿）》，独立储能在当前仅参与调峰辅助服务交易，未来可参与调频辅助服务市场，系统灵活调节价值将进一步体现。随着现货市场建设的加快推进，爬坡、惯量、黑启动、备用等辅助服务市场品种不断完善，新型储能多种系统调节资源价值将通过电力市场获取合理的收益回报和成本回收。

（二）面临挑战

1. 新型储能建设进度不及规划预期

新型储能发展尚处于初期阶段，相关管理、运行及市场价格机制逐步完善，储能充放电、提供调峰辅助服务、容量租赁三部分主要收益来源存在不足，导致项目建设进度不及规划预期。根据河南省人民政府办公厅《关于加快新型储能发展的实施意见》，到2025年全省新型储能规模达到500万千瓦以上、力争达到600万千瓦，其中新能源项目配套储能规模达到470万千瓦以上，用户侧储能规模达到30万千瓦以上。截至2024年8月，全省新型储能投运仅 101 万千瓦，其中已批复的 400 万千瓦独立储能示范项目仅投运 30 万千瓦，已批复的 386 万千瓦新能源配建储能仅投运 71 万千瓦，建设进度不及预期，需加快推进试点项目的建设和并网运行。

2. 新型储能核心技术有待突破

技术创新是新型储能发展的基本支撑条件，但目前核心技术不足、有待突破。一方面，储能技术类型较为单一。98%以上采用锂离子电池技术，能量密度、循环寿命低是该技术面临的核心问题。传统液态锂离子电池的能量密度已逼近其理论上限（约 300 瓦时/千克），突破此瓶颈急需新材料与新技术的创新与应用。低能量密度往往伴随着循环寿命的制约，储能系统在经历多次充放电循环后，电池将面临寿命缩减、储能容量衰退的问题。另一方面，储能新技术发展较为缓慢。固态电池、氢储能等技术不够成熟，关键储能材料国产化水平有待提升，大规模长时储能技术发展缓慢，需要加快前沿技术的工程转化。同时，电池的安全性亟须提升。锂离子电池现有技术难以解决热失控状态监测、抑制电池复燃等问题，直接威胁储能系统的可靠运行与长期稳定性，安全防控技术有待提高。

3. 储能技术标准体系有待完善

目前，我国新型储能装机规模已位居全球第一，标准体系也基本建立，但在重要领域的标准制定话语权相对不足。在规划设计方面，新型储能应用情景已由短时储能向长时储能转变，建议国家、行业尽快出台长时储能相关标准的制修订计划，可从长时储能技术要求、系统设计、运行调度、安全管理等方面，完善长时储能标准体系。在并网接入方面，构网型储能可发挥类似于传统同步发电机支撑电网转动惯量的作用，应在构网型储能并网技术、并网运行、运行调度和设备技术方面建立相关标准。在安全消防方面，建设工程消防设计审查验收、传统电气工程安装验收规范未对储能电站进行明确定位，储能电站项目备案、安全评估、施工许可等要求不统一、不明确，应进一步完善储能电站安全标准体系。在电池回收方面，相关技术和管理标准较为匮乏，面对未来大批退役储能电池安全的处理问题，有必要提前做好电池退役管理方面规范标准的顶层设计。

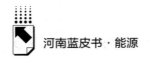

三　河南省新型储能发展的建议

新型储能作为支撑新能源发挥主体电源作用的关键技术，是实现电力系统安全稳定运行的重要保障。为了加快新型储能的发展，下一阶段，河南需在推动产业政策出台、丰富多场景试点应用、拓宽成本疏导渠道和健全新型储能标准体系等方面同时发力，推动河南省新型储能持续健康发展。

（一）全面促进新型储能产业发展

河南新型储能的政策体系逐步完善，规划规模较大，应用前景广阔。建议结合河南资源禀赋、产业基础，从统筹规划、市场化发展、技术创新等方面支撑产业快速发展。一是依据"按需而建、建而有用"的原则，加强统筹谋划、多种技术路线并举，开展全省储能设施发展布局规划研究。二是从储能电站投资、容量、充放电等方面，研究制定适合河南新型储能发展的支持政策，营造良好的产业发展环境。三是坚持试点先行，推动技术先进、安全可靠、产业带动明显的储能设施项目先行先建，在全省范围内优选一批压缩空气、氢储能、全钒液流储能等重点示范项目，带动整体产业发展。

（二）丰富储能差异化多场景应用

推动新型电力系统建设，需要不同时长的储能技术，针对不同的应用场景进行储能时长差异化配置，以满足在分钟级、小时级、日级、季度级乃至年度级等多时间尺度上的电力系统灵活性。一是积极推动独立储能投运，提升电网灵活调节能力。积极推动在新能源大规模布局区域、电网枢纽关键节点、电网末端节点，有序投运一批承担新能源大规模送出、服务调峰调频需要的独立储能，提高电网灵活调节能力。二是推动新能源场站与共享储能运行解耦，仅建立容量共享关系，用于满足项目对于储能配置容量的相关要求。新能源场站与共享储能分别独立参与调度运行及电力市场，提高运行灵活性，释放共享储能调节能力。三是加强不同时长储能差异化配置研究，满足多场景应用需求。持续推进长短时储能融合发展，开展低成本、高安全、长寿命的储能技术研发。提前开展以氢储能、全钒液流储能与锂离子电池储能融合应用的关键技术研究，积极鼓励长、短时储能先进技术的示范应用，以示范工程建设或项目带动技术创新，提升长时储能市场竞争力，使新型储能在电网中发挥更大的作用。

（三）拓展新型储能成本疏导渠道

河南新型储能发展不及预期的根本原因在于市场价格机制不完善、成本疏导渠道单一，项目实际收益不及预期。一是针对不同类型、不同容量的储能制定差异化的电价政策，激励企业投资新型储能项目。二是根据"谁服务、谁获利，谁受益、谁承担"基本原则，推动低压分布式光伏纳入调峰辅助服务市场，公平参与调峰分摊，增加调峰费用来源，提升储能调峰补偿收益。三是优化新能源配储机制，对租赁储能的新能源场站给予优先并网、减少弃电等措施，引导其优先租赁。四是结合储能建设成本变化，滚动调整储能容量租赁指导价，丰富容量租赁交易品种，活跃容量租赁市场。

（四）建立健全新型储能标准体系

新型储能产业的发展离不开技术标准的支持。一是建立健全新型储能标准体系，细化新型储能项目管理机制，加快新型储能在规划设计、项目准入、并网验收、安全消防等方面的技术标准制定，指导储能项目依规建设、施工安装、消防审验等。进一步完善新型储能电站技术监督标准体系，从技术监督管理、监督办法、技术要求、监督反馈等方面出台相应的标准规范，为储能电站技术监督制定科学合理的工作导则，推动新型储能电站提质增效。二是建立新型储能系统安全标准，目前，国内外储能安全方面的标准多为电池设备方面，但在储能系统安全方面的技术标准仍有缺失。应建立储能系统安全等级分类评价及安全技术标准，以进一步完善储能电站安全标准体系，为储能电站安全运行提供技术支撑。三是完善电池退役管理标准体系，从退役电池技术、测试方法、认定程序、安全管理及管理制度等方面，完善

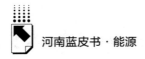

电池退役标准体系，以推动我国电池回收产业快速发展，服务电化学储能回收产业的环保需求。

参考文献

国家发展改革委：《关于加强电网调峰储能和智能化调度能力建设的指导意见》，2024 年 2 月。

国家能源局河南能源监管办公室：《河南新型储能参与电力调峰辅助服务市场规则（试行）》，2023 年 5 月。

河南省人民政府办公厅：《关于加快新型储能发展的实施意见》，2023 年 6 月。

河南省人民政府：《河南省重大技术装备攻坚方案（2023—2025 年）》，2023 年 12 月。

河南省发展改革委、河南省财政厅：《关于开展 2023 年度新建非独立新型储能项目省级财政奖励资金审核工作有关事项的通知》，2024 年 5 月。

河南省发展改革委：《关于独立储能项目管理有关事项的通知》，2024 年 6 月。

《万亿新型储能赛道快速扩张　重大项目新年加速落地》，《证券时报》2024 年 1 月 27 日。

程凡等：《新型储能相关政策与发展路径》，《张江科技评论》2024 年第 2 期。

郭志强：《新型储能发展按下加速键》，《中国经济周刊》2024 年第 6 期。

《国家能源局：持续推动新型储能技术进步》，《中国证券报》2024 年 4 月 30 日。

《新型储能"组团"创新》，《经济参考报》2024 年 8 月 5 日。

《储能企业竞争转向综合能力较量》，《中国能源报》2024 年 9 月 2 日。

张华民：《液流电池储能技术、产业格局及展望》，"电源技术杂志"微信公众号，2024 年 8 月 29 日。

刘满平：《储能产业发展面临的问题及对策建议》，《能源》2024 年第 3 期。

B.11
2024~2025年河南省新能源汽车充电设施发展形势分析与建议

摘　要： 新能源汽车作为国家战略性新兴产业之一，其发展离不开充电基础设施的坚实支撑。近年来，河南省积极响应国家号召，加强政策引导、规范管理和新技术创新应用，充电设施规模实现了快速阶跃式增长，为新能源汽车产业的高质量发展奠定了坚实基础。2024年，全省加快构建适度超前、布局均衡、智能高效的充电基础设施体系，新能源汽车保有量进入全国前五，基本建成覆盖全省的公共充电网络，行业发展呈现充电设施规模高速增长、公共快充需求占据绝对主导、超充站点加速布局建设、充电负荷电量快速增长、市场服务竞争日益激烈、充电运营商向头部企业聚集的发展态势。本文对充电行业最新政策、新技术应用实践及不断完善的市场机制等方面进行了分析，并对2025年全省新能源汽车及充电设施的发展态势进行了展望，提出了推动河南省充电设施健康、可持续发展的建议。

关键词： 新能源汽车　充电基础设施　充电负荷　河南省

　　2024年，河南省深入落实《河南省电动汽车充电基础设施建设三年行动方案（2023—2025年）》，加快构建覆盖全省的智能充电网络，如郑州、

---

*　课题组成员：华远鹏、宋大为、邢鹏翔、韩丁、孙志华、王涵、闫利、方晓、王玉乐。执笔：华远鹏，国网河南省电力公司经济技术研究院高级工程师，研究方向新能源汽车与充电设施、大数据应用；宋大为，国网河南省电力公司经济技术研究院高级经济师，研究方向为能源电力经济与大数据应用。

洛阳等重点城市的核心区公共充电服务能力显著提升；充电设施在全省高速全覆盖的基础上，实现了向干线公路、农村公路有效延伸，充电设施发展迈入新阶段。2025年，在政策加持、新技术应用、市场机制优化等多重因素共同驱动下，预计全省充电设施规模将继续保持高速发展态势，为新能源汽车的普及与快速发展提供有力保障。

一　2024年河南省新能源汽车充电设施发展情况分析

得益于系列激励政策的密集出台、前沿技术的不断突破、整车制造成本的持续下降以及充电设施建设市场的迅速扩张，河南省新能源汽车与充电设施行业均呈现出强劲的增长动力，新能源汽车保有量由2016年的1.7万辆增长到2024年9月的181.3万辆，公共充电设施由2016年的0.2万个增长到2024年10月的15.2万个。

（一）河南省新能源汽车发展现状

全省新能源汽车保有量保持快速增长态势。河南省全面贯彻国家新能源汽车发展战略部署，围绕重点区域、重点产业，大力推动新能源汽车应用，新能源汽车保有量由2016年的1.7万辆增至2023年的135.0万辆，年均增长率为86.8%，实现阶跃式增长。截至2024年9月，河南省新能源汽车保有量突破180万辆（见图1），居全国第5位。其中，郑州、洛阳、商丘位列全省前三，分别达到67.6万辆、17.3万辆、12.0万辆。从车辆细分类型看，受新能源汽车个人消费市场增长的拉动，乘用车增长迅速，全省私人乘用车141.5万辆，占比78.0%；单位乘用车13.5万辆，占比7.4%。

全省新能源汽车渗透率持续上升。2024年9月，河南省新能源汽车渗透率达57.7%，超过全国53%的平均水平。其中，洛阳市新能源车渗透率达68.1%，居全国城市新能源渗透率第4位、河南省第1位，洛阳、焦作、商

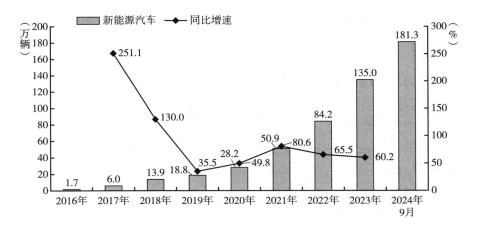

图 1　2016 年至 2024 年 9 月河南省新能源汽车增长情况

资料来源：国网智慧车联网平台。

丘、许昌、开封、濮阳多个地市新能源车渗透率均超过 60%。①

全省新能源汽车产销两旺。河南省汽车行业协会发布数据显示，2024
年上半年，河南省新能源汽车整车产量与销量分别达到 24.7 万、24.6 万
辆，同比分别增长 369.6%、364.4%，远超全国 30.1%、32.0% 的平均水
平。其中新能源乘用车作为市场的主力军，其产销量均达到了 21.3 万辆，
同比增速更是分别高达 562.3% 和 539.0%，彰显了河南省在新能源汽车领
域的强劲竞争力和巨大发展潜力。②

新能源汽车技术不断突破。续航里程方面，目前国内市场主流新能源汽
车的续航里程普遍突破 600 公里，部分车型甚至逼近 800 公里，其中纯电车
辆平均续航里程相比 2016 年提升了 144%，达到约 500 公里，极大满足了用
户的日常出行需求。电池能量密度方面，截至 2024 年，三元锂电池系统能
量密度已超过 180 瓦时/千克，磷酸铁锂电池系统能量密度也突破 160 瓦时/
千克。快充技术方面，800 伏高压快充成为当下的主流路线，主流车企中，
现代起亚、大众集团、奔驰、宝马、比亚迪、吉利、极狐、现代、广汽、小

---

① 参见易车网整理的终端销量数据（不包含进口车）。

② 数据来自河南省汽车行业协会。

鹏等均重点布局 800 伏高压平台，预计 2025 年 800 伏快充车型新能源车渗透率将进一步增长。

（二）河南省公共充电设施发展现状

公共充电设施规模高速增长。随着全省新能源汽车的增长，河南省充电设施规模也呈高速增长的态势，公共充电设施由 2016 年的 0.2 万个增长至 2023 年的 11.6 万个，年均增长率达 78.6%。截至 2024 年 10 月，河南省公共充电设施保有量突破 15.2 万个（见图 2），位居全国第 8。从各地市发展情况看，河南省公共充电设施主要集中在郑州和洛阳两市，分别达到 5.5 万个、1.4 万个，合计占全省总量的 45.4%；从运营商接入情况看，充电运营商头部企业聚集效应明显，河南省充电智能服务平台共接入运营商 260 余家，其中运营充电桩数量排名前 10 的运营商占全省总数的 56.7%；从充电桩用途来看，社会运营充电桩居首，占比为 86.3%，其次为公交专用充电桩 8.6%，两者合计占全省总量的 94.9%。

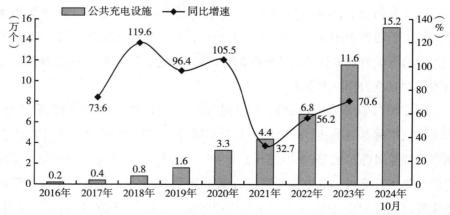

图 2　2016 年至 2024 年 10 月河南省公共充电设施发展趋势

资料来源：中国充电联盟。

个人充电设施普及加速。随着私人新能源汽车规模的快速增长，个人充电设施保有量增长迅猛。基于电网公司用户报装数据，个人充电设施数量由

2018 年的 0.2 万个增长至 2023 年的 17.4 万个，年均增长 144.3%。截至 2024 年 10 月，全省个人充电设施达 32.8 万个。从各地市发展情况看，郑州市个人充电设施达 7.8 万个，占比达 23.8%，居全省首位；其次为洛阳市和新乡市，分别为 4.0 万个和 2.7 万个，三个地市合计占全省总数的 44.2%。

充电负荷电量规模可观。基于河南省充电智能服务平台归集公共充电站、个人充电桩负荷大数据测算，充电负荷方面，截至 2024 年 8 月，全省最高充电负荷发生在夏季凌晨时段，达 270 万千瓦，随着新能源汽车充电设施的不断增加，预计 2024 年全省最高充电负荷将突破 310 万千瓦。充电量方面，2024 年 1~8 月全省新能源汽车充电量约为 50 亿千瓦时，预计全年全省新能源汽车充电量将突破 70 亿千瓦时。

充电设施初步实现全覆盖。高速公路方面，2023 年 4 月，河南省绿色出行"护航工程"84 座高速服务区充电站全部投入运行，河南境内高速公路服务区实现充电站基本覆盖；截至 2024 年 10 月，河南省高速公路服务区累计建设充电站 619 座，充电桩 3172 个。县域方面，2021 年河南省发展改革委等部门发布《关于开展电动汽车县域示范性集中式公用充电站建设的通知》，提出用 2~3 年时间，在县域规划新建设一批示范站，基本实现县域全覆盖。基于河南省充电服务平台接入数据，截至 2024 年 10 月，河南省 102 个县域已实现公共充电设施全覆盖，共建设充电站 2466 座、充电桩 20881 个。

市场服务竞争日益激烈。公共充电设施行业的蓬勃发展，其核心驱动力源自市场的自由竞争与调节机制，降低充电服务费已成为吸引并稳固用户群体的主要营销手段。2024 年，河南省充电服务费呈现出豫中—豫北—豫南[①]从低向高的态势，其中豫中地区服务费水平相对较低（见图 3），主要由于该区域充电设施建设起步早、充电站数量多，已经形成了较为激烈的市场竞争环境。随着市场竞争的加剧和消费者需求的多元化，充电站运营商在不断探索新的盈利模式和服务模式，提高充电服务的竞争力和效益。

---

① 豫中地区包括郑州、开封、洛阳、济源、三门峡、商丘，豫北地区包括安阳、鹤壁、新乡、焦作、濮阳，豫南地区包括平顶山、许昌、漯河、南阳、信阳、周口、驻马店。

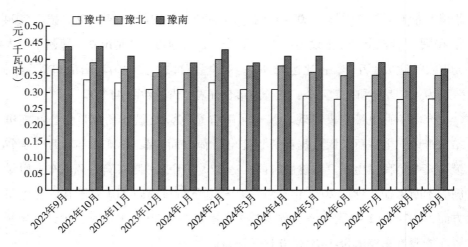

图3　2023年9月至2024年9月河南省各区域充电服务费变化情况

资料来源：河南省充电智能服务平台。

公共快充需求更加旺盛。从功率及占比情况来看，全省公共站直流桩功率及占比逐年提升，2024年，河南省新增公共直流快充桩功率普遍提升至160千瓦以上；从充电订单和充电量来看，直流快充桩订单占比达95.6%，充电量占比达97.4%。从单次充电行为看，直流桩平均单次充电时长46.7分钟、充电量30.1千瓦时、充电金额26.5元；交流桩平均单次充电时长238.3分钟、充电量17.5千瓦时、平均单次充电金额16.4元（见表1）。

表1　2024年河南省交直流桩平均单次充电情况

桩类型	单次电量 （千瓦时）	单次时长 （分钟）	单次金额 （元）	平均服务费 （元/千瓦时）
直流桩	30.1	46.7	26.5	0.27
交流桩	17.5	238.3	16.4	0.34

资料来源：河南省充电智能服务平台。

超充站点建设提速。超级充电标准正逐步实施，大功率超充成为未来趋势。随着800伏平台车型推广，国内企业加大高压充电技术研发，同时政府出台相关政策鼓励大功率超充技术研发和应用，推动超级充电设施建设。

《郑州市电动汽车充电基础设施发展规划（2024—2035 年）》提出，2025 年底前，将建成超级充电站 300 座。2023 年以来，河南省新增公共直流充电桩单枪功率普遍提升至 120 千瓦以上，2024 年新建的部分超充站点单枪最大充电功率可达 600 千瓦，真正实现了"一秒一公里"的极速充电体验。目前郑州已有 34 座超充站投入运行。

（三）河南省新能源汽车充电行为分析

电价引导公共充电行为效应明显。公共站充电特性与峰谷电价的时段强相关。近三年，河南省根据电力供需状况、系统用电负荷特性、新能源装机等因素，对分时电价政策进行了两次调整和完善。2022 年 11 月发布《关于进一步完善分时电价机制有关事项的通知》，自 12 月 1 日起优化峰谷电价，调整了分时电价的时段。2024 年 5 月发布了《关于调整工商业分时电价有关事项的通知》，自 6 月 1 日起进一步优化峰谷时段设置、调整峰谷浮动比例等事项。

从公共站充电负荷随分时电价调整前后变化情况（见图 4）可以看出，公共充电站以服务出租车、网约车、物流车辆为主，负荷特性与峰谷电价的时段强相关，电价引导效应明显。出租车、网约车等运营车主的充电时间与其出行习惯、低谷电价时段紧密相关。为了保证车辆能够持续运营，车主通常会选择在车辆闲置或预计长时间不使用的低谷电价时间段进行充电，如夜间或早晨出车前和午间休息期间进行补电。

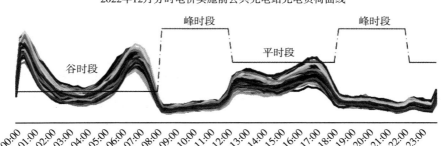

2022年12月分时电价实施前公共充电站充电负荷曲线

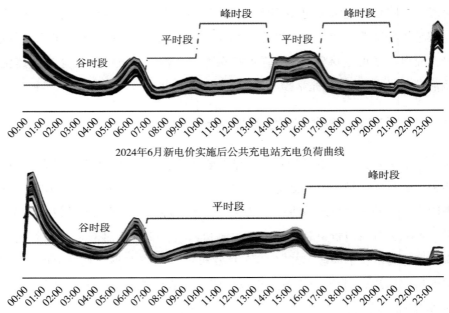

2022年12月分时电价实施后公共充电站充电负荷曲线

峰时段　　　峰时段

平时段　　　平时段

谷时段

2024年6月新电价实施后公共充电站充电负荷曲线

峰时段

平时段

谷时段

图4　两次分时电价调整前后河南省新能源汽车充电负荷变化情况

资料来源：河南省充电智能服务平台。

居民个人充电与日常出行作息高度契合。居民充电负荷与车主日常出行作息时间、驾驶行为高度契合，由于居民电价整体水平较低，对居民峰谷电价敏感度明显较低。受作息规律影响，居民个人充电桩充电负荷整体呈"宽U"形分布特征，充电活动主要集中在傍晚19时至次日6时这一时间段内，而充电高峰出现在深夜23时至次日凌晨3时之间（见图5），这一时段恰好与大多数居民的休息时段相重合，体现了居民区充电行为对日常生活节奏的顺应与匹配。

假日高速充电高增效应突出。节假日期间的高速充电形态表现为显著的潮汐性，随着新能源汽车的高速增长，节假日高速公路服务区的公共充电设施出现了供需失衡的局面。以2024年五一假期为例，基于河南省充电智能服务平台监测数据，全省高速公路充电需求大幅高于其日常平均水平。充电

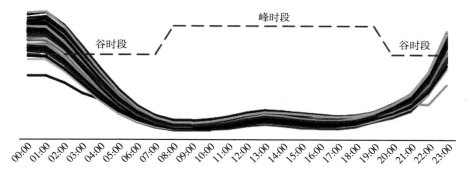

图5 居民个人桩充电负荷形态变化情况

资料来源：河南省充电智能服务平台。

负荷方面，五一期间，全省高速服务区可监测最大充电负荷达到了 13.5 万千瓦，是日常最高充电负荷的 2 倍（见图6）。充电量方面，五一期间，全省高速公路公共充电设施充电总量达到 386.2 万千瓦时，环比节前 5 天、节前 10 天的充电量分别增长 136.4%、237.7%。桩日均充电量约 366.6 千瓦时，是全省平均水平的 2.5 倍、其平日水平的 3.3 倍。

二　河南省新能源汽车充电设施发展面临的挑战

近年来，河南省积极响应国家绿色发展战略，大力推进充电基础设施建设，取得了很好的效果。在快速发展过程中也面临充电设施空间布局不均衡、车—桩—网协同规划衔接不足、安全监管体系尚不完善等问题，对行业的更高质量发展产生一定的制约。

（一）充电设施布局不均衡导致区域差异更加显著

热门区域扎堆建设与偏远区域严重缺失现象并存。城市区域：在城市中心区域或繁华地段，充电站数量相对较多，但在一些偏远区域、新开发区域以及老旧小区周边，充电站布局较为稀疏，导致部分车主难以在附近找到便捷的充电设施。快速干道：虽然近年来高速公路服务区的充电桩建设有所增

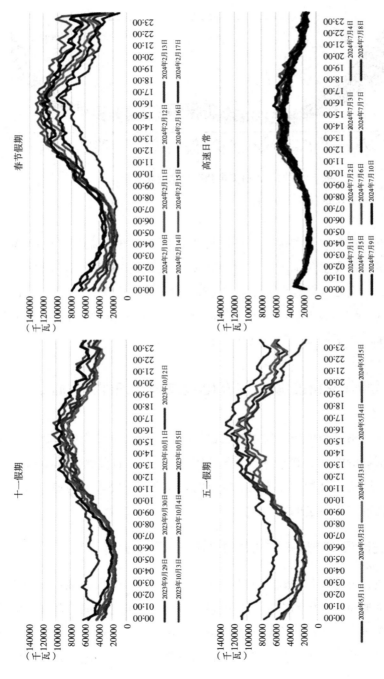

图 6　高速服务区不同时间段充电负荷形态

资料来源：河南省充电智能服务平台。

加，但仍不能完全满足长途出行的需求。在节假日等出行高峰时段，高速公路充电站容易出现排队等待充电的情况，充电时间长且可能影响行程。景区景点：相较于其他区域，景区景点由于地理位置的特殊性，许多景区地处偏远、交通不便，充电站建设和维护难度大和成本高。加之不同地区的经济发展状况各异，部分景区所在地的经济基础相对薄弱，难以承担大规模充电设施建设的投资。截至2024年8月，全省200多个4A级及以上旅游景区公共充电站覆盖率约为25%。农村区域：农村地区充电基础设施建设受经济、成本、消费习惯等因素影响，存在建设动力不足、发展不够等情况，截至2024年7月，河南省农村地区公共充电设施仅占全省的31.6%，其中偏远地区占比不足1%，这导致新能源汽车在农村地区的推广受到较大的限制。

（二）大规模集中充电增大了对电网安全运行的冲击

随着新能源汽车规模化发展，大规模集中充电需求对电网安全稳定运行造成了一定的冲击。新能源汽车的充电行为虽然具有随机性和不确定性，但在大规模集中充电时段，大量新能源汽车同时充电使电网负荷迅速攀升，导致电网负荷波动性加剧，对电网的稳定运行产生较大冲击。以许昌某充电站为例，当充电负荷达到10千伏配变容量的25%时，电压总畸变率达到5%，超过国家标准4%的要求。充电站扎堆建设更是加重了电网运行压力，例如在郑州多个热门区域，方圆3公里内充电站多达几十座，造成向该区域供电的多座110千伏变电站出现重过载现象。充电设施对电网配套刚性需求和充电设施利用率整体偏低的矛盾进一步增大了电网投资的压力。

（三）健康快速有序发展亟须完善安全监管机制

随着充电设施行业的快速发展，亟须建立和完善促进产业健康可持续发展的完备监管机制。一是进一步健全技术标准体系。技术标准是行业发展的基石，当前充电技术标准体系尚不完善，国内省内现行标准规范多在充电设施通用要求、信息传输接口、信息传输内容等技术、检验方面，但在消防设计审核、消防安全验收、运营监督检查、信息安全防护、信息互通等方面缺乏统一的标准要求和规范约束，存在一定的安全隐患。二是进一步健全安全监测体系。充电行业的蓬勃发展对安全监测体系提出了更高要求，为确保充电过程的安全可靠，需进一步健全安全监测体系，这包括实时监测设备状态、预防潜在故障及快速响应安全事件。三是进一步明确安全责任体系。充电行业因其独特的短时高能量特性及复杂多变的使用环境，存在安全风险，一旦发生事故往往伴随严重的人身与财产损失。当前公共与个人充电领域的安全责任存在划分不明、责任追究机制不健全的情况，不仅在发生事故后处理效率较低，也在一定程度上制约了个人充电设施的发展。

三 2025年河南省新能源汽车充电设施发展研判

在激励政策持续加持、新技术应用不断深化以及市场机制日益完善的共同驱动下，预计2025年，河南省新能源汽车保有量将达到300万辆、公共充电设施突破20万个、最高充电负荷将达到400万千瓦、全年充电量突破100亿千瓦时。未来，河南省将逐步形成健全、高效便捷的新能源汽车充电网络，为新能源汽车产业的快速发展提供强有力的保障。

（一）激励政策持续加持推动充电设施行业规模化发展

推动新能源汽车发展升级。推动新能源汽车发展升级已成为国家层面的重要战略部署。2023年11月，工业和信息化部、交通运输部等8部门印发《关于启动第一批公共领域车辆全面电动化先行区试点的通知》，宣布启动第一批公共领域车辆全面电动化先行区的试点工作，选定包括郑州在内的15座城市作为首批试点。在此基础上，2024年2月，河南省人民政府发布《关于明确政府工作报告提出的2024年重点工作责任单位的通知》，进一步明确了新能源汽车产业集群的发展方向。河南省将聚焦整车、零部件、后市场的一体化发展，以郑州、航空港区、开封等地为中心，大力发展整车产业；同时，洛阳、新乡、许昌、鹤壁等城市将着重打造以动力电池、电机电控及汽车电子等核心零部件为特色的产业集群，形成上下游产业协同发展的良好局面。

推动充电设施建设升级。推动充电设施建设升级是新能源汽车产业发展的关键环节，对于缓解"充电难"问题、促进新能源汽车普及具有重要意义。2023 年 6 月，国务院办公厅印发《关于进一步构建高质量充电基础设施体系的指导意见》，为全国充电基础设施建设提供了宏观指导和政策支持，明确了到 2030 年建成高质量充电基础设施体系的目标。在此背景下，河南省人民政府办公厅于 2023 年 8 月印发《河南省电动汽车充电基础设施建设三年行动方案（2023—2025 年）》，提出了更为具体和量化的建设目标，到 2025 年，要建成集中式公用充电站超 6000 座、公共服务领域充电桩（枪）10 万个，私人自用领域累计建成充电桩（枪）15 万个以上，将极大提升河南省新能源汽车充电的便捷性和可靠性。

推动车网技术应用升级。推动车网互动技术应用升级，是构建新型电力系统、促进能源结构转型的重要举措。2024 年 7 月，国家发展改革委等部门印发《加快构建新型电力系统行动方案（2024—2027 年）》，明确提出了加强电动汽车与电网融合互动的目标，通过技术创新和政策引导，实现电动汽车从单纯的能源消费者向能源消费者与生产者双重角色的转变。《郑州市加快推进电动汽车充电基础设施建设行动方案（2024—2025 年）》进一步细化了车网互动技术的应用路径，提出利用电动汽车的充电负荷特性和移动储能特性，探索电动汽车与电网的双向互动。

（二）新技术应用持续深化推动充电场景多元化发展

换电技术应用展开布局。随着技术的不断进步和市场的日益成熟，换电技术有望在未来几年内实现跨越式的发展。技术层面，随着换电技术不断突破现有的技术瓶颈，相关技术标准也在不断完善，《电动汽车换电安全要求》（GB/T 40032—2021）国家标准的实施，为换电模式提供了规范和安全保障。市场层面，换电技术的持续进步、建设成本的下降以及行业标准的逐步健全，有力推动了汽车制造商布局换电业务。蔚来、宁德时代、吉利、北汽等多家企业正加快推进换电车型的量产及换电站布局。河南省人民政府办公厅印发《河南省电动汽车充电基础设施建设三年行动方案（2023—2025年）》，明确提出鼓励新能源汽车生产企业开展集团式、规模化换电场站建设，实行"车电分离"销售方式，推动换电站标准化建设运营。截至2024年10月，河南省累计建设换电站117座，额定功率8.1万千瓦。① 综合考虑政策推动、市场需求以及技术发展等因素，预计到2025年，河南省换电站数量将达到250座，额定功率将超过25万千瓦。

综合充电场景逐步推广。综合充电场景是指集充电、储能、光伏发电、电池检测、换电等多种功能于一体的充电站，它不仅能够满足新能源汽车的充电需求，还能提供一系列增值服务，如电池检测、换电服务等。综合充电场景逐步推广，标志着我国在新能源汽车充电基础设施建设上迈出了重要一步，实现了从单一充电功能向多元化服务场景的转型升级。这种综合充电场景的创新模式，不仅提升了新能源汽车用户的充电便利性，还促进了绿色能源的高效利用和循环经济的发展。河南省首座投运的"光—储—充—检—换—造"全能型新能源示范站——联合快充南五里堡站，除了基本的充电服务外，还融合了换电、电池检测、洗车等综合服务，综合充电场景示范站作为行业创新的典范，为新能源汽车充电基础设施的建设提供了可借鉴的经验和模式，有望成为新能源汽车充电基础设施建设的新趋势和方向。

车网互动开展试点应用。规模化新能源汽车的无序入网将对现有电网带来挑战，倒逼有序充电、车网互动加速应用，同时，电池技术的飞速发展使得新能源汽车电池循环寿命超过了日历寿命，为V2G技术的落地打下坚实基础，桩企如京能新能源、特锐德等都在积极研发和推广V2G充放电桩产品。"十四五"以来，我国在上海、北京、深圳、广州等重点城市开展车电互联（V2G）示范应用，依托较为成熟的区域电力交易市场，探索新能源汽车深入参与电力市场交易的有效机制与模式。2024年9月，国家发展改革委办公厅等4部门发布《关于推动车网互动规模化应用试点工作的通

---

① 资料来源：河南省充电智能服务平台。

知》，支持开展车网互动规模化应用试点，全面推广有序充电，扩大 V2G 项目规模。目前，河南省也正在组织相关部门和单位进行试点项目的申报工作，随着车网互动技术的不断发展和应用场景的不断拓展，河南省的车网互动项目试点有望取得显著成效。

（三）市场机制不断完善促进充电行业良性可持续发展

市场主导与政府引导相结合。市场主导方面，在河南省充电设施市场中，鼓励社会资本踊跃投身充电设施市场的建设与运营，利用市场竞争机制来推动整个行业的高速发展。市场主导能高效配置资源，灵活调整充电设施布局，满足多元化市场需求，激发企业新技术应用和服务升级。政府引导方面，河南省政府在市场机制不断完善的过程中发挥引导作用，制定发展规划和政策标准。河南省通过完善省级财政补贴、降低建设用地成本、加大资金支持力度等多种措施，有效降低了企业投资成本，推动了充电设施行业健康发展。

监管保障机制不断完善。政府监管方面，河南省打造充电设施一体化监管服务平台，实现充电设施建设、运营、安全预警及社会舆论评价等全链条数据的动态监测分析，并建立健全安全监管体系，制定安全监管标准和规范，通过定期检查维护，保障充电设施的安全可靠运行。保障机制方面，为了保障充电设施的质量和安全，河南省不断强化市场准入与退出机制。一方面，完善充电基础设施运营商准入、退出机制，建立公用充电基础设施运营管理考评体系，对运营商进行资质审核和备案管理，确保运营商的技术实力和服务能力；清理不符合要求或运营不善的运营商，规范市场竞争，提高行业整体服务水平和运营效率。另一方面，河南省对居民区充电桩的建设规范、条件要求、具体要求以及涉及充电桩各方权益的内容进行了明确。

奖补政策持续优化调整。河南省在全国率先实施充电设施"建设+运营"省级财政双奖补，至今已持续发放五年，并结合当年的充电行业发展态势对奖补标准进行不断更新优化。建设补贴方面，公交、环卫、物流、通勤等公共服务领域专用充电设施，高速公路服务区、国（省）道和城际快速公路沿线新建的公用充电设施，按照主要充电设备投资总额的 40% 给予省级财政奖补；其他满足总装机功率600千瓦以上或集中建设20个以上充电桩（群）的公用充电设施，自2021年起省级建设奖补标准由40%退坡至30%。运营补贴方面，自2021年起对运营补贴进行优化，改变以往固定标准进行奖补的政策模式，以"补贴标准×补贴系数"予以奖补，其中补贴系数根据用户对充电站运营服务评价确定。建设补贴逐步退坡、运行补贴稳步提升，将进一步引导全省行业参与者改变以往"重建设轻运营"的经营思路，有效提升全省充电设施运营效率。

（四）2025年河南省充电设施行业发展预测

2024年，河南省迎来新能源汽车的快速发展期，市场规模前景可观。随着越来越多新能源汽车的投入使用，对充电桩的需求也日益增长，其建设领域展现出巨大的发展潜力。截至2024年9月，河南省已建成15万个公共充电桩，新能源汽车与公共充电桩的比例为12.2：1，这一比例与全国8.5：1的平均水平还有一定的距离，进一步说明了河南省新能源汽车充电基础设施仍有巨大的发展潜力。预计2024年底全省新能源汽车保有量将达到190万辆，公共充电设施将突破16万个。

综合考虑河南省及各地市电动汽车历史发展趋势、生产总值、人口总数、城市建成面积、电动汽车推广计划、充电基础设施现状等因素，结合充电基础设施分车辆类型配置原则，运用回归分析预测法、时间序列预测法等方法对河南省电动汽车发展规模进行测算，预计到2025年，全省新能源汽车保有量将达到300万辆，公共充电设施将突破20万个，个人充电设施将达到120万个，届时全省最高充电负荷将达到400万千瓦、全年全省新能源汽车充电量预计突破100亿千瓦时。

四　河南省新能源汽车充电设施发展建议

随着新能源汽车规模的不断扩大和充电需求的不断增长，河南省应全面推动充电基础设施健康、快速、可持续发展，从优化充电基础设施网络布局、加强配套电网保障能力建设、完善充电设施安全监管服务等角度出发，助力河南省新能源汽车的普及与可持续发展，推动交通运输领域的绿色转型和高质量发展。

（一）优化充电基础设施网络布局

一是完善城市充电网络，推动充电设施从城市中心区域逐步向郊区及非优先发展地区有序覆盖，在郑州、洛阳等大城市的主城区，注重平衡城区与郊区的充电设施分布，避免"城市中心拥挤、郊区空白"的现象。二是建设有效的乡村充电网络。根据地形条件和经济发展水平，结合乡村级充电网络建设和输配电网发展，制定具有针对性的充电设施部署策略，建立包括"县级示范充电站、公路沿线充电站点以及乡村充电桩"在内的县、乡、村三级充电网络体系，平原地区加快实现充电基础设施"村村通"，其他地区则着力实现"乡乡通"，逐步缩小城乡充电服务差距。三是创新居民区充电解决方案。严格落实配建要求，对于新建小区，严格执行充电桩100%配建标准，确保每户居民都能享受到便捷的充电服务。鼓励充电运营企业等接受业主委托，开展居住区充电基础设施"统建统服"，统一提供建设、运营、维护等服务，采用"整小区批量"报装模式，提高安装效率和管理水平。

（二）加强配套电网保障能力建设

一是加强充电设施与电网的协同规划。在配电网规划阶段，需前瞻性地将规划的充电设施负荷纳入考量，在规划未来电网布局和扩容时，要充分考虑充电站、充电桩等充电基础设施的电力需求，确保电网建设与充电设施建设在时序、规模、布局等方面相互衔接，实现电网与充电设施的协同发展。二是加强重点区域的电网配套工程建设。在高速公路服务区、国（省）道及城际快速公路沿线等重点区域加强充电基础设施接入电网配套工程建设；加强与交通、规划等部门的沟通协调，确保在重点区域预留足够的电力容量和接入点，以满足未来充电设施扩容的需求。三是鼓励技术创新和模式创新，采用先进的电网技术和智能化管理手段，如智能网格技术、柔性调度策略等，并加速储能系统布局，来减轻充电负荷对电网造成的冲击，提高电网的灵活性和可靠性，确保充电设施的稳定运行。

（三）完善充电设施安全监管服务

一是完善法规政策与标准体系。完善关于充电设施安全管理的法律法规，明确充电设施的安全责任主体、监管机制、处罚措施等，为充电设施的安全监管提供法律保障；推动制定充电设施的设计、建设、运营和维护等各个环节的统一标准，确保充电设施的安全性和兼容性。二是完善充电设施监管体系。实施定期检查和评估，定期对充电设施进行安全抽查和评估，重点检查消防设施、电气安全、设备维护等方面，确保充电设施的安全运行，同时建立充电设施安全事故的应急响应机制，制定应急预案，定期组织应急演练，提高应对突发事件的能力。三是明确充电设施安全责任主体。制定详细的安全责任制度，明确充电设施从设计、建设、运营到维护等各个环节的责任主体和具体职责，确保每个环节都有明确的责任人。

（四）加强充电基础设施发展支撑体系建设

一是优化财政支持政策。加快充电设施建设补贴向运营补贴转段，同时建立综合考虑数据接入、规模标准、配套服务等星级评价体系，实行不同星级下的差异化度电补贴。适度加大大功率充电、车网互动等示范类设施的补贴力度。二是给予用地支持政策。将充电基础设施建设用地纳入省和市县国土空间规划，明确充电基础设施建设用地要求，并将其纳入当地土地供应计划优先安排，针对充电基础设施用地，简化审批流程，提高审批效率，确保项目能够及时落地。三是健全标准规范。加速推动以国家标准和行业标准为核心、以地方标准为补充，切合本省实际情况的技术标准，重点完善充电设施在消防安全、防火安全及运营服务等方面的规范细则，针对城市公共充电站、居民区充电设施、高速公路快充站等不同类型的充电设施，制定具体的建设和管理标准。

（五）推动车—桩—智慧能源融合发展

新能源汽车作为移动智能终端、储能单元和数字空间综合体，规模化普及必将带动能源、交通、信息的融合化发展。一是推广智能有序充电。综合运用政策、经济、技术手段，引导充电运营商和居民参与有序充电，降低新能源汽车用电成本的同时缓解电网运行压力。二是加强车网互动技术创新。支持打造新能源汽车与智慧能源融合创新平台，探索新能源汽车参与电力现货市场的实施路径，研究完善绿电交易和调度机制，引导新能源车充新能源电。三是赋能智慧城市建设。强化汽车充电、用电及行驶路程等数据互联互通，融合物联网、大数据等技术，促进充电设施与智慧城市、交通深度融合。

参考文献

国家发展改革委、国家能源局、国家数据局：《加快构建新型电力系统行动方案（2024—2027年）》，2024年7月。

河南省人民政府办公厅：《河南省电动汽车充电基础设施建设三年行动方案（2023—2025年）》，2023年8月。

《2022~2023中国电动汽车充电基础设施发展年度报告》，中国充电联盟，2023。

周进、王涛：《新能源汽车充电桩现状分析》，《中国计量》2023年第7期。

《2024年中国电动汽车充电模块的市场现状和趋势分析》，中国日报网，2024年1月31日。

郑州市人民政府：《郑州市电动汽车充电基础设施发展规划（2024—2035年）》，2024年2月。

魏澄宙、王承哲主编《河南能源发展报告（2024）》，社会科学文献出版社，2023。

新型电力系统篇

B.12

面向2035年的河南中长期电力保障
路径研究与建议

李虎军 邓方钊 张艺涵[*]

摘 要: 电力保供是全社会关注的重大问题,随着外部影响因素不断增
多,供需双侧不确定性增加,叠加极端天气频发广发,电力保供复杂性、艰
巨性明显增强。为研判河南省中长期电力供需态势、服务电力保供长治久
安,本文开展了河南中长期电力保障路径研究。通过对河南省中长期负荷需
求发展、省内外保障资源潜力、中长期供需平衡的预测分析,提出了近期电
力保障突出"存量挖潜"、中长期电力保障突出"战略引领"电力保障路
径,制定了自建煤电、新型保供、外电争取三种电力保供方案,并基于
"双碳"目标下河南能源电力发展战略指标约束,择优推荐外电争取方案。
为提升河南中长期电力保障能力,河南需全面提升系统配置能力、灵活资源

---

* 李虎军,国网河南省电力公司经济技术研究院高级工程师,研究方向为能源电力供需与规划;
邓方钊,国网河南省电力公司经济技术研究院高级工程师,研究方向为能源电力供需与规划;
张艺涵,国网河南省电力公司经济技术研究院工程师,研究方向为能源电力供需与规划。

调节能力、用电负荷互动能力、改革创新驱动力。

关键词： 电力供需 电力保障 中长期平衡 河南省

河南作为"不临海不临边、风光等资源有限"的中部用电大省，煤炭消费比重高、转型任务艰巨，全省夏冬保供、春秋消纳"双难"问题突出，供需双侧的高度不确定性已成为影响电力供需的关键变量，研究河南中长期电力供需形势及保障路径，做好提前规划和应对策略，对全省电力保供工作意义重大。

一 河南省中长期电力需求研判

当前，河南人均用电量仅为全国平均水平的64%，按照河南省委工作会议的目标要求，预计2035年河南人均GDP将达到2万美元左右，届时人均用电量将达到7500千瓦时/人，河南电力需求将保持刚性增长态势。

（一）河南经济发展趋势研判

2023年，河南GDP为5.91万亿元，三次产业结构为9.1：37.5：53.4，人均GDP为60073元（8525美元），城镇化率58.1%。根据钱纳里-库兹涅茨"标准结构"的划分，目前河南省尚处于工业化中期向后期过渡阶段，人均GDP滞后于全国约6年、滞后于江苏约12年，工业化进程落后于全国。

具体来看，2023年河南人均GDP为8525美元，约为全国的67%，相当于全国2017年的水平（8802美元）；约为江苏的40%，相当于江苏2010~2011年的水平（7906~9544美元）（见表1和表2）。

表 1   经济发展阶段研判"标准结构"

基本指标	前工业化阶段	工业化实现阶段			后工业化阶段
		工业化初期	工业化中期	工业化后期	
人均 GDP（美元）	745~1490	1490~2980	2980~5960	5960~11170	11170 以上
三次产业产值结构（产业结构,%）	A>I	A>20,A<I	A<20,I>S	A<10,I>S	A<10,I<S
第一产业就业人员占比（就业结构,%）	60 以上	45~60	30~45	10~30	10 以下
城镇化率（空间结构,%）	30 以下	30~50	50~60	60~75	75 以上

注：A 代表第一产业，I 代表第二产业，S 代表第三产业。

表 2   全国、江苏及河南工业化发展阶段研判

基本指标	全国（2023 年）	江苏（2010 年）	江苏（2022 年）	河南（2023 年）
人均 GDP（美元）	12680	7906	21467（中等发达国家水平）	8525
三次产业结构	7.1:38.3:54.6	5.8:52.8:41.4	4.0:45.5:50.5	9.1:37.5:53.4
一产就业占比（%）	24.1	21.8	13.0	27.6
城镇化率（%）	66.2	60.6	74.4	58.1
工业化阶段判断	工业化后期	工业化中期向后期过渡	后工业化	工业化中期向后期过渡

注：江苏 2010 年人均 GDP 为 7906 美元，2011 年为 9544 美元。

党的十九届五中全会对我国"十四五"及 2035 年远景目标做出了安排部署，提出全国人均 GDP 到 2025 年达到高收入国家标准（1.25 万美元）、2035 年达到中等发达国家水平（2.1 万~2.3 万美元）。据此预计，2025 年全国人均 GDP 达到 1.5 万美元左右，超过高收入国家标准；2035 年全国人均 GDP 达到 2.4 万美元左右，达到中等发达国家水平，届时相当于目前欧盟及韩国（3.3 万美元）的 70%、德国（4.3 万美元）的 55%、美国（6.1 万美元）的 40%。根据河南省委工作会议要求，2035 年全省人均 GDP 达到 2 万美元，据此预计，2030 年全省人均 GDP 达到 1.3 万美元左右，相当于

当前全国平均水平；2035 年全省人均 GDP 达到 2.0 万美元左右，基本达到当前江苏省的水平，也即中等发达国家水平（见表3）。从与江苏发展进程对比来看，江苏从人均 GDP 约 8000 美元（2010 年）迈入人均 GDP 约 2 万美元（2021 年），历时约 12 年，河南经历时间的长度大致相同。

表3　全国和河南经济发展预测

指标		2025 年	2030 年	2035 年
全国	GDP（亿元）	1389792	1773765	2263824
	GDP 增速（%）	5.0	5.0	5.0
	人口（万人）	140800	139800	138200
	人均 GDP（美元）	14516	18659	24089
河南	GDP（亿元）	65878	88367	118533
	GDP 增速（%）	5.5	6.0	6.0
	人口（万人）	9760	9460	9000
	人均 GDP（美元）	9926	13737	19955
	河南人均 GDP/全国人均 GDP（%）	68	74	80

（二）河南中长期用电量发展趋势研判

综合考虑弹性系数法、重点行业分析法以及趋势分析法，预计全省用电量仍将持续增长，2035 年全社会人均用电量（6750 千瓦时）较 2020 年（3392 千瓦时）翻一番；增速逐步放缓，从近几年的 5% 左右逐步降至 2035 年的 3% 左右。

人均用电量方面，全省人均用电量有较大增长空间。2023 年河南人均用电量 4167 千瓦时，约为全国的 64%，相当于全国 2015 年的水平（4115 千瓦时）；约为江苏的 48%，相当于江苏 2009 年的水平（4243 千瓦时）。预计到 2025 年，河南人均用电量 4662 千瓦时，约为全国 2017 年的水平（4544 千瓦时）；到 2030 年，河南人均用电量 6131 千瓦时，约为全国当前水平（6543 千瓦时）；到 2035 年，河南人均用电量 7500 千瓦时，超过当前法国（7036 千瓦时）、德国（6555 千瓦时）水平；到 2050 年，河南省人均用电量 9762 千瓦时，超过除韩国、美国外的当前主要发达国家水平，约为当前韩国的 85%、美国的 75%。

用电结构方面，全省第二产业用电占比依然较高但逐年下降，第三产业和居民生活用电贡献了约七成的用电增量。预计到 2035 年，河南三次产业及居民生活用电的占比分别为 2.8%、45.3%、26.8%、25.0%，较 2023 年分别上升 0.9、-10.4、6.1、3.3 个百分点。2025～2035 年，第三产业和居民贡献了近七成的用电增量（见图 1），是用电增长的主要动力。

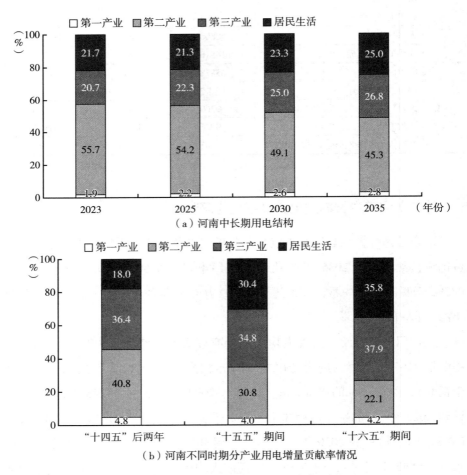

（a）河南中长期用电结构

（b）河南不同时期分产业用电增量贡献率情况

图 1 2023 年河南省用电结构及未来预测

用电负荷看，2023 年全省最大负荷为 7917 万千瓦，最大负荷利用小时数为 5166 小时，到 2035 年前后，随着第二产业比重的缓慢降低、第三产业和居民用电占比的稳步提升，最大负荷利用小时数仍将持续下降，预计全省最大负荷利用小时数维持在 4800 小时左右，全省 2025 年、2030 年、2035 年全省最大负荷分别为 9300 万、12000 万、14000 万千瓦。

二　河南中长期电力供需平衡分析

河南有煤、贫油、乏气，可再生能源开发利用条件一般，常规水电基本开发殆尽，2009 年河南成为能源、电力净调入省份。当前，全省新增供应能力滞后于负荷增长接近 1000 万千瓦，考虑省内新增煤电意愿较差、储能发展不及预期、外电竞争能力弱等因素，全省电力缺口持续扩大，电力供需由局部时段电力供应紧张向整体电量紧张转变。

（一）电源规划情况

1. 煤电发展规模

全省在建煤电有许昌能信、南阳内乡二期、陕煤信阳、商丘永城及平顶山尼龙城 5 个项目，装机 802 万千瓦。根据建设进度调研情况，预计 5 个项目将于"十五五"中期陆续投运。

2. 抽蓄发展规模

目前，全省在建抽蓄有信阳五岳、洛阳洛宁、平顶山鲁山、洛阳嵩县龙潭沟、辉县九峰山、林州弓上、巩义后寺河、三门峡窄口 8 个项目，装机 1120 万千瓦。其中，2025 年，信阳五岳、洛阳洛宁将逐步投产；2030 年，平顶山鲁山、洛阳嵩县龙潭沟、辉县九峰山、林州弓上、巩义后寺河将建成投产；汝阳菠菜沟、济源逢石河等尚未开工的抽蓄项目，或在"十六五"期间建成投运。

3. 新能源发展规模

根据河南省新能源开发方案、经济开发潜力和新能源发展相关政策导向，预计 2025 年风电、光伏装机分别为 3000 万、5000 万千瓦；2030 年风电、光伏装机分别为 4000 万、6000 万千瓦；2035 年风电、光伏装机分别为5000 万、7000 万千瓦。

4. 新型储能发展规模

综合考虑《河南省新型储能发展规划》，新能源开发方案配建储能、两批次示范项目建设情况，新型储能 2025 年、2026 年具备达到 500 万、600万千瓦的发展潜力。

5. 总体规划

按照以上规划，预计到 2025 年，全省总装机 1.6 亿千瓦，统调煤电装机占比降到 41.0%。2030 年，全省总装机 1.94 亿千瓦，风光装机突破 1 亿千瓦，统调煤电装机占比降至 36.7%；2035 年，全省总装机 2.2 亿千瓦，风光装机达到 1.2 亿千瓦，统调煤电装机占比降至 32.6%（见表4）。

表4　2023 年及中长期河南电源装机规划

单位：万千瓦

类别	2023 年	2025 年	2030 年	2035 年
总装机	13915	16107	19437	21917
统调煤电	6419	6607	7137	7137
统调气电	334	334	334	334
统调水电	239	239	239	239
抽蓄	252	362	1252	1642
风电	2178	3000	4000	5000
光伏	3731	5000	6000	7000

（二）区外电力来源

1. 在运项目

目前，河南省在运外电通道包括灵宝背靠背、鄂豫断面、天中直流以及青豫直流。其中，灵宝送电能力分别按照西北分电协议，送电功率 49 万千瓦；鄂豫断面按照三峡河南分电协议，送电功率 200 万千瓦；天中直流配套煤电 660 万千瓦、风电 800 万千瓦、光伏 125 万千瓦，晚峰送电能力 600 万千瓦，2028 年后送电能力小幅提升；青豫直流配套水电 201 万千瓦，风电 325.5 万千瓦，光伏 453 万千瓦。度夏晚高峰送电能力 230 万千瓦，2025 年后，考虑玛尔挡及羊曲水电站后，度夏晚高峰送电能力增至 430 万千瓦。

2. 规划项目

陕豫直流作为 2022~2023 年国家规划的"三交九直"工程的九条直流之一，项目规划配套煤电 400 万千瓦、风电 400 万千瓦、光伏 700 万千瓦、新型储能 220 万千瓦，配套电源全部投产后，度夏晚高峰送电能力 510 万千瓦，目前项目还处于前期工作阶段。

（三）中长期供需平衡研判

1. 平衡测算原则

电力平衡计算原则。系统备用容量按照 3%，统调煤电、风电出力率分别按照 90%、8.5% 考虑，统调气电、常规水电、地方电厂结合近几年稳定顶峰能力，度夏晚峰顶峰能力分别按照 240 万、100 万、270 万千瓦考虑。新型储能按照总容量 50% 参与平衡。入豫电力依据配套电源可靠送电能力参与平衡。

电量平衡计算原则。统筹考虑碳减排约束下煤炭可支持发电量，开展电量平衡测算。其中，常规水电、抽蓄、气电、风电、光伏及地方电厂发电量，结合近三年利用小时数进行测算，分别为 3780、1400、300、2100、1050、4200 小时。外电入豫电量依据送端配套电源及其利用小时数测算。

2. 电力供需空间分析

电力平衡方面，基于前述规划的电源装机进行全省电力空间平衡，全省电力供需缺口逐年呈波动式扩大。从近期看，2025~2026 年全省晚高峰供电能力分别为 8275 万、8745 万千瓦，供需缺口分别达 1000 万、1100 万千瓦。从中长期看，随着规划的陕豫直流和在建的煤电机组以及抽蓄电站陆续投运，全省供电能力有一定的小幅提升，2027 年全省供需缺口缩小至 890 万千瓦，之后全省电力缺口持续扩大，2030 年和 2035 年全省电力供需缺口分别扩大至 1580 万、2980 万千瓦。

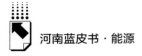

电量平衡方面，在电煤消费总量保持不变的情况下，考虑发电煤耗的逐渐下降，2025、2030、2035 年煤电可支撑发电量分别为 2500 亿、2550 亿、2590 亿千瓦时，以此进行平衡，2029 年全省开始出现电量缺口，2030 年全省电量缺口为 200 亿千瓦时，2035 年扩大至 810 亿千瓦时。

三 河南中长期电力保障路径研究

河南在加快构建新型电力系统过程中，基于全省电力供需的近远期缺口，电力保障需立足"省内省外两种资源、近期远期两个阶段"，充分考虑"保供消纳两大目标、规划运行两个环节、安全经济两种约束"，科学拟定"煤电托底、新型保供、外电争取"三种方案，近期电力保供突出"存量挖潜"、远期电力保供突出战略引领，全力服务电力保供工作。

（一）近期电力保障突出"存量挖潜"

河南电力近期（2024~2026 年）保供形势十分严峻，现有供应能力有限，需充分挖掘负荷需求响应、省间通道、新型储能等各方面的潜力，能挖尽挖、能用尽用。一是充分调动用户削峰积极性。按照"需求响应优先、有序用电保底"基本原则，持续完善需求响应实施细则，制定梯次补贴标准，引导用户按约执行、足额响应，力争 2025~2026 年全省度夏需求响应能力达到最大负荷的 3%。二是充分发挥现有通道输电能力。近年来，天中直流常年稳定向河南输送 500 万~600 万千瓦电力，青豫直流夏季午间最大送电能力达到 600 万千瓦，但在夏季晚峰期间支撑能力有限，近期需落实青豫直流四方协议，提高青豫直流稳定送电水平。三是大力推动新型储能发展、促进顶峰。通过有效的政策和市场机制，激励新能源自建或租赁新型独立储能，以弥补新能源发电不确定性，缓解电力保供压力。按照 2025~2026 年分别达到 500 万、600 万千瓦计算，可分别形成有效保供能力 250 万、300 万千瓦。

（二）中长期电力保障突出"战略引领"

河南中长期（2027~2035 年）电力保供应满足能源消费总量、GDP 能耗强度、碳排放、碳排放强度以及可再生、非水可再生能源发电消纳责任权重等综合约束目标。

1. 战略性约束与目标

能源方面。①能源消费总量与单位 GDP 能耗降低：按照规划，"十四五"期间河南单位 GDP 能耗需下降 15% 以上，中长期下降幅度可适当参考"十四五"情况；②能源消费结构："十四五"期间煤炭消费比重下降 7 个百分点以上、非化石能源消费比重提升 5 个百分点，中长期调整幅度可适当参考"十四五"规划要求。

碳排放方面。①碳达峰：需在 2030 年前实现碳达峰；②单位 GDP 二氧化碳排放降低："十四五"期间需下降 19.5% 以上，中长期下降幅度适当参考"十四五"规划要求。

煤炭消费方面。省内煤炭实物消费量："十四五"期间需下降 10%，中长期下降幅度适当参考"十四五"规划要求。

可再生能源消纳方面。可再生、非水可再生能源发电消纳责任权重：根据国家能源局《2022—2030 年各省可再生能源电力消纳责任权重预期目标建议的函》，2025 年、2030 年河南可再生能源消纳预期目标为 32.2%、40.0%，非水可再生能源消纳预期目标为 25.9%、33.2%。

2. 电力保障路径研究

对于全省远期电力供需缺口，采取以下三种情景的电力保障方案进行保障路径规划研究（见表 5）。

表 5　三种电力保障路径下河南省能源电力指标情况

能源电力指标	自建煤电方案			新型保供方案			外电争取方案		
	2025 年	2030 年	2035 年	2025 年	2030 年	2035 年	2025 年	2030 年	2035 年
碳排放总量（亿吨）	4.9	5.2	5.1	4.9	5.1	5.0	4.9	5.0	4.9
单位 GDP 碳排放强度(吨/万元)	0.74	0.58	0.44	0.74	0.57	0.43	0.74	0.57	0.43
省内煤炭消费减量(万吨标准煤)	14110	13301	12723	14110	12918	12026	14110	12416	11412

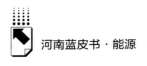

续表

能源电力指标	自建煤电方案			新型保供方案			外电争取方案		
	2025 年	2030 年	2035 年	2025 年	2030 年	2035 年	2025 年	2030 年	2035 年
可再生能源消纳权重（%）	43.4	45.6	47.2	43.4	47.9	50.8	43.4	48.2	50.5
非水可再生能源消纳权重（%）	39.7	42.7	44.7	39.7	45.0	48.3	39.7	45.3	48.0
煤炭消费占比（%）	59	54	51	59	53	49	59	52	46
非化石能源消费占比（%）	18	22	25	18	24	27	18	25	30

情景一拟考虑自建煤电方案。该方案在前述电源规划装机的基础上，建设 600 万千瓦煤电机组，积极争取采用先进洁净煤发电低碳新技术，在运输条件较好、煤价水平较低、电力缺口较大的地区建设煤电来保障电力供应安全。

情景二拟考虑新型保供方案。该方案在前述电源规划装机的基础上，煤电方面，考虑新增 200 万千瓦煤电。新能源方面，2035 年全省风电装机增加至 6000 万千瓦（较原规划方案增加 1000 万千瓦）、光伏装机增加至 9000 万千瓦（较原规划方案增加 2000 万千瓦）。新型储能方面，考虑集中式新能源配储和独立储能以及分布式光伏按照 15%～20% 容量比例配建储能或租赁共享储能等因素，2035 年全省新型储能容量按 2600 万千瓦考虑。

情景三拟考虑外电争取方案。该方案在前述电源规划装机的基础上，煤电方面，考虑新增 200 万千瓦煤电。新型储能方面，2035 年全省新型储能容量按 1600 万千瓦考虑。区外来电方面，通过新增引进区外电力来保障全省电力供应安全，根据全省电力电量平衡测算，2035 年前需同时考虑第四、第五直流。

3. 保障路径对比

根据河南中长期能源电力发展战略性指标约束，情景一自建煤电方案将全省用电量缺口全部以煤电机组承担，将造成省内煤炭消费量削减、碳排放量尽快达峰、能源结构调整等目标完成难度较大。情景二新型保供方案加快全省新能源发电项目建设，配合扩建新型储能，填补用电缺口，但新能源大规模发展背景下弃风弃光率上升、实际发电量不如预期，导致省内煤炭消费量削减指标完成难度较大。情景三外电争取方案，未来受送端资源和特高压通道稀缺等因素制约，各省对外电资源的需求都在逐步增长，河南在引入外电方面的压力将越来越大，区外电力电量可以满足全省用电量缺口，由于区外电量中的煤电部分不计入省内煤炭消费量考核，故该方案在省内煤炭消费量压减指标上完成情况最好，推荐将情景三外电争取方案作为中长期保供的最优方案，需尽早将第四、第五直流提上日程（见表6）。综上，河南省未来能源发展还是要大力发展新能源，在实现碳达峰碳中和的过程中，煤电将继续发挥支撑保障与灵活调节的作用，在更大范围内优化资源配置，争取区外来电。

表6　三种电力保障路径下河南省主要指标完成情况

主要指标	自建煤电方案	新型保供方案	外电争取方案
2030年前碳排放达峰	完成难度较大	完成	完成
省内煤炭消费减量	完成难度较大 [-5%]	完成难度较大 [-7.7%]	完成 [-10.1%]
可再生、非水可再生能源电力消纳权重	完成	完成	完成
能源消费结构调整	完成难度较大	完成	完成

注：[ ]表示每五年累计。

四　河南省中长期电力保障能力建设相关建议

电力保供事关全局，面对全省用电负荷持续增长、恶劣天气多发频发、供电能力挖潜困难等复杂局面，电力保供工作必须树立底线思维、系统观念，全面提升系统整体配置能力、灵活资源调节能力、用电负荷互动能力、改革创新驱动力，为推进中国式现代化建设河南实践提供坚强电力支撑。

（一）提升系统整体配置能力

一是推动电源加快投产。加快许昌能信热电、信阳陕煤、南阳内乡二期、商丘永城、平顶山姚孟迁建等煤电机组建设进度，力争尽快建成投产，积极争取国家支持，再谋划新增一定规模煤电项目。积极服务新建机组并网，推动新能源场站高效、规范并网，确保新投电源在保电关键期并得上、发得出、顶得住。二是加快外电入豫通道建设。加快陕豫直流前期工作，推动尽快与陕西签订长期送电协议，力争尽早开工建设，推动入豫第四、第五直流通道建设。三是推动坚强智能电网建设，推进省内主网架向特高压网架升级，推动入豫第四、第五直流落点安鹤濮、郑许区域，同步规划豫中东、豫西、豫北特高压交流站，推动省内特高压交流网架由"h"形向"H"形升级。完善 500 千伏主网架，将短路电流水平控制在合理水平。围绕保障新能源高比例接入、新型城镇化和乡村振兴等战略，适当提高配电网建设标准，优化投资结构，提升投资效率，显著提升配电网供电质量和新能源消纳水平。

（二）提升灵活资源调节能力

一是加快抽水蓄能电站建设进度。加快信阳五岳、洛阳洛宁、信阳五岳等 8 个在建项目进度，力争汝阳项目尽快开工、济源逢石河项目尽快核准，加强与国家能源局汇报衔接，谋划推进新增一批抽水蓄能项目，纳入国家规划并有序核准开工。二是推广火电机组增加调相功能改造。用好南阳鸭河#2机组、驻马店乐润#1 机组调相和发电工况，提升系统安全支撑水平和调节能力。推动许昌莲城电厂#1、#2 机组，郑州康盛电厂#1、#2 机组开展调相改造工作，增加电网灵活调节资源。三是提升储能并网全流程服务水平。大力发展新型储能，建设一批独立共享储能项目，优化新型储能并网流程，加快在建并网储能的调试，组织开展现场技术帮扶，解决在建储能项目的现场问题，实现在建调试储能"应并尽并"。四是加强新型储能日常管理和运行考核。常态化开展充放电能力测试，督促电站加强设备运维，督促场站提前储备易损备件，缩短电站故障抢修时间，实现新型储能安全可靠、高效利用，全省储能最大放电功率可用率始终维持在90%以上。完善新型储能并网运行管理细则，按照"市场优先、计划补充"原则严格考核，执行充放电日前计划安排和日内调整，推动出台储能运行和考核指标，加强对储能的调用和管理。

（三）提升用电负荷互动能力

一是持续完善需求侧响应工作机制，搭建需求侧响应平台，完善需求侧响应激励机制，加强重点行业、重点企业负荷管理，引导企业主动错峰用电，降低尖峰用电需求。二是持续扩大负荷管理资源规模。通过上门走访、大数据分析等方式，持续深挖用户可调节潜力，做到重点用户上门服务，重点政策逐户宣传，不断扩大可调节负荷资源库。三是科学制定迎峰度夏、度冬负荷管理方案。结合度冬、度夏电网运行、天气及负荷特点，常态化开展负荷监测和预测，分析研判地区主配网供电形势，建设好负荷管理系统，科学制定负荷管理方案，滚动完善缺电地区负荷管理用户清单和主网关键设备N-1专项预案，持续提升地区负荷管理能力。四是加强用电安全、科学用电宣传及居民能效服务，推动综合能源服务，实施能源消费集约化、智能化、数字化改造，以工业、建筑、交通、公共机构为重点提高节能节电管理，形成市场主体自觉节能的机制。

（四）提升改革创新驱动力

一是加强电煤监测预警。动态监测省内外电煤中长期及现货价格区间，按照"保供、稳价"的原则，常态化开展电煤中长期合同履约情况监管，引导煤电上网电价根据煤炭价格合理浮动，推动电价处于合理价格区间。二是发挥电力现货市场保供作用。加快现货市场建设，度冬度夏期间利用负荷高峰现货高电价信号，激励煤电机组增加顶峰能力，引导用户减少高峰用

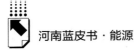

电。三是进一步优化省间电力市场购电策略，按照"中长期为基础、现货交易为互济、应急调度为补充"原则，在中长期市场增购高峰时段电力，锁定跨省区电力资源；在短期市场动态调整现货报价策略，优化保供期间启动省间现货购电条件，探索非保供时期购入省间现货低价电对冲保供高价电，实现省间现货报价策略的保供、稳价、促消纳多目标联合优化，降低省内保供综合购电成本，灵活运用华中区域辅助服务市场，促进省间市场余缺互济。四是加强市场机制创新，实现新能源发展与市场建设协调推进，健全绿色电力交易机制，推进绿电、绿证市场建设，培育绿色电力消费市场。统筹推进中长期市场、辅助服务市场和现货市场，引导虚拟电厂、独立储能等市场主体参与系统调节。

参考文献

国家能源局：《2024 年能源工作指导意见》，2024 年 3 月。

河南省发展改革委：《关于做好 2024 年煤电淘汰落后产能与机组改造工作的通知》，2024 年 3 月。

河南省发展改革委：《关于开展 2023 年度新建非独立新型储能项目省级财政奖励资金审核工作有关事项的通知》，2024 年 5 月。

河南省发展改革委：《关于调整分时电价机制有关事项的通知》，2024 年 5 月。

国家能源局：《关于做好新能源消纳工作　保障新能源高质量发展的通知》，2024 年 5 月。

河南省发展改革委：《关于独立储能项目管理有关事项的通知》，2024 年 6 月。

国家发展改革委、国家能源局：《煤电低碳化改造建设行动方案（2024—2027 年）》，2024 年 6 月。

B.13
基于图数资源同源共享的配电网运维管理模式探索实践

赵锋 李健 郑城市*

摘　要：　随着分布式新能源、新型负荷比重不断提高，配电网功能形态正在发生深刻变化，亟须打造"安全高效、清洁低碳、灵活柔性、智慧融合"的新型配电系统来保障其安全稳定运行。本文分析了河南当前配电网运维作业中面临的突出问题，梳理了配电网运维管理效率主要影响因素，聚焦电网一张图与配电网业务融合发展，探索构建了基于图数资源同源共享的配电网运维管理体系，并以济源为试点开展示范建设应用，提升配电网运维管理效率和质量，为建设新型配电系统提供了实践经验和样板。

关键词：　新型配电系统　配电网运维　电网一张图　同源共享

随着分布式可再生能源、新型储能、电动汽车等快速发展，分布式电源渗透率、电动汽车消费比例和电能占终端能源消费比重不断提高，配电网作为新型电力系统建设的主战场、主阵地，网架结构日趋复杂，功能与形态发生了深刻变化，配电网管理面临的风险不断增加。截至2023年，新能源总装机容量达到6466万千瓦，河南电网拥有配电线路规模位居国网系统第四。探索图数资源同源共享的配电网运维管理模式，对于提升配电网运维效率和水平、保障配电网安全稳定运行具有重大意义。

---

* 赵锋，国网河南省电力公司济源供电公司高级工程师，研究方向为质量管理工程；李健，国网河南省电力公司济源供电公司高级工程师，研究方向为配电网数字化；郑城市，国网河南省电力公司济源供电公司工程师，研究方向为变电运维及数字化技术。

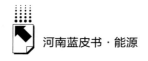
一 河南省配电网运维管理现状分析

2024年，国家发展改革委、国家能源局印发《关于新形势下配电网高质量发展的指导意见》指出，要"打造安全高效、清洁低碳、灵活柔性、智慧融合的新型配电系统"。配电网运维管理是一项跨部门、跨地域、工种多、工期长的综合性系统工程，运维作业需要协同多专业合力，一次停电检修工作涉及检修、调度、营销等多个部门，各专业之间信息共享难、业务融合难、作业效率低，影响配电网运维质量，威胁配电网测控保护、运行调度和作业安全。

（一）配电网运维管理模式协同性不足

随着经济社会发展、人民生活水平不断提高，电力需求不断增长，配电网保供压力与日俱增。如何合理利用资源保障电网的安全运行，成为新型配电系统运维业务发展的迫切需求。当前配电网管理力量分散、各专业管理模式不统一，各专业部门在运检、应急、抢修、规划、调控、营销等关键业务上不能形成有效的协同，各部门往往多关注自身领域的业务，易忽视与其他部门的沟通和合作，不仅造成资源的浪费，而且可能导致信息的滞后和错误，缺乏同步支撑运检、应急、抢修、规划、调控、营销等配电网专业业务同频的管理模式，导致配电网运维专业在面临复杂问题时不能迅速做出反应，制约了配电网的运行效率、电网稳定性和安全性以及电网可持续发展。

（二）配电网运维作业效率有待提高

以济源为例，2023年全市供电可靠率为99.92%，重过载线路较多、用户故障越级跳闸等问题均不同程度影响着配电网的供电质量。电网企业围绕提升隐患排查治理、频繁停电专项整治持续发力，发现配电网运维作业故障研判准确率不足80%，配电线路平均停电时长2.75小时，存在运维人员对信息感知能力弱、对主观性研判分析依赖强等问题，导致难以及时准确地发现并解决潜在问题，影响配电网运维作业效率、配电网运行的安全性、稳定性和可靠性。

（三）专人集中式绘图审图方式有待优化

随着新型电力系统加快构建，电力系统网络拓扑节点规模呈现几何倍数扩张。传统低效的专人集中式绘图审图方式已经无法适应快速多变的电网发展。一方面，制图效率低，目前供电所等基层班组主要依靠 CAD 手工制图，成图效率低、更新不及时等问题严重制约一线作业效率。另一方面，制图门槛高，传统手绘制图模式不仅占用人员多，而且对制图人员的电气专业知识和专业制图技能有着更高的要求。当前有限的专业制图人员已经不能满足结构日益复杂、样式繁复多变的图纸需求，亟须通过转变现有的制图模式打破多场景图形应用壁垒。

二　配电网运维管理效率影响因素分析

配电网运维管理存在管理模式协调性不足、作业图数资源不统一、管理作业模式便捷度不高、静态纸质图纸与业务不适应等问题，是影响配电网运维管理效率和质量、供电质量的重要因素。

（一）配电网运维图管理水平

近年来电力系统逐步向高比例可再生能源和高比例电力电子设备的"双高"方向发展，新型能源、新型负荷、虚拟电厂等新兴主体不断涌现，亟须建设智慧型、自愈型新型配电网系统，优化资源配置，促进分布式智能电网与大电网融合发展，提升配电网运维管理水平。在配电网运维各专业相对独立的管理环境背景下，资源协调配套能力较弱。例如，调度系统数据每周更新率为47%、检修数据每周更新率为73%，设备、线路等配电网信息更新时效不协同、图数作业周期不同步等问题，需围绕数据业务中台开展重

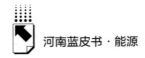

复性的数据治理、图形维护工作，造成人力物力资源浪费、综合效益低，影响配电网运维管理效率、质量和人工成本。

（二）配电网运维作业图数资源

配电网作业涉及运检、调度、营销、安检等多个专业部门，需要保持信息同步以支撑现场作业。但作为重要沟通媒介的图纸数据信息，各专业均有专业图纸管理体系，配电网运维管理相关专业系统应用较多，专业之间数据规范不统一，专业之间图形布局、结构差异大，存在图形布局不合理、信息显示不完整、图形结构混乱、图模与台账数据不一致等问题，导致配电网各专业沟通交流"自说自话"，严重制约了配电网图数价值的有效发挥。如何消除部门之间的图数共享壁垒、推动配电网多业务协同，成为推进新型配电系统建设过程中首要解决的难题。

（三）配电网运维管理作业模式

当前电力用户的用电诉求已经从"用上电""用好电"向"不停电""绿色电"加速转变，用户对停电趋于"零容忍"。随着配电网规模的快速扩张，图形更新和维护需要以更加快速、准确、及时的方式完成，但传统的"人工+设备+经验判断"的半自动管理模式无法满足客户高质量的用电需求，信息量有限的静态纸质图纸难以满足日益复杂的业务决策需求。以济源为例，当前配自开关覆盖率为57.58%，馈线自动化覆盖率为55.37%，运维作业方式的数字化智能化水平有待提升；配电网图纸更新不及时，耗时多则30天、少则7天，作业流程有待优化。如何将传统的配电网作业管理模式转向高效的自动化水平，成为建设新型配电系统的重要一环。

三　基于图数资源同源共享的配电网运维管理体系构建

为解决配电网运维管理过程中存在的多业务协同作业难、绘图制图效率低、业务决策科学性不足等问题，河南可组建多部门多专业协同的管控团队，依托电网资源业务中台，搭建各专业图纸数据资源集约化管控平台，制定图模数据标准规范，构建扁平化交互的中心—数据用户二元管理架构，形成标准化、体系化的配电网图纸数据资源管理机制。以准确、实时、完整、规范的配电网图纸数据资源，推动公司配电网运维管理向数字化、智能化、精益化转型。

（一）构建基于图数资源同源共享的配电网运维组织体系

1. 明确工作目标，锚定配网运维管理的难点

针对当前配电网运维管理中的重点难点问题，以实现配电网精益化运维管理为目标，转变业务发展模式，充分利用"物联网""人工智能"等技术，构建配电网图纸数据资源同源共享机制。一是挖掘数据价值，全面整合各专业图纸数据资源，探索配电网运维管理的数字化转型与价值挖掘，最大化发挥图纸数据资源的支撑作用。二是支撑业务需求，实现数字化图纸即时交互，消除图模数据规范不一致引发的业务协作障碍，降低配电网绘图审图模式滞后造成的管理成本，消减数据支撑不足带来的业务服务安全风险。三是推动数字化转型，实现配电网设备资产管理智能化、现场作业数字化、电网运维智慧化，建成"资产透明、运行透明、管理透明"的数字化配电网。

2. 强化组织保障，建立共建共商的柔性团队

针对配电网工作涉及部门多、协作困难等问题，按照"上下贯通、横向协同、以点带面"的工作思路，济源构建了"一纵一横"的组织管理架构，高效协同完成配电网图模治理管理体系搭建工作。"一纵"是纵向贯通省—市—所三级的"1+1+2"的组织领导团队。其中"1"是省级电力公司管控组，负责顶层设计、督导管控、资源协调工作；"1"是市级电力公司，密切配合督导管控、资源协同等支撑协同工作；"2"是2个基层试点单位，负责具体的试点应用、验证反馈、提炼总结等工作。省—市—所三级协调推进，确保试点扎实落地。"一横"是横向协同数字化部及多专业部门的"1+N"的协同执行团队。"1"是以数字化部为牵头部门，"N"是整合设备部、

营销部、配网部、发展部、调控中心、供服中心、经研院等多个专业部门，组建配电网图模管理柔性团队，制定图模数据治理工作方案，打破数据专业壁垒，保障配电网图模共享管理工作有序开展。

3. 制定开展流程，形成共治共享的工作机制

构建可操作、可复制的"论证—开发—部署—应用—反馈"的全链条配电网图数管理机制。论证阶段，广泛征集配电网各专业业务场景应用需求；开发阶段，规范各专业数据采集—治理—管理标准，重构图数常态化管理流程，试点探索基于图纸数字化的配电网业务应用开发平台；部署阶段，编制形成全省通行的业务场景应用管理制度规范；应用阶段，在全市各地大力推广业务场景深化应用；反馈阶段，收集应用过程中出现的问题，并不断优化，形成以治促用、以用促治的良性循环。最后以试点开发—市域总结—省域推广"三步走"策略，扎实开展各个阶段的工作任务，稳步推进全省配电网运维管理水平提升。

（二）构建基于图数资源同源共享的配电网运维支撑体系

1. 搭建集约用图平台，支撑配电网运维业务需求

立足全面整合各专业图纸数据资源，搭建配电网运维多专业图数共享管控平台，为跨专业图数集成及多维应用提供业务决策辅助，最大化发挥图纸数据资源对配电网运维管理的支撑作用。汇聚电网各业务系统的设备参数、资产台账、拓扑关系、实时量测等数据，贯通电网资源业务中台数据；嵌入关系型数据库、非关系型数据库等多种数据库管理系统对数据进行统一的管理和控制，消除"数据孤岛"，确保配电网不同系统间数据的互操作性和一致性；基于模型接入、数据同步、成图算法、图形生成、模型异动数据更新等5类服务场景，规范电网图模各类型数据，开发出电网图模中心、同步数据、智能校验、图模异动、专题图配置、系统管理等6个应用模块；标准化生成单线图简图、单线图详图、站室图、地理接线图、环网图、区域系统图等6类基础图形，满足配电自动化系统、生产管控平台、应急指挥系统、PMS3.0系统等用图需求，推动运维检修、设备巡视、停电分析、事故处

理、应急指挥、巡检导航、线路规划等配电网运维业务多场景高效开展。

2. 构建图数同源基础，支撑配网运维作业协同

一是从理论到实践。在国内率先提出了"一模多图"构想，充分利用试点单位配电网数据质量优良、网架结构完整典型、负荷类型齐全多样等具有优势的基础条件，统一图形数据的存储和管理方式，完成"一模多图"配电网数字化图纸的功能架构设计与技术验证，实现 6 类图形自动成图和在线管理，以及精益运维、设备检修等 16 项业务典型场景开发应用，提高图形数据的可靠性、一致性和图形管理的效率。二是从静态到动态。在"一模多图"静态拓扑图的基础上，叠加实时开关状态、实时量测数据，实现配电网运行监控可视化、仿真推演所需的多态电网专题图形。三是从一个点到一张网，以济源"一模多图"应用为基础，依托电网资源业务中台的配电网模型和设备参数数据，结合思极地图服务，整合电网图模数据，基于"数据一个源"智能生成反映配电网网架的多种形态图形，构建统一的配电网图形管理中心。

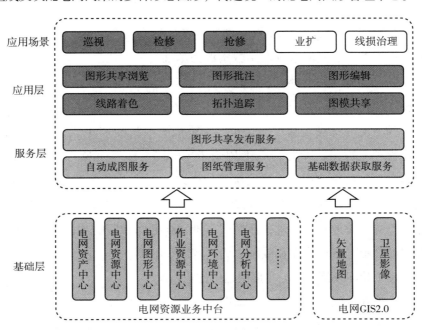

图1 配电网"一模多图"管理平台网架结构

3. 转变图模管理模式，支撑配网运维便捷用图

一是成图管理智能化。以同一模型为基础，使用先进的大数据科技、AI 等 10 种人工智能算法，快速、准确、规范地实现多种类专题图"秒"级生成，最大限度减少手工调整量，一键成图率、准确率达到 95% 以上，实现数据同源的 24 小时线上交互式发布，为各专业提供跨平台、及时可靠的数字化图形交互服务。二是调图管理数字化。转换图纸查阅模式，通过名称或设备 ID 关键词在站、所、线多层级全量数据中"秒"级快速检索，方便业务人员快速检索、精准定位指定图形与设备。三是存图管理线上化。通过自动记录操作人员账号、登录时间、登录 IP、图模动作内容、版本保存动作等全量操作信息，实现各类专题图历史版本在线保存率 100%，可以满足历史图纸随时调阅，配电网线路变动信息溯源、异动分析，提高图纸管理效率。

（三）建设基于图数资源同源共享的配电网运维运转体系

1. 全流程线上管理，转变配电网运维作业方式

以标准共享、及时准确的图数资源为基础，减少冗余环节，优化配电网运维人员的作业流程体验，用标准、完整、统一、规范、全面的数字化图纸，替代原先拓扑关系不明晰、标识不统一的纸质图纸，将传统的"线上作业—线下图纸—线上修正—线下再次矫正图纸"的"半线上"配电网运维作业管理流程，转变为"线上用图指挥—线上作业—线上修改—线上图形自动矫正"的全流程线上化运维管理模式，达成"作业即数据""数据即作业"高度统一，实现运维作业精准感知、作业工单自动流转、作业完成智能反馈的全业务贯通管理作业模式。推动配电网管理模式和工作方式转型升级，提升配电网运维作业效率，为生产赋智赋能。

2. 扁平化图模治理，提高配网运维作业效率

一是重新分配权责关系，推动图实一致。转变传统的图数使用与维护权责分离的不对等管理机制，放权赋能基层，对基层班组及相关业务部门员工进行账号全员配置，一经发现问题均可发起图形变更工单，实现一线运维作

业主体人员从"参与者"到"主导者"的身份转变，人人都可随动制图改图，创新形成"全员治图""以业治图"的弹性治图新机制。二是扁平化运维作业管理流程，提高作业效率。将原有的需要制图、审核、审定、审批、签发等五级审批的图纸多头管理、逐级审批与定期更新机制，按照扁平化理念，重构为"数据主人—供服中心"的二级异动审核及图数更新供服一站式分发机制，实现配电网运维管理图纸从数据变动到图形更新审批时长从原来的平均 8.2 天缩减为 2.0 天以内。

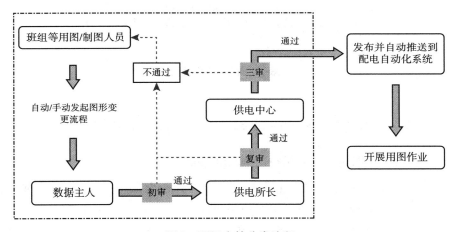

图 2 图纸审核分发流程

3. 网络化同步治理，提升配网运维作业质量

一是建立同源反馈机制，成立"现场核查治理+图形远端维护"联合工作组，利用同源维护工具等数字化手段实现图形数据问题的实时在线处理，形成问题清单并滚动销号管理，实现图模数据实时在线校验，及时形成问题清单并同步反馈同源治理，累计发现并整改各类图数问题 658 条，异动管控闭环率 100%，图模更新及时率 100%。二是建立图形智能校验机制。图模数据在同源维护工具中进行数据录入审核后，"一图多模"自动接收异动消息，通过增加智能校验及时维护图数质量，实现增量数据零异常，线损治理效果明显提升，"图实一致率""图数一致率"等指标达到 95% 以上，满足运维作业需求。

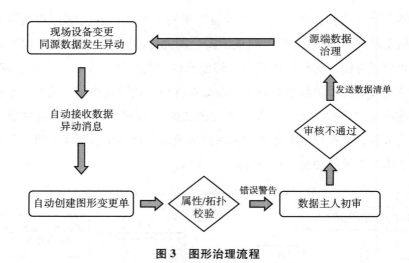

图3　图形治理流程

（四）建设基于图数资源同源共享的配电网运维保障体系

1.制定运营标准，完善精益运维制度保障

率先制定《配电网图形化业务应用运营管理规范》，强化各专业部门、基层单位共享共建刚性约束，推动配电网运维跨专业、跨层级的统一管理，促进基于"一模多图"的电网一张图与业务协调发展。一是制定业务应用上线接入规范。规定统一的开发建设要求和上线验收标准，规定部门业务场景模型上线需要满足的软硬件条件、业务模型建设标准、交付标准、接口集成规范等，从规范技术框架和兼容性，设定访问控制和网络安全规则，从数据管理与集成规则等方面编制形成配电网业务上线接入规范。二是制定生态运营标准规范。为保障"图模+"生态圈高效、稳定和可持续开展，提高"一模多图"管理系统服务质量、多业务场景用图体验和业务开展效益，遵循数据驱动、安全性、稳定性、可拓展性、持续改进的原则，从专业图模更新需求与维护、平台系统软硬件维护和升级等方面制定配电网图上作业运营标准规范，响应配电网不同专业快速变化的业务需求。

2.制定治理标准，夯实配网发展共享基石

一是制定存量数据治理方案。建立数据智能反馈机制，利用同源维护工具等数字化手段智能开展图形数据属性、拓扑校验，以数据治理工单的形式推动运维人员开展数据同源治理。举办"五规范、四攻坚"数据治理活动，以"日日清、周周清"的轮动规则开展数据稽查治理活动，实现存量问题数据动态清零。二是制定增量数据生产规范。提炼总结存量图数治理经验，从事前管控、事中执行、事后评估三个维度形成增量数据生产标准规范，发布《配电网设备异动管理细则（试行）》《配电网设备运检管理绩效考核细则（试行）》《配电自动化终端调试接入指导手册》，为图数生产管理工作提供制度保障。

（五）建设基于图数资源同源共享的配电网运维应用体系

1. 用图全程管控，指导配电网规划精益投资

对于计划改造的线路，融合来自营服、设备以及安监等各部门全面、及时的电网信息，掌握线路地理位置、线路长度等全景参数，快速、准确、完整地构建配电网设计所需的杆塔、拉线、变压器、开关、接地及电缆等配电网工程所需设备模型，以线上仿真模拟的形式实现配电网未来态的推演过程，提升改造工程的准确性、合理性和科学性。对于配电网工程项目管控，结合配电网工程建设管理精益化系统，以设计态、建设态、运行态图模转换为核心，将设备图形台账贯穿配电网工程项目需求管理、可研初设、现场施工、竣工验收、结算送审等全过程，实现配电网工程资料、图模信息、设备台账全环节在线移交。

2. 用图自主作业，支撑检修计划智能预判

在配电网线路停电检修前，构建成联通的"网状"信息网，获取线路杆塔运维情况、投运日期、生产厂家、所在位置等信息，依托交互共享的现场作业信息，联合运维、抢修、调度中心等专业协同共商、互动研判，综合研判、自动溯源分析输电线路的运行情况，从"站—线—变—户"全链条研判电网运行风险，数字化、全景化展现配电网线路及设备运行情况，线上推演配电网检修计划停电范围，实现检修计划变被动检修平衡为主动检修平衡，减少人为经验、信息不全带来的风险，推动配电网运维管理从"直线

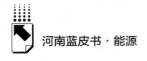

型"转变为"共享型",从"经验决策"转变为"科学决策",增强运维管理决策的科学性,提升企业级统筹力度。

3.用图精准指挥,满足运维抢修快速响应

班组人员借助实时分析网络监管信息,整合电网运行各环节量测数据及故障信息的优势,采用故障在线区段定位、行波测距和无人机排查的模式,快速查看中低压配电线路、各级开关的运行数据和设备地理信息,提取故障相别、电流、电压幅值,10分钟即可发现各类架空线路故障点。结合配电网图模中线路长度、型号等参数自动测算故障点影响范围、静态设备经纬度信息,动态可视化展示线路、分支、公变、专变停电情况,联合配电网资源业务中台,实现停电设备可视化、停电区域可视化、抢修资源可视化、主动抢修可视化,做到快速推送抢修工单至抢修人员。配电网运维作业现场信息快速感知、一图全览,运维作业科学研判、精准决策,使现场基本信息"看得清"、附近工单"及时到"、附近异常"找得到"、修复进程"全展示"。

四 基于图数资源同源共享的济源配电网运维管理成效及建议

基于图数资源同源共享的配电网运维管理体系,目前已经在济源配电网运维专业得到深化应用,并取得良好成效,实现了以数成图、以图助业、以业治数的闭环管理,强力推动了济源配电网业务向数字化、智能化、精益化转型,为推进数字化配电网综合示范区建设落地提供了试验田和样本。

(一)基础夯实,提高了配电网运维管理图数共享质量

以配电网各业务用图数字化,图数模型标准化、图纸管理架构扁平化,为配电网各专业提供了准确、实时、全面、完整、丰富、规范的配电网图纸数据资源,最大化释放配电网图数价值,在济源成功实践出了一条可复制的配电网运维管理图数资源高质量共享的新路径,提升配电网运维管理"图

实一致率""图数一致率"均在95%以上，配电网图模的更新和维护从原来的7天缩减至最短1天，数据同源24小时更新及时率100%。相关成果已形成标准化指导手册7份，并推广至河南全省应用。

（二）业数融合，推动了配电网运维管理数智化转型

打破了数据、图形、业务三者之间的信息壁垒，实现了以数成图、以图助业、以业治数的高效闭环管理，推动配电运维业务向"智慧作业"转变，为基层减负增效，为全省提供了低门槛、易操作、强交互的配电网作业线上化、智能化管理方案，推动了配电网运维规划、线损、抢修、营销、调配等配电网多专业向数字化、智能化、精益化转型。以济源为样板，员工工作效率提升10倍以上，增强区域自愈能力，实现终端在线率95%、终端遥控成功率95%，辅助实现中低压停电"百秒"全息感知，停电开关研判准确性提升至90%以上，检修问题分析和故障处理时长从30分钟缩短至5分钟。

（三）管理提效，促进了配电网关键业务指标全面提升

打造高感知、高灵敏、快研判、能自愈的新型配电网运维管理体系，适应新型配电系统运行管控需要，推动提升新形势下配电网安全运行水平和供电服务水平，为推进济源数字化配电网综合示范区建设落地提供新动力，推动配电网供电质量提升至99.96%，供电可靠性提升至99.95%，平均停电时长同比压缩44.14%；推动市域分布式光伏柔性控制提升至55%，助力2024年反向重过载台区降低至6个，绿电消纳率提升至100%。

（四）以生态促发展，营造配电网运维管理良性环境

为满足新型能源、新型负荷、虚拟电厂等新兴业务的快速发展，推动配电网功能从单一供配电服务主体转变为源网荷储资源高效配置平台，应继续深化配电网运维管理体系，协同多专业打造信息互联互通、运行高效有序、资源开放共享的配电网图形化运维生态体系。一是打造配电网运维群。将"一模多图"作为循环能量基础，贯通"一模多图"系统与云主站图数资

源，为配电网运维多专业提供多元化、差异化的"图模+"工具及服务，吸引和聚合配电网运维价值链全过程相关专业。二是打造配电网运维资源圈。将"图数资源"作为循环物质媒介，建立配电网规划、建设、运行、检修、营销全过程的图数融通共享共治主线，实现图数自动更新，图实动态一致、图模自行迭代。三是打造配电网运维动能圈。将"运营管理"作为循环稳定动力，强化系统与专业部门的生产经营协同管理，推动配电网管理跨专业跨层级融合发展。

参考文献

国家发展改革委、国家能源局：《关于新形势下配电网高质量发展的指导意见》，2024 年 2 月。

国家能源局：《配电网高质量发展行动实施方案（2024—2027 年）》，2024 年 8 月。

王成山：《加快行动方案落实　助力配电网高质量发展》，国家发展改革委网站，2024 年 8 月 31 日。

《〈关于新形势下配电网高质量发展的指导意见〉政策解读》，国家发展改革委网站，2024 年 3 月 3 日。

B.14
输电线路抗冰承灾能力评估及提升建议

唐亚可　牛　凯　席小娟　胡　鑫　徐尉豪　翟孟琪*

摘　要： 2023年冬至2024年春，河南经历了4轮大范围雨雪冰冻灾害天气，给电网设备运行带来严峻挑战。本文立足河南省地形环境及覆冰情况，分析了极端覆冰给河南电网安全带来的影响，厘清了输电线路覆冰过载、脱冰跳跃、覆冰舞动、覆冰闪络四种覆冰故障类型，梳理了输电线路覆冰故障风险的20类影响因素，建立了多要素、多层次、具有针对性的输电线路抗冰承载能力评估方法。实证分析表明，该评估方法的评估结果与以往受灾情况相吻合，具有高度的准确性和有效性。为持续提升河南电网抗冰承灾能力，河南需积极开展防冰抗冰新技术研究应用，加强防冰应急机制建设，提升微地形、微气象条件下差异化抗灾能力。

关键词： 极端天气　输电线路　承灾能力评估　抗冰承灾　河南省

河南电网地处全国联网枢纽，拥有特高压"五站十六线"，在运35千伏及以上输电线路89755公里，肩负1亿人口电力供应任务，电网的稳定运行对于保障地区能源供应具有重大影响。近年来，全球气候变化加剧，

---

* 唐亚可，国网河南省电力公司经济技术研究院工程师，研究方向为输电线路防灾减灾；牛凯，国网河南省电力公司经济技术研究院工程师，研究方向为输电线路结构设计与工程应用；席小娟，国网河南省电力公司经济技术研究院教授级高级工程师，研究方向为电气工程防灾减灾及设计；胡鑫，国网河南省电力公司经济技术研究院教授级高级工程师，研究方向为输电线路标准化设计、防灾减灾、机械化施工和绿色建造；徐尉豪，国网河南省电力公司经济技术研究院工程师，研究方向为输变电工程防灾减灾技术与应用；翟孟琪，国网河南省电力公司经济技术研究院工程师，研究方向为输电线路结构健康状态监测。

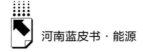

河南省部分输电线路频繁遭受低温雨雪冰冻天气的影响，面临较高的覆冰风险。因此，准确评估输电线路抗冰承灾能力和脆弱部位，做好预防应对和改造，提高河南电网抗冰抗灾能力，对于保障电力安全稳定供应具有重大意义。

一 覆冰灾害特点及其给河南电网带来的影响

近年来，全球气候变化加剧，灾害天气异常性、极端性、频发性日趋明显。中国是全球气候变化的敏感区和影响显著区，强降水、大范围雨雪冰冻等极端天气事件增多增强。在极端天气事件频发、强发趋势及覆冰带北扩背景下，国内覆冰灾害整体呈现多地域化、多频度化、低海拔化、局部高强度化特征。

（一）近年来雨雪冰冻天气变化趋势

1. 雨凇出现次数呈现波动上升趋势

雨凇是过冷却水碰到温度等于或低于0℃的物体表面时所形成的覆冰层，其主要发生在冻雨期间，气温为-2℃~0℃、强风天气。雨凇冰粒坚硬、透明，冻结能力强，且密度可达0.93克/厘米³，发生雨凇时杆塔将承受10~20倍的导线重量，极易导致断线倒塔。本文通过对全国685个站点历史气象资料进行统计研究，发现1998~2023年全国雨凇总次数呈现出波动上升的趋势，2008年之前雨凇总次数相对平稳，但近年来我国雨凇频发且年际波动较大，如2008年雨凇出现总次数最多，达2000次；其次是2011年，达1421次；再次是2013年，达964次；2013年后，雨凇出现次数开始波动下降，但仍处于相对高值阶段（见图1）。

2. 雾凇波动上升态势低于雨凇频次

雾凇是空气中过饱和的雾气遇冷凝华形成的，其发生的基本条件是极低温度（-13℃~-8℃）、水汽充分、风速小。雾凇为白色不透明的粒状结构沉积物，密度小于0.6克/厘米³，对线路危害较小。本文通过对全国685个

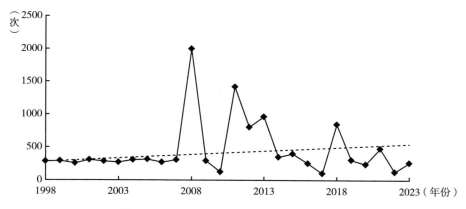

图1　1998～2023年全国雨凇次数及其趋势

资料来源：国家气象科学数据中心。

站点历史气象资料进行统计研究，发现1998～2023年全国雾凇总次数呈现出波动上升的趋势。2010年之前雾凇总次数变化相对平稳，但从2011年起，雾凇发生次数开始急剧增多并维持在一个高水平值，2011年雾凇发生总次数达800次，较前期平均几乎增加了一倍；2013年雾凇发生总次数达1500次，达到了最近25年的最大值；其后雾凇发生总次数略有下降，近5年雾凇总次数变化相对平稳（见图2）。

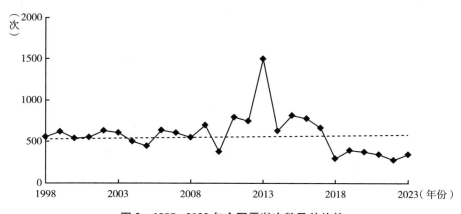

图2　1998～2023年全国雾凇次数及其趋势

资料来源：国家气象科学数据中心。

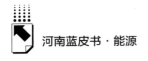
（二）河南省地形环境及输电线路覆冰情况分析

河南地势处于全国第二级和第三级阶梯的过渡地带，西部、南部为连绵起伏的山地，东部为广阔坦荡的平原，山丘与平原分界明显，但丘陵过渡地带很短。河南省西部山脉多为南北走向，太行山、嵩山、伏牛山等是水汽自东向西距离海洋最近的第一道屏障，由于海拔较高、气温相对较低，更容易出现降雪和冰冻现象。山区的积雪往往较厚，冰冻持续时间也较长，而且山区地形复杂、道路崎岖，一旦出现雨雪冰冻天气，交通受阻情况极为严重，给救援和物资运输带来很大困难。进入河南省的水汽入流主要来自东南方向，西部山脉与水汽入流呈迎风坡势态，空中水汽受到地形的影响急剧上升，特别是在地形起伏缺口地带或喇叭口地形的上前方，气流运动更加剧烈。南部山脉为东西走向，在河南省境内呈背风坡势态，北方冷空气势力较强时，会起到迎风坡的作用。

河南大部分地处暖温带，南部跨亚热带，属北亚热带向暖温带过渡的大陆性季风气候，同时还具有自东向西由平原向丘陵山地气候过渡的特征，具有四季分明、雨热同期、复杂多样和气象灾害频繁的特点。河南雨雪冰冻天气主要出现在冬季，受西伯利亚冷空气影响强烈，当冷空气与暖湿气流交汇时，便容易产生降水。随着气温的降低，降水形式可能从雨转变为雪或冻雨。一般来说，12月至次年2月是雨雪冰冻天气较为集中的时段。导线覆冰是受气象、地形及温度、湿度、冷暖空气对流、环流以及风等因素影响的综合物理现象。

河南境内输电线路覆冰主要有3种类型：雨凇、雾凇和混合凇。河南大部分地区以雨凇为主，在历年的最大输电线路覆冰中，50%～90%为雨凇，雨凇多出现在海拔600米以下的平丘地区，特别是海拔400米以下的平原地区；以雾凇为主的地区较少，雾凇多出现在600米以上的豫西山区；混合凇分布区域较广，在全省多地均有出现。覆冰类型与海拔关系见图3。

（三）覆冰灾害给河南电网带来的影响

输电线路极端覆冰有可能导致故障，甚至引发大面积停电等灾难性事

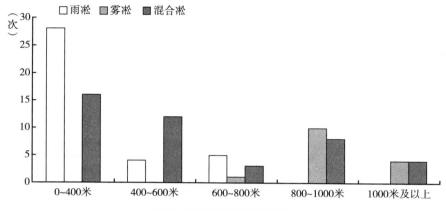

图 3　覆冰类型与海拔关系

故，严重威胁电力系统的安全稳定运行。根据对河南省以往覆冰灾害事故的统计分析，冰灾所导致的输电线路故障分为以下四类。

一是覆冰过载。覆冰将使导线所承受的综合荷载值增加，当增加到一定程度，将会超过导地线、金具、绝缘子以及杆塔额定负载，能使导线从压接管内抽出，外层铝股断裂、钢芯抽出。当达到一定程度的覆冰情况后，杆塔所承受的水平和垂直荷载值将越限，最终引发杆塔受损或倒塔事故。此外，覆冰严重时还有可能导致绝缘子串扭转、跳跃而发生翻转、碰撞等事故。

二是脱冰跳跃。输电线路上相邻档不均匀覆冰突然脱落，或者输电线路上脱冰的时间不同期，均能够在输电线路上形成瞬时的张力差，这种张力的急剧增加将有可能导致导线在线夹内滑动，导线受损，甚至有时会造成导线外层铝股断裂、钢芯抽出；导线的悬挂点承受很大的冲击荷载，超过设计条件时会造成杆塔横担的局部破坏甚至倒塔，引起导、地线相互接近发生放电、耐张塔引流线与横担接近发生放电等事故。覆冰线路相邻档的张力不同，造成直线塔串出现很大的偏移，进而出现因绝缘子碰撞横担而损伤或破裂的情况。

三是覆冰舞动。舞动是输电线路覆冰形成非圆截面后在风载的作用下所产生的一种低频大振幅的自激振动。在一定的风速（5~10 米/秒）、攻角（45°~90°）下，输电线路在其迎风面常出现带翼状的筒形覆冰，当 5~10

米/秒风横向吹过翼状覆冰导线时，通过导线上部的气流速度变大且压力减小，而导线下部的气流速度减小且压力增大，从而使导线得到一个上升力，它与导线向下的重力共同作用，使导线在垂直方向产生振动。同时，由于导线偏心覆冰，使导线发生扭转振动，当导线的垂直振动频率与扭转振动频率相合时，就会产生舞动。覆冰舞动易引起导线之间的碰线闪弧、断线和金具损坏，严重的舞动不但会造成线路跳闸停电，甚至能够造成杆塔倒塌、导线折断、大面积电力供应瘫痪等重大事故，是大跨越、超高压线路的重大灾害之一。

四是覆冰闪络。冰闪是污闪的一种特殊形式。覆冰过程中，在绝缘子上形成大量伞形冰凌，进而出现冰凌桥接，使绝缘子的绝缘强度降低，泄露距离缩短，但由于无杂质的纯冰电阻很高，可以满足电力系统安全运行的要求，所以发生冰闪的可能性较低。由于大气中存在巨量的气溶胶（污染物），无论是气溶胶因自身重力下沉到绝缘子表面，还是作为凝聚核或者冰核形成冰冻雨雪进而覆盖在绝缘子上，当其随着覆冰融化时，冰体或冰晶体表面的水膜将溶解这些气溶胶粒子，形成大量的电解质，导致冰水的电导率增加，从而引起绝缘子串电压分布及单片绝缘子表面电压分布的畸变，进而降低了覆冰绝缘子串的绝缘强度。当覆冰严重时，冰水电导率的增加将导致绝缘子串两端电压分布畸变变大，最终有可能造成冰闪事故。

根据统计结果，输电线路冰灾事故类别与地形地貌特征存在一定关联。河南电网输电线路冰灾事故以覆冰舞动为主，脱冰跳跃次之。线路覆冰舞动集中在豫北、豫东南平原地区，脱冰跳跃集中在洛阳、三门峡等豫西山地、丘陵地区，线路严重覆冰集中在个别微地形区域。冰灾事故类型结构及其与地形关系见图4和图5。

2023～2024年冬季，河南先后经历了4次大范围雨雪冰冻灾害天气（2023年12月9～15日及2024年1月15～19日、1月31日至2月5日，2月19～23日），整体呈现出影响范围广、持续时间长、雨雪量大、极端性强等特点，灾害形势较往年异常严峻复杂，尤其是2024年2月19～23日的雨雪天气过程，伴随寒潮、暴雪、大风、雷电等气象灾害，出现雨、雨夹雪、

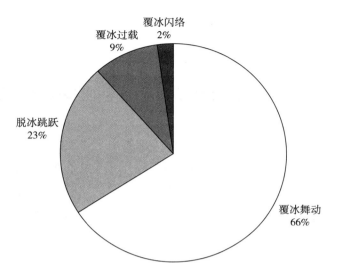

图4 河南省输电线路冰灾事故类型结构

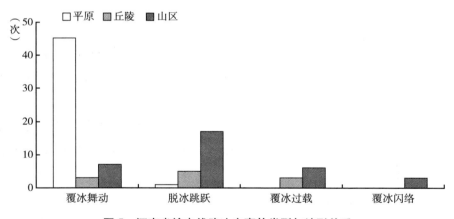

图5 河南省输电线路冰灾事故类型与地形关系

雪、冰粒、冻雨等多种降水类型，相态异常复杂，最大降水量达到90.1毫米，最大积雪近20厘米，降温幅度突破历史极值，为2009年以来最强雨雪冰冻天气。河南省处于此轮大范围雨雪天气过程的中心区域，同时也处于雨雪转化的过渡区域。全省多条输电线路出现覆冰和舞动，甚至有个别超高压线路出现跳闸，严重威胁大电网安全。国网河南公司综合采用预测预警、测

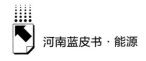
冰观舞和主动融除冰等手段，守牢了大电网安全生命线和民生用电底线，主配网保持平稳运行。

二 输电线路抗冰承灾能力评估模型构建方法

我国现行的输电线路运行状态评估方法侧重于评估输电线路各部件的老化状态，一方面未全面考虑线路实际档距和外部气象条件的变化，另一方面未对某类灾害开展针对性评估。为提高河南电网抗冰承灾能力，本部分以准确评估输电线路抗冰承灾能力为目标，合理划分输电线路覆冰故障评估对象，摸清输电线路故障影响因素，建立精细化且具有针对性的覆冰风险分级评估模型。

（一）输电线路覆冰风险评估对象分类及影响因素分析

1. 输电线路抗冰承灾能力评估对象分类

为准确定位输电线路防冰薄弱环节，服务运维开展针对性的防冰除冰措施，对覆冰过载、覆冰舞动、脱冰跳跃、覆冰闪络等四类冰灾事故类型造成的输电线路本体损伤进行了分析，按照输电线路"塔—线—串"结构体系精细化划分，确定了铁塔杆件受损、断导线、断地线、导线金具串受损、地线金具串受损、相间短路、导地线间短路、冰闪等八类输电线路抗冰承灾能力评估对象（见图6）。

2. 输电线路抗冰承灾能力影响因素

影响输电线路抗冰承灾能力的因素主要包含线路本体运行因素和线路通道环境因素共计20类。线路本体运行因素包含：铁塔过载能力、档距分布条件、铁塔投运时间、导线过载能力、地线过载能力、导线布置方式、导地线极限静态净距、设计覆冰厚度、实际档距、是否安装相间间隔棒、导地线运行年限、绝缘子结构高度、绝缘子型式、线夹型式、导线金具串安全系数、地线金具串安全系数、绝缘子金具串运行年限等17类。线路通道环境因素包含微地形微气象、历史观测最大覆冰厚度、污秽等级等3类。

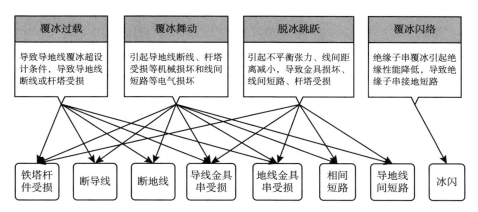

图6 输电线路抗冰承灾能力评估对象划分情况

（二）输电线路抗冰承灾能力评估方法

影响输电线路故障的因素众多且结构复杂，难以完全采用定量方法进行优化分析与评估，需要建立多要素、多层次的具有针对性的覆冰风险分级评估方法。本文采用层次分析法①，邀请河南、湖南、湖北等6省48名设计及运维专家对影响因素进行了关联和排序，确定了不同覆冰故障影响因素权重见表1，建立了各类覆冰故障发生概率。

表1 不同覆冰故障影响因素权重

权重覆冰故障	铁塔杆件受损	断导线	断地线	相间短路	导地线间短路	导线金具串受损	地线金具串受损	冰闪
铁塔过载能力	0.306	—	—	—	—	—	—	—
档距分布条件	0.146	—	—	—	—	—	—	—
铁塔投运时间	0.114	—	—	—	—	—	—	—

---

① 层次分析法，是指将与决策总是有关的元素分解成目标、准则、方案等层次，然后请相关领域专家对各层次的影响因素进行评判，计算出各个层次所有影响因素的相对重要性权值，在此基础之上进行定性和定量分析的决策方法。

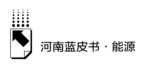

续表

权重覆冰故障	铁塔杆件受损	断导线	断地线	相间短路	导地线间短路	导线金具串受损	地线金具串受损	冰闪
导线过载能力	—	0.278	0.278	—	—	—	—	—
地线过载能力	—	—	—	—	—	—	—	—
导线布置方式	—	—	—	0.181	—	—	—	—
导地线极限静态净距	—	—	—	—	0.306	—	—	—
设计覆冰厚度	0.136	0.141	0.141	0.112	0.105	0.164	0.126	0.154
实际档距	—	—	—	0.185	0.210	—	—	—
是否安装相间间隔棒	—	—	—	0.256	—	—	—	—
导地线运行年限	—	0.093	0.093	—	—	—	—	—
绝缘子结构高度	—	—	—	—	—	—	—	0.129
绝缘子型式	—	—	—	—	—	—	—	0.147
线夹型式	—	—	—	—	0.100	—	0.146	—
导线金具串安全系数	—	—	—	—	—	0.368	0.293	—
地线金具串安全系数	—	—	—	—	—	—	—	—
绝缘子金具串运行年限	—	—	—	—	—	0.087	0.093	0.117
微地形微气象	0.136	0.185	0.185	0.142	0.132	0.175	0.144	0.100
历史观测最大覆冰厚度	0.162	0.303	0.303	0.124	0.147	0.206	0.198	0.153
污秽等级	—	—	—	—	—	—	—	0.200

为服务河南电网抗冰改造工作安排突出重点、有序开展，在评估各类故障发生频率的基础上，结合各类故障历史发生频率和造成的影响建立了架空输电线路覆冰风险评估模型，采用"一塔（档）一评估"原则（评估最小单位为一基铁塔和一档），评估输电线路高、中、低3类覆冰风险等级（见表2）。

表2　输电线路覆冰风险等级

覆冰风险值	覆冰风险等级
40≤R≤100	高风险
25≤R<40	中风险
R<25	低风险

（三）输电线路抗冰承灾能力评估典型案例测算

以某 500 千伏线 130#～131#档为例进行评估，该档线路于 2000 年投运，东西走向，档距 434 米，130#海拔 1149 米、131#海拔 1089 米，塔位高差 60 米，地形为山区，气候类型为暖温带大陆性季风气候，冬季主导风向为西北风，与线夹走向夹角大于 45°。该档导线使用 4×LGJ-300/40 钢芯铝绞线，子导线正方形布置，分裂间距 450 毫米。地线为左侧 OPGW-80 光缆，右侧 GJ-80 镀锌钢绞线。导线设计覆冰厚度 15 毫米，地线设计覆冰厚度 20 毫米，设计风速 32 米/秒（20 米基准高）。根据 HN-2020 河南电网特殊区域分布图位于 10～15 毫米冰区、0 级舞动区、d 级污区，属于微地形微气象区。依据评估方法评估出 8 类覆冰故障类型风险（见表 3）。

表 3　某 500 千伏线 130#～131#档覆冰风险等级

类别		风险值 R	风险等级
覆冰故障类型	冰闪	22.9	低风险
	导地线间短路	60.9	高风险
	相间短路	49.2	高风险
	断导线	36.6	中风险
	断地线	32.4	中风险
	导线金具串受损	24.6	低风险
	地线金具串受损	29.6	中风险
	铁塔杆件受损	30.6	中风险

评估结果显示导地线间短路和相间短路均为高风险。某 500 千伏线 130#～131#之间于 2023 年 12 月 13 日 17 时 15 分发生中、下相导线相间短路，15 日 7 时 18 分发生上相导线、光缆相地短路，与本次评估结果吻合。

又对河南省覆冰风险较高的 27 个输电线路区段开展了分级评估，高风险情况与实际发生情况如图 7 所示。最终评估结果显示共有冰闪、导地线间短路、相间短路、地线金具串受损、铁塔受损等 5 类故障 13 处高风险，实际发生冰闪、导地线间短路、相间短路、地线金具串受损、铁塔受损等5类12处故障，评估结果与以往受灾情况基本吻合，验证了评估方法的准确性和有效性。

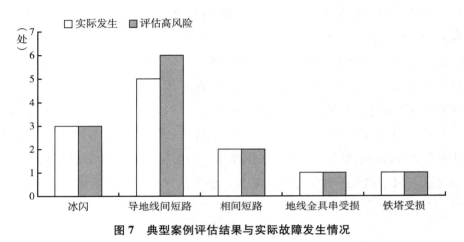

图7　典型案例评估结果与实际故障发生情况

三　电网抗冰承灾能力提升工作相关建议

随着冻雨带北扩，雨雪冰冻灾害成为影响河南电网冬季安全运行的重要因素之一，需不断提升输电线路抗冰承灾能力，积极开展防冰抗冰新技术研究应用，提升微地形微气象条件下差异化抗灾能力，加强防冰应急机制建设，全力确保恶劣天气下电网安全稳定运行，为经济社会发展和人民生产生活提供稳定的电力保障。

（一）固根基，持续提升输电线路抗冰能力

优化防冰抗冰电力规划，新建重要线路尽量避开重、中冰区及覆冰后人员装备不易到达的地区，优化抗冰保障电源布局，重要负荷中心电网适当配置应对冰灾大面积停电的应急保安电源，确保特殊情况下"孤网运行"和"黑启动"能力，从源头提升输电线路抗冰抗灾能力；常态化开展输电线路

防冰隐患排查治理，结合微地形微气象、实际档距、设计覆冰厚度等 20 类因素评估输电线路覆冰风险等级，对在运输电线路按照"突出重点、结合冰情、改造与融冰相结合"原则逐塔（档）制定防冰对策，及时完成重要线路防冰改造。

（二）谋创新，积极开展防冰抗冰新技术研究应用

深入开展复杂山地覆冰数值模拟、持久性防疏冰导线、新型融（除）冰、防舞动等装置研制，强化装备的机械化、自动化、智能化，提升本质安全水平。利用数字化手段，实现冰冻灾害故障分析与前期设计方案的深度数据融合，通过精准识别和预警设计敏感点，从设计源头降低微地形微气象对输电线路的运行风险。在典型微地形微气象区域，开展新技术和新材料的试点工程应用，准确评估其实际效果和应用潜力，加快创新成果转化应用，依靠科技手段提高电网的防灾御灾能力。

（三）补短板，提升微地形微气象条件下差异化抗灾能力

2023 年 12 月以来，河南省遭遇多轮大规模极端雨雪冰冻灾害天气，局部微地形微气象区域输电线路覆冰程度远超设计值，导致多条重要输电线路出现闪络、跳闸、断线等故障。而以往的架空输电线路设计技术原则、相关标准，更多考虑的是整个区域气象条件，并未充分考虑局部地形剧烈变化引起的气象条件重大变化，即微地形微气象因素。建议持续围绕河南地区地形、水文气象条件和电网特性，聚焦输电线路设计的关键环节，深入梳理设计规范中的防冰设计条款，完善架空输电线路微地形微气象区防冰差异化设计指导原则，重点突出路径差异化、气象差异化、设备差异化，针对性提出微地形微气象区的防冰差异化设计提升措施。

（四）保安全，不断加强防冰应急机制建设

强化防冰抗冰预案管理，综合考虑设备设施覆冰可能造成的线路舞动、绝缘子闪络、倒塔（杆）断线等风险，科学编制防冰抗冰应急预案。采取

不同形式开展防冰抗冰应急演练，做到岗位、人员、过程全覆盖。加强抗冰物资装备保障，做好融（除）冰、应急发电等特种装备和后勤保障装备等应急物资的配备、储存和管理，建立健全抗冰应急物资装备的生产、调拨、配送等工作机制，提高应急物资供应和装备保障能力。统筹输电线路覆冰信息发布，电力企业动态掌握电力设备设施、电力用户受灾及供电恢复情况，按照及时准确、公开透明、客观统一的要求，通过多种途径主动发布停电信息和应对处置工作情况，及时回应社会关切。

参考文献

陆佳政编著《电网覆冰灾害及防治技术》，中国电力出版社，2016。

蒋兴良、易辉编著《输电线路覆冰及防护》，中国电力出版社，2002。

董全等：《2024 年 2 月我国两次大范围雨雪冰冻天气对比》，《应用气象学报》2024年第 4 期。

《抗击雨雪冰冻保供电取得全面胜利——访国网河南省电力公司设备管理部主任张军》，《河南电力》2024 年第 3 期。

中国气象局气候变化中心编著《中国气候变化蓝皮书（2024）》，科学出版社，2024。

刘振亚主编《国家电网公司输变电工程通用造价：±800KV 直流输电工程分册》，中国电力出版社，2014。

刘振亚主编《国家电网公司输变电工程通用造价：1000KV 输变电工程分册》，中国电力出版社，2014。

调查研究篇

B.15
河南省新版分时电价政策影响成效
评估与建议

分时电价研究课题组*

摘　要：　充分发挥价格信号作用，引导用户削峰填谷、协同电力供需、促进清洁能源消纳，已成为构建新型电力系统的重要举措。近年来，河南省分布式光伏超预期发展、降温采暖负荷大幅释放，夏冬高峰保供电、春秋午间保消纳"双保"难题日益突出，河南省及时优化调整了分时电价政策，自2024年6月执行新版分时电价政策以来，有效缓解了夏秋"保供应、促消纳"压力。经初步测算，7~8月尖峰电价转移夏季晚高峰负荷约279万千瓦，9月午间低谷电价时段抬升午高峰负荷约110万千瓦。本文在分析新版分时电价政策影响成效的基础上，结合河南供需结构特性、供需形势变化，提出建立健全分时电价动态调整机制、适时调整居民阶梯电价等建议。

---

* 课题组组长：张艺涵、左慧娟、罗潘、李俊楠。课题组成员：刘军会、柴喆、邓振立、王江波、吴宇华、陈婧华、田闽哲、马茗婕。执笔：柴喆，国网河南省电力公司经济技术研究院工程师，研究方向为能源电力经济与电力市场运行；刘军会，国网河南省电力公司经济技术研究院高级工程师，研究方向为能源电力经济与电力市场运行。

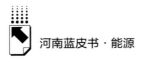

关键词： 分时电价 保供应 促消纳 河南省

　　分时电价是指根据发电出力曲线、用电负荷曲线情况，将每天 24 小时划分为高峰（含尖峰）、平段、低谷时段并分别制定不同的电价水平，以引导和鼓励用户削峰填谷，力争将发电曲线与用电曲线匹配，提高电力资源利用效率的电价政策。按照"保供应、促消纳、稳价格"的总体要求，兼顾"易于用户接受、易于安排生产、易于结算执行"的客观实际，2024 年 6 月河南省发展改革委从时段设置、电价系数方面对分时电价进行调整。为及时评估政策执行成效，本文系统分析了夏季 6~8 月以及秋季 9 月负荷特性演变，量化测算了分时电价调整对午、晚高峰用电的影响，以期为分时电价优化完善提供参考。

一　河南省分时电价政策调整情况

　　为更好保障电力系统安全、稳定、经济运行，河南省在改善电力供需状况、促进新能源消纳的基础上，进一步引导用户调整用电负荷，根据用电负荷变化、新能源出力特点等因素，结合现行分时电价政策执行评估情况，优化调整了工商业分时电价政策，打破峰平谷等分设置、春、秋季增设午间低谷时段、集中设置晚间高峰时段、合理拉大峰谷价差，有效缓解了午间光伏消纳存在困难、晚间电力保供仍有压力的问题。

（一）政策出台背景

　　近两年，随着分布式光伏快速发展，新型电力系统建设提速，河南省电源结构、负荷特性等均发生显著变化，同时也带来了两方面的问题。一是午间光伏消纳困难。光伏爆发式增长与负荷平稳增长不匹配，2021~2023 年，河南地区生产总值年均增长 2.4%，全省最大用电负荷年均增加 457 万千瓦、年均增长 6.5%，而分布式光伏装机年均增加 841 万千瓦、年均增长 75.7%。

春秋季供大于求导致消纳受限，午间负荷维持在基础负荷水平 3900 万~4200 万千瓦，在火电机组压减至维持系统稳定运行的最小技术出力（1600 万千瓦）、其他各类电源出力应压尽压情况下，午间新能源发电空间仅 1300 万千瓦左右，相较于在运风光装机超 6000 万千瓦，整体供大于求。二是晚间电力保供仍有压力。原分时电价晚高峰时段截至 21 时，21 时之后变为平时段，导致 21~24 时工商业用电负荷逐步提升，叠加居民用电负荷特别是夏季晚间居民降温负荷影响，全社会用电负荷快速上涨，而此时光伏出力为零，风电出力最低不足 10%，电力保供压力较大。

（二）政策调整情况

与原分时电价政策相比，新版政策主要进行三方面调整。一是增设午间低谷时段。将 10~14 时由高峰、尖峰调整为平段、低谷，利用价格信号引导用户在光伏大发时段多用电，促进新能源消纳。二是晚高峰时段集中且连贯。晚高峰时段集中设置在晚间且保持连贯（16：00~24：00），缓解工商业错峰转移叠加居民降温（取暖）负荷矛盾，便于企业安排连续生产班次、引导错峰生产。同时，夏季尖峰设置在 7~8 月 20~23 时，冬季尖峰设置在 1 月、12 月 17~19 时，兼顾夏冬季高峰负荷差异。三是优化调整峰谷浮动比例。将原方案中的尖、峰、平、谷电价系数由 1.968：1.71：1：0.47（度冬度夏）、1.64：1：0.41（其他月份）统一调整为 2.064：1.72：1：0.45（见图 1 和图 2）。

二 河南省新版分时电价对负荷特性影响分析

由于新能源"极热无风、晚峰无光"特性突出，晚峰保供支撑能力有限，目前河南储能并网容量仅占风电光伏装机的 1.3%、最大放电功率占晚峰大负荷的比例不足 1%，新型储能顶峰作用不足，河南电力保供困难的时段依然在晚高峰。河南新能源装机增量主体为光伏发电，春秋季午间发、用电不匹配，午间光伏发电量难以消纳。因此，重点分析新版分时电价对夏季晚高峰、秋季午间负荷特性的影响。

| 备注： | 尖峰 | 高峰 | 平段 | 低谷 |

1月、7月、8月、12月尖、峰、平、谷电价系数为1.968:1.71:1:0.47，其他月份峰、平、谷电价系数为1.64:1:0.41

	0~1	1~2	2~3	3~4	4~5	5~6	6~7	7~8	8~9	9~10	10~11	11~12	12~13	13~14	14~15	15~16	16~17	17~18	18~19	19~20	20~21	21~22	22~23	23~24
1月																								
2月																								
3月																								
4月																								
5月																								
6月																								
7月																								
8月																								
9月																								
10月																								
11月																								
12月																								

图1 原分时电价政策峰谷时段示意

| 备注： | 尖峰 | 高峰 | 平段 | 低谷 |

尖、峰、平、谷电价系数为2.064:1.72:1:0.45

	0~1	1~2	2~3	3~4	4~5	5~6	6~7	7~8	8~9	9~10	10~11	11~12	12~13	13~14	14~15	15~16	16~17	17~18	18~19	19~20	20~21	21~22	22~23	23~24
1月																								
2月																								
3月																								
4月																								
5月																								
6月																								
7月																								
8月																								
9月																								
10月																								
11月																								
12月																								

图2 新版分时电价政策峰谷时段示意

（一）2024年河南夏季用电负荷特性变化

剔除降雨、降温、非工作日等特殊因素影响，本文以日平均负荷、最大负荷及气象条件相近为基本原则，选取典型样本日，开展2023年、2024年夏季全省用电负荷特性变化分析。

1.度夏用电负荷由"晚峰为主"转变为"午峰为主"，晚高峰保供压力有所减小

2023年度夏用电负荷以晚高峰为主。6~8月全网负荷高峰出现晚峰的次数是43次，高于午峰的31次；剔除降雨影响，晚峰出现的次数是39次，高于午峰的21次。2024年度夏用电负荷以午高峰为主，6~8月全网负荷高峰出现午峰的次数是47次，高于晚峰的24次；剔除降雨影响，午峰出现的次数是25次，高于晚峰的23次。保供困难的13天（负荷规模超过7000万千瓦），同样出现了由以晚峰为主向以午峰为主转变的特征（见表1）。

表1　2023~2024年午晚峰情况统计

单位：次

度夏午/晚峰分布统计		2023年		2024年	
		午峰	晚峰	午峰	晚峰
度夏以来	全部天数	31	43	47	24
	剔除降雨天气	21	39	25	23
超7000万千瓦	天数（13天）	4	9	10	3
	剔除降雨天气	2	9	5	3

2.度夏晚高峰时段前移、持续时长增加，负荷更趋平稳

2024年度夏，受尖峰电价时段延长等因素影响，全网负荷晚高峰普遍出现在21：00前后，较上年提前30分钟。高峰时段的前移使得用电负荷更趋平稳，晚高峰95%以上尖峰负荷持续时间由2.25小时增加至3小时。晚间时段（19：00~23：00）全网平均负荷率达到96.89%，较上年提升1.5个百分点（见表2和图3）。

表 2 2023~2024 年晚峰负荷对比分析

负荷时段	负荷特性指标	2023 年	2024 年
晚间 （19:00~23:00）	峰值时刻	21:30 前后	21:00 前后
	95%最大负荷持续时间	20:30~22:45	19:30~22:30
	平均负荷率（%）	95.39	96.89

图 3 2023~2024 年度夏典型负荷曲线对比

（二）新版分时电价对夏季负荷影响程度测算

用电负荷特性受气象条件、经济运行等多重因素影响，为保证对比分析过程控制单一变量，本文采取分步测算方法。第一步：选取 5~6 月基本无降温负荷的工作日作为典型样本日，以实施新版分时电价前的 5 月为参照对象，测算 6 月新版分时电价实施效果；第二步：选取 6 月、7~8 月气象条件相近的工作日作为典型样本日，以未实施尖峰电价的 6 月为参照对象，测算 7~8 月叠加尖峰电价实施效果。

第一步：6 月分时电价实施成效分析

经量化分析，从全网负荷来看，午高峰时刻（13:00）全网负荷抬升 236 万千瓦，晚高峰时刻（21:00）全网负荷削减 122 万千瓦。从分产业负荷来看，第二产业对分时电价的调整最为敏感。午高峰时刻（13:00）第二产业用电负荷抬升 235 万千瓦，晚高峰时刻（21：00）第二产业用电负荷削减 109 万千瓦。第三产业用电负荷基本不受尖峰电价影响。

第二步：相比 6 月，7~8 月尖峰电价实施成效分析

从全网负荷看，尖峰电价可在实施高峰电价的基础上，削减全网晚高峰负荷 157 万千瓦。对比度夏 6 月、7~8 月样本日平均负荷曲线可知：相比 6 月，尖峰电价机制在晚高峰时刻（21：00）可削减晚高峰负荷约 157 万千瓦、午高峰时刻（13：00）可抬升午高峰负荷约 24 万千瓦（见图 4），叠加 6 月午、晚高峰实施成效，推算新版分时电价可削减晚高峰负荷约 279 万千瓦，抬升午高峰负荷约 260 万千瓦。

图 4　2024 年 6~7 月全网负荷典型用电曲线

分产业来看，尖峰电价可在实施高峰电价的基础上，削减第二产业晚高峰负荷 149 万千瓦，第三产业基本不受尖峰电价影响。对比 6 月、7~8 月样本日平均负荷曲线可知：日间电价平段（7：00~16：00）第二产业用电负荷基本一致，晚间峰段实施尖峰电价后，第二产业用电负荷在 19：00 大体触底并保持稳定，尖峰电价时段结束后逐步抬升。据测算，相比 6 月，7~8 月实施尖峰电价机制后，晚高峰时刻（21：00）可削减第二产业负荷约 149 万千瓦，午高峰时刻（13：00）可抬升第二产业负荷约 11

万千瓦；晚高峰时段（21：00～22：00）可进一步削减第二产业负荷约153 万千瓦、午高峰时段（12：30～13：30）可进一步抬升第二产业负荷约 13 万千瓦。结合 6 月午、晚高峰实施成效，推断新版分时电价共约可削减第二产业晚高峰时刻负荷 258 万千瓦、抬升午高峰时刻负荷 246 万千瓦（见表 3）。第三产业对分时电价较不敏感（见图 5），用电特征与气温气象、经营作息有关，基本不响应尖峰电价。

表 3 6~8 月分时电价执行成效情况

单位：万千瓦

类型	6 月分时电价实施成效（较 5 月）		7~8 月尖峰电价实施成效（较 6 月）		叠加成效	
	午高峰（13：00）	晚高峰（21：00）	午高峰（13：00）	晚高峰（21：00）	午高峰（13：00）	晚高峰（21：00）
全网负荷	↑236	↓122	↑24	↓157	↑260	↓279
第二产业负荷	↑235	↓109	↑11	↓149	↑246	↓258

1. 第二产业用户分时电价实施情况

第二产业用户是削峰填谷的主要贡献力量，执行新版分时电价后，第二产业负荷特性由"早晚双峰"转变为"早间单峰"，呈现"早午抬升、晚峰削平"特征。其中，非金属矿物制品、黑色金属等 9 个行业为电价敏感型行业（占第二产业用电负荷的 42%），有色、化工等 24 个行业为电价不敏感型行业。

（1）电价敏感型行业

非金属矿物制品业、黑色金属、金属制品、纺织和通用设备制造等 5 个行业根据分时电价，主动调整用电负荷，将晚间高峰时段电量向夜间谷段转移，有效降低用能成本，负荷特性逐步转变为"夜间高、日间低"两段式特征。

非金属矿物制品业移峰效果显著，贡献率占第二产业用户的 56.0%。从负荷转移看，执行分时电价后，晚间时段非金属矿物制品业负荷最高削减99 万千瓦，午间时段最高增加 20 万千瓦（见图 6）。从电量转移看，分时

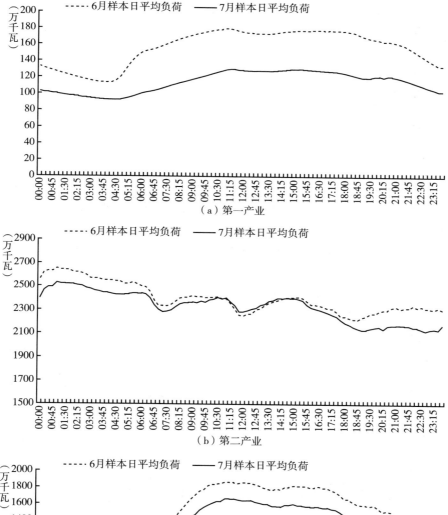

（a）第一产业

（b）第二产业

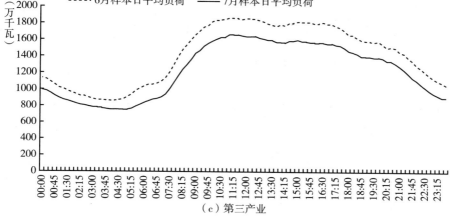

（c）第三产业

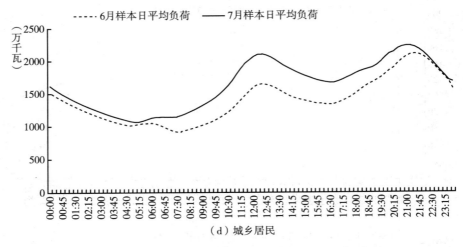

（d）城乡居民

图5　2024年6~7月三次产业和城乡居民负荷典型用电曲线

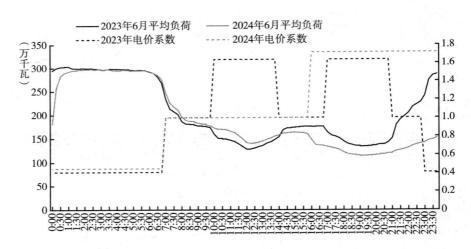

图6　执行分时电价的非金属矿物制品业负荷特性曲线

电价调整前后，峰段电量占比由23.4%变为22.4%，下降1个百分点。

以某完全避峰型企业为例（见图7），上年同期受午间高峰电价影响，负荷自12：00开始下降至较低水平，有效生产时长为12个小时。分时电价调整后，典型日负荷自15：00开始通过关停磨机、高温风机、破碎机、排风机等设备而快速下降，至24：00恢复生产，生产运行全部使用谷段及平段电，拉长该企业有效生产时长至 16 个小时，在稳定用电成本的同时有效提升了企业产值。

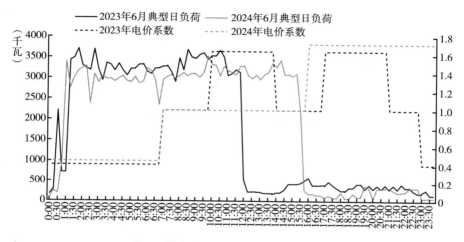

图 7　某完全避峰型企业典型负荷曲线

黑色金属业晚间削峰效果明显（见图 8），贡献率占第二产业用户的 19.4%。从负荷转移看，执行分时电价后，晚间时段负荷最高削减 34.34 万千瓦，午间时段负荷最高增加 8.46 万千瓦。从电量转移看，分时电价调整前后，峰段电量占比由 28.0% 变为 27.2%，下降 0.8 个百分点。

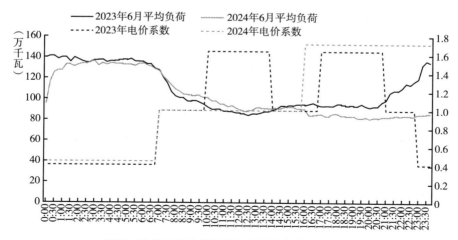

图 8　执行分时电价的黑色金属业负荷特性曲线

以某长流程钢铁冶炼企业为例，主要生产工序为"烧—炼—轧"，设备24小时不停机运行，工人排班为4班3循环，定期倒换。受工艺流程影响，整体用电水平平稳，基本不随分时电价时段进行调整。以某短流程钢铁冶炼企业为例（见图9），生产时序较为灵活，跟随电价政策主动响应，在电价低谷和平段进行生产，高峰时段仅保留维持矿热炉正常运行温度需求所产生的保安负荷，有效降低高峰负荷1.6万千瓦，实现移峰和降本增效双赢。

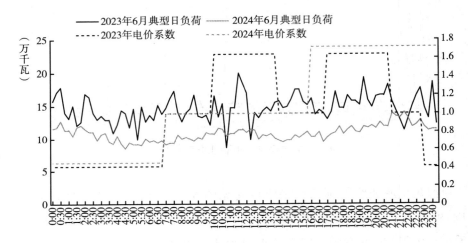

图9　某短流程钢铁冶炼企业典型负荷曲线

以金属制品业为例（见图10），晚间削峰贡献率占第二产业用户的13.8%。从负荷转移看，执行分时电价后，晚间时段负荷最高削减24.35万千瓦，午间时段负荷最高增加14.35万千瓦。从电量转移看，执行分时电价后，高峰时段电量占比由24.6%降至22.4%，下降2.2个百分点。

纺织业受生产放缓影响，整体负荷水平低位运行（见图11）。执行分时电价后，用户为降低用电成本在16：00调整设备开机方式以降低用电负荷，晚间削峰贡献率为8.3%。从负荷转移看，执行新版分时电价后，晚间时段纺织业负荷最高削减14.73万千瓦，午间时段纺织业负荷无明显变化。从电量转移看，分时电价调整前后，峰段电量占比由32.7%变为29.0%，下降3.7个百分点。

通用设备制造业谷段用电水平较上年明显上升，晚间负荷略有下降（见

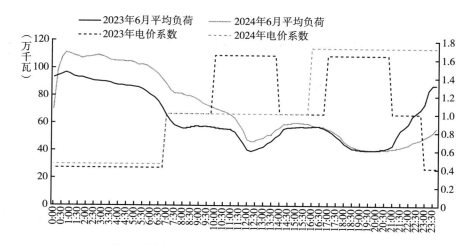

图10 执行分时电价的金属制品业负荷特性曲线

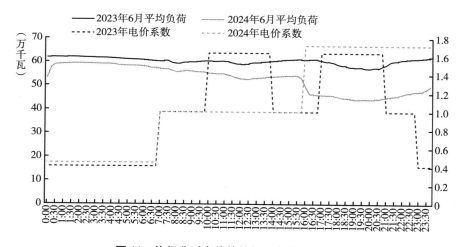

图11 执行分时电价的纺织业负荷特性曲线

图12），晚间削峰贡献率为4.0%。从负荷转移看，执行新版分时电价后，晚间时段负荷最高削减7.00万千瓦，午间时段负荷最高增加6.17万千瓦。从电量转移看，峰段电量占比由29.2%变为26.7%，下降2.5个百分点。

（2）电价不敏感型行业

有色金属、化工、采矿、汽车制造和石油、煤炭及其他燃料加工业等5个行业负荷占第二产业用户的40%左右，全天用电负荷较为稳定，分时电

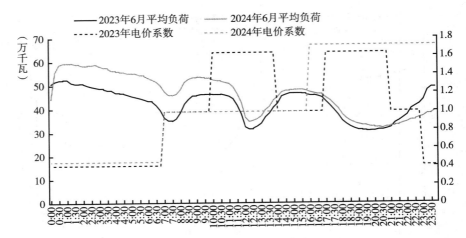

图12　执行分时电价的通用设备制造业负荷特性曲线

价调整对该类型行业影响较小，负荷特性基本不变。

有色金属、化工和采矿业受其工艺流程、生产时序、环保管控等因素影响，关键工序需要稳定电力供应，无法完全按照电价引导进行峰谷时段调整，负荷曲线整体保持较为稳定。以化工行业为例（见图13），自2023年7月以来持续复苏，整体负荷水平高于上年同期，其工艺流程为"精制—电解"，企业生产与市场需求保持同步，无法采取有效错避峰措施，对分时电价政策不敏感。

计算机、通信和其他电子设备制造业为高附加值行业，电价成本占综合运营成本比例较小，企业整体运行主要受订单等市场因素影响，产品有严格的交付周期限制，生产过程存在连续性、高用工等特点，无法通过调整生产响应分时电价。

食品制造业负荷特性呈"M"形（见图14）。食品制造业终端产品品种多，生产特性相差较大，大型企业自动化程度较高，大多采用24小时连续性生产，负荷水平稳定；小型企业为日间生产型，用工成本较高，通常与职工常规工作时间相匹配，对分时电价不敏感。经走访调研，某典型食品制造企业用电成本占整体运营成本的2%，调整生产设备和用电时间避峰生产减少的电费成本远远不及产品生产带来的经济效益，该用户对分时电价政策不敏感。

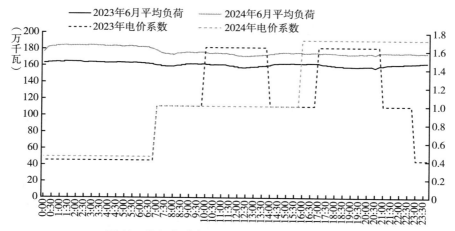

图13 执行分时电价的化工行业负荷特性曲线

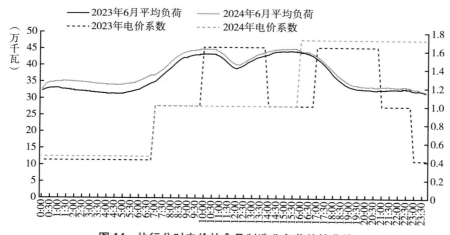

图14 执行分时电价的食品制造业负荷特性曲线

2. 第三产业用户分时电价实施情况

第三产业负荷特性呈现"早午抬升、高峰转移"特征。与新版分时电价执行前相比，最大负荷时刻发生明显变化，由23：00~24：00转移至0：00~1：00（见图15）。夜间负荷突增主要受充换电服务业影响（见图16），充换电服务业自动化、智能化程度普遍较高，通过提前设置充电时间实现集中充电，迅速拉高负荷水平。除充换电服务业外，其他执行分时电价的第三产业调节能力有限。

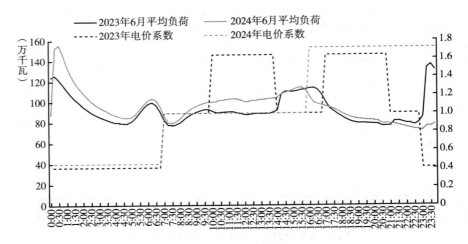

图 15　执行分时电价的第三产业负荷特性曲线

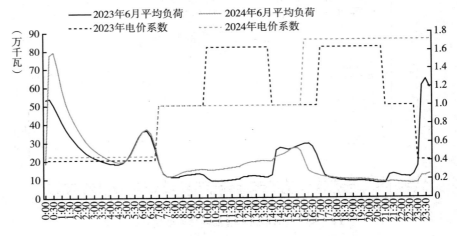

图 16　执行分时电价的充换电服务业负荷特性曲线

3. 降温负荷情况分析

选取 4 月气温适宜、无降温/采暖负荷的周二至周四工作日作为样本日，将样本日平均负荷曲线作为基础负荷典型曲线。

降温负荷增速明显快于基础负荷增速，"十四五"以来降温负荷对用电负荷增长的贡献率达到 95%。考虑分时电价对午、晚高峰基础用电负荷的影响，测算得知：2024 年度夏全省全网最大降温负荷发生在午间，约为 3937 万千瓦，与上年基本持平，占最大负荷的比重为 48.5%；晚高峰最大降温负荷 3810 千瓦，占当日晚高峰的比重为 49.0%。2010 年以来，全省降温负荷年均增加 207 万千瓦、增长 10.0%，同期基础负荷年均增加仅 111 万千瓦、增长 3.4%，降温负荷对用电负荷增长的贡献度达 68%。"十四五"以来降温负荷年均增加 371 万千瓦，在基础负荷增长较慢、高温天气频发的背景下，对全网负荷增长贡献率达到 94%。

降温负荷与分时电价调整无强关联。第二、三产业降温负荷走势基本一致，无明显产业差异，与气温走势大体一致，整体呈现"W"形。降温负荷与企业作息规律有关，在下班时间（6：00~8：00、17：00~19：00）降温负荷有所降低。降温负荷与电价关联度不大，午间电价平段及晚间电价峰段，降温负荷均较高。

（三）2024 年河南秋季用电负荷特性变化

本文以 9 月为例，剔除降雨、降温、非工作日等特殊因素影响，以日平均负荷、最大负荷及气象条件相近为基本原则，选取典型样本日，分析午间低谷电价实施前后负荷特性变化。

1. 95% 以上尖峰负荷集中出现在午间

受午间低谷电价影响，2024 年 9 月典型日最大负荷出现在午间 11：30，95% 以上尖峰负荷持续时间约 1 小时，仅覆盖午间时段。2023 年 9 月典型日最大负荷出现在午间 11：30，95% 以上尖峰负荷持续时间约 1 小时，覆盖午间、晚间两个时段。

2. 午高峰远大于晚高峰

受新版分时电价"午峰转谷、晚峰集中"设置影响，2024 年 9 月典型日晚间负荷在 17：45 之后持续走低，晚峰负荷低于午峰近 420 万千瓦。2023 年晚高峰出现在 21：15（电价平段），晚峰负荷几乎与午峰持平，低于午峰不足 20 万千瓦（见表 4）。

表4　新版分时电价对全网9月负荷特性的影响情况

负荷时段	负荷特性指标	2023年	2024年
午间 （11：00~14：00）	峰值时刻	11：30	11：30
	峰值规模	5600	5707
	95%最大负荷持续时间	11：30~11：45	11：15~11：45 12：30
晚间 （16：00~24：00）	峰值时刻	21：15	17：45
	峰值规模	5584	5289
	95%最大负荷持续时间	21：15~21：30	—

（四）新版分时电价对秋季负荷影响程度测算

从全网负荷看，午间低谷电价抬升全网午高峰负荷约110万千瓦，增加日消纳电量约210万千瓦时。与上年同期相比，9月在11：00~14：00时段设置低谷电价，午高峰时刻（11：30）全网负荷抬升约107万千瓦。午间电价低谷时段（11：00~14：00）全网平均负荷抬升约70万千瓦，增加消纳空间约210万千瓦时。全网晚高峰时刻前移3.5小时，晚高峰负荷降低约290万千瓦。与上年同期相比，9月在16：00~24：00时段设置高峰电价，全网负荷在17：45之后持续走低。全网晚高峰发生时刻由上年的21：15前移至17：45，前移约3.5小时。晚高峰负荷由上年的5584万千瓦降低至5289万千瓦，降低295万千瓦（见图17）。

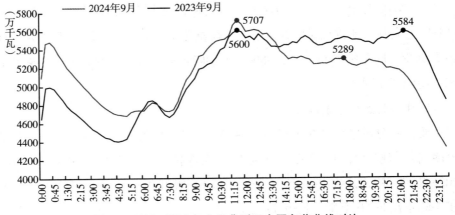

图17　2023~2024年9月典型日全网负荷曲线对比

三　发展建议

新版分时电价政策在一定程度上促进了发用电曲线匹配，缓解了河南度夏电力保供和秋季消纳难题。由于工业负荷已充分错峰，晚高峰负荷不足2200万千瓦，在"保供稳价"前提下已基本引导到位，而当前降温负荷对负荷增长的贡献率达70%，在极端天气频发的背景下，服务业和居民空调负荷是下一步引导重点，做好空调负荷管理成为电力保供的关键。

（一）建立分时电价动态调整机制

当前随着分布式电源快速增长，源网荷储等新业态不断涌现，受更多市场化和价格等外界因素的影响，供需双侧不确定性持续增强，电网形态以及用户侧负荷特性也在不断地变化和调整，这就需要建立对分时电价政策更为灵活、及时的调整机制，使分时电价政策更好引导负荷特性的改变。借鉴先进省份做法，建议结合河南电力供需状况、用电负荷特性、系统调节能力等因素，以年度为周期合理调整峰平谷时段。如遇极端情况，可对尚未执行的峰谷时段进行年内适应性调整。

（二）适时科学调整居民阶梯电价

晚高峰保供压力主要来自降温负荷，河南夏季降温负荷占大负荷的比例已经超过50%，居民空调降温负荷是导致晚高峰负荷攀升的主要原因，而河南居民用户选择执行分时电价的比例较低，2023年选择执行分时电价的居民用户仅23.6万户、占比0.56%，选择执行分时电价的居民用户售电量2.0亿千瓦时、占比0.2%。建议贯彻落实党的二十届三中全会关于推进能源领域价格改革、优化居民阶梯电价等部署，适时促请政府部门对居民阶梯电价各季节分档电量、分档价格进行合理调整。

（三）规范开展空调负荷调控管理

坚持"政府部门主导、电网企业实施、电力用户配合、多方主体参与"原则，促请政府部门加强对空调负荷管理工作的组织协调，持续开展可调节空调负荷排查，力争实现公共机构、商业楼宇空调负荷调控全覆盖，做实做细做足空调负荷资源池，推动可调节空调负荷资源接入新型电力负荷管理系统，确保控制精准实时、安全可靠，实现空调负荷可观、可测、可调、可控。推动政府完善需求响应市场机制，与具备可调节能力的空调负荷用户签订需求响应协议。根据供需形势和政府要求，综合采取监测互动、柔性调节、分时轮停、刚性控制等方式，规范开展空调负荷调控管理，切实压降空调负荷，确保发挥作用。

参考文献

国家发展改革委：《关于进一步完善分时电价机制的通知》，2021年7月。

国家发展改革委：《关于进一步加快电力现货市场建设工作的通知》，2023年11月。

河南省发展改革委：《关于进一步完善分时电价机制有关事项的通知》，2022年11月。

山东省发展改革委：《关于工商业分时电价政策有关事项的通知》，2022年11月。

河南省发展改革委：《关于调整工商业分时电价有关事项的通知》，2024年5月。

B.16
电动汽车聚合态参与虚拟电厂调控
分析研究

虚拟电厂研究课题组*

摘　要：　随着分布式新能源装机、电动汽车保有量、储能设施规模的迅速增长，虚拟电厂作为新型电力系统中重要的协同角色正在快速发展。本文简要从国家政策、各省份实践、技术发展以及示范试点等方面梳理了我国虚拟电厂发展情况和基础架构，结合电动汽车充电负荷资源特点，以某市配电网局部供电紧张区域及相关充电站集群为例，探索在虚拟电厂框架下车网互动的可行性与应用模式，以期为车网互动规模化应用示范和虚拟电厂建设提供技术支撑。

关键词：　虚拟电厂　电动汽车　聚合态　负荷调控

近年来，国家发展改革委、国家能源局等部门相继出台多项政策，提出要提升需求侧协同能力，建设一批虚拟电厂。虚拟电厂是新型电力系统中匹配供需的有效载体之一，聚合微小而众多的分布式发电和用户侧资源，灵活调节电力需求，参与统一电力市场建设。国内各省份相继开展虚拟电厂探索和建设。近年来，河南省电动汽车保有量快速增长，预计 2025 年全省保有

* 课题组成员：贾一博、白宏坤、李秋燕、王圆圆、卜飞飞、杨洋、武鸿斌、时昱。执笔：贾一博，国网河南省电力公司经济技术研究院工程师，研究方向为车网互动与信息物理系统安全；李秋燕，国网河南省电力公司经济技术研究院高级工程师，研究方向为大数据分析应用与数据安全；王圆圆，国网河南省电力公司经济技术研究院高级工程师，研究方向为能源电力经济与大数据应用分析。

量将突破 200 万辆、最大充电功率超 300 万千瓦。电动汽车充电具有自主充放、价格敏感、时间可引导、规律可预测等特性，随着覆盖城乡、交通枢纽、工业园区及居民区的充电网络日趋完善，电动汽车充电负荷可进一步成为优质可调节资源。本文以某市配电网局部供电紧张区域及相关充电站集群为例，探索在虚拟电厂框架下电动汽车参与聚合调控的物理场景，电网运行与虚拟电厂、负荷聚合商及电动汽车用户等多方主体合作共赢的模式，以期为车网互动规模化应用示范和虚拟电厂建设提供技术支撑。

一 虚拟电厂发展实践分析

虚拟电厂（VPP）是一种应用"大云物移智链"信息通信技术，将分布式电源、储能和可调节负荷等多种分散的需求响应资源进行匹配整合，进而响应电网需求、参与市场交易或接受电网调度的系统，是新型电力系统建设进程中能源供需融合、源荷互动的新举措，是数字技术和能源技术产业化发展的产物。全国多省市相继探索开展了虚拟电厂建设实践，以试点示范为主，初步实现了小范围供需感知交互、资源高效、精准和经济调用的运行模式。

（一）国家不断加强对虚拟电厂的政策支持与引导

2015 年，国家发展改革委、国家能源局在《关于促进智能电网发展的指导意见》中提出"依托虚拟电厂等重点领域商业模式创新"，标志着虚拟电厂的启动。此后，在新型储能、电力市场体系等政策文件中，均明确支持虚拟电厂，鼓励发挥虚拟电厂技术优势。2023 年，《电力现货市场基本规则（试行）》和《电力需求侧管理办法（2023 年版）》相继出台，前者明确将虚拟电厂作为新型经营主体，是电力现货市场成员之一；后者明确电力需求侧管理服务机构包括负荷聚合商、虚拟电厂运营商等，要"逐步将需求侧资源以虚拟电厂等方式纳入电力平衡"。2024 年 9 月，国家能源局印发《电力市场注册基本规则》，进一步明确虚拟电厂经营主体的基本条件。从发展的脉络来看，国家的政策措施正逐渐趋于体系化、更具可操作性和针对性，其目的在于引导虚拟电厂产业的发展以及相关技术的推广。

（二）各省市基于自身实践呈现政策多元化

2013 年，上海作为需求响应试点城市发布政策要点并开展响应，我国电力需求响应正式实施，并逐步推广。2015 年，江苏发布《江苏省电力需求响应实施细则（试行）》，要求完善需求响应体系，逐步建立国内最大规模的削峰填谷资源。随着电力市场模式与空间的发展，需求侧响应逐渐演化为虚拟电厂。2021 年 6 月，广州市工信局发布《广州市虚拟电厂实施细则》，将虚拟电厂作为全社会用电管理的重要手段，以"激励响应优先，有序用电保底"为原则，引导用户参与电网运行调节。2022 年 6 月，山西省能源局发布了首份省级《虚拟电厂建设与运营管理实施方案》，该方案将虚拟电厂划分为负荷类和源网荷储一体化两大类。同时，还对虚拟电厂提出了要求，初期调节容量不得低于 20 兆瓦，且不低于最大用电负荷的 10%，持续参与响应不少于 2 小时。2023 年以来，13 个省份根据当地市场发展程度，分别规定了虚拟电厂参与电力现货交易的方式，如山西、甘肃、江苏、上海报量报价，宁夏报量不报价，重庆、吉林不报量不报价，安徽报量报价或自调度方式。从各省份发展时间线来看，我国先行省份的探路对全国虚拟电厂的应用与发展具有引领示范、辐射带动作用。

（三）虚拟电厂的构建与运行技术逐步成熟

"大云物移智链"等新技术成为虚拟电厂发展的重要引擎，互联网生态的快速发展带动了数字产业技术进步。虚拟电厂依托互联网和现代信息通信技术，聚合匹配微而众的分布式调节资源，为电网和消费者提供高效电能服务。电力系统的信息通信技术、大数据技术为虚拟电厂构建奠定了物质基础，前者保障了虚拟电厂内部以及与其他系统之间的信息交换和通信，后者有效处理了虚拟电厂内外的各种信息，为虚拟电厂"智慧中枢"提供各个子系统实时精确的信息流和决策支持。"AI+电力"已成为典型落地应用场景之一，依托更智能的算法，汇聚的资源更加广泛灵活，响应手段更加多元，调控能力更加快捷，进而降低虚拟电厂建设和维护成本。据国家电网测算，虚拟电厂建设成本大约只有火电厂的 1/8 到 1/7，经济优势进一步凸显，将成为提升新型电力系统灵活调节能力的有效举措之一。

（四）试点示范的建设路径和商业模式各具特色

从多省份各具特色的试点实践来看，各地虚拟电厂发展模式与其当地资源特性和电网发展面临的实际问题高度相关，都是以解决电网运行中出现的问题为主要出发点，伴随着政策、技术和市场的成熟，都展示出了各自特色和示范引领作用。

江苏省采用源荷友好互动模式，为满足迎峰度夏期间电力稳定保供的需求，其削峰需求响应发展较快。2015 年响应最高负荷 188 万千瓦，2016 年增至 344 万千瓦。2017 年江苏"大规模源网荷储友好互动系统"投运，当时被称为"世界最大规模虚拟电厂"，首创将分散的海量可中断负荷集中起来进行精准实时控制，这次源荷友好互动代表了我国虚拟电厂早期实践。2021 年江苏省发展改革委印发《关于进一步完善分时电价机制有关事项的通知》，进一步加大激励力度。2023 年南京江北百万千瓦级区域综合能源协调控制系统、镇江扬中分布式资源管控系统等建设和运行，开始提供调峰、调频常态化服务，江苏虚拟电厂开启了商业化运营模式。

冀北采用清洁能源消纳模式，冀北电网的新能源装机占比近 60%，绿电消纳面临调峰能力不足等问题。冀北虚拟电厂是全国首个市场化运营虚拟电厂，于 2019 年 12 月由国网冀北电力有限公司建成投运，构建了"1 智能管控平台+N 运营商+X 用户"体系架构，实时接入并控制蓄热式电采暖、可调节工商业、智能楼宇、电动汽车充电站等 11 类资源，平台聚合了 35 家用户、156 个可调节资源，总容量 35.8 万千瓦，调节能力 20.4 万千瓦，覆盖张家口、秦皇岛、廊坊三市，在覆盖范围和调控规模上达到了一定量级，直接参与华北辅助服务市场为大电网提供调峰、调频和备用等服务。2022

年冀北虚拟电厂有力支撑了绿色冬奥，标志着虚拟电厂技术从理论走向实践、率先进入"市场型虚拟电厂"阶段。2022年基于冀北虚拟电厂实践研制的《虚拟电厂：用例》等国际标准获批发布，进一步标定了该项示范在虚拟电厂发展进程中的地位。

深圳采用新型负荷柔性调节模式，当地风电、光伏、储能不具备大规模发展的自然条件，但新型负荷类型多样。深圳虚拟电厂从空调、充电桩等负荷侧资源入手开展柔性调节，精准挖掘需求侧资源不同时间尺度的调节能力，缓解城市局部电力供应紧张、助力城市"双碳"目标实现。2021年12月，深圳供电局上线国内首个网地一体化虚拟电厂运营管理平台，该平台全量接入了"电力充储放"资源以及建筑楼宇、数据中心、蓄冰站、地铁、充电站等资源，规模超过150万千瓦，涉及100多家运营商，实时最大调节能力超过30万千瓦，预计2025年将升至100万千瓦，成为国内接入负荷类型最全、直控资源最多、应用场景最丰富的虚拟电厂平台。深圳虚拟电厂市场交易品种也从单一的调峰向调峰调频、备用辅助等多元化发展。

二　虚拟电厂的建设基础和相关技术

虚拟电厂与传统实体电厂重资产的物理形态不同，是依托能源互联网技术，以轻资产模式构建的空间网络体系，参与电网供需实时平衡，参与统一电力市场运行。

（一）虚拟电厂物理架构

从产业链视角看，虚拟电厂运行具有上中下游协作的特征，即上游提供可调负荷、分布式电源和储能设备等基础资源，中游依靠互联网整合供需信息、增强协调控制能力，下游面向电网企业、售电公司或大用户提供电力电量商品服务。产业链上中下游的协同高效运转基于一套逻辑分明的物理架构，一般包括四层：资源层、网络层、平台层和并网层（见图1）。

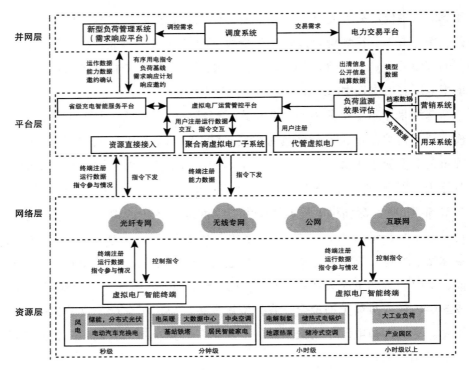

图1 基于智能充电平台的虚拟电厂物理架构

资源层是实现分布式发电、用户侧储能、各类可中断和可调节负荷资源的聚合接入，并通过智慧终端实现秒、分钟、小时级数据交互。随着虚拟电厂运营精细化，智慧终端具备边缘计算能力，分析评估各类资源的调节容量、调节性能等关键参数。

网络层是虚拟电厂数字化、智能化应用的基础，通过光纤专网等各种安全可控网络技术，接收平台层指令下发，面向资源层下发控制指令，支持运营范围内各类分布式终端交互。

平台层是虚拟电厂运营管控的核心，是资源聚合、调度运行、响应监视和市场运营的中枢阵地，依托虚拟电厂技术支持系统实现参与需求响应、辅助服务和电能量市场的申报、出清及调用等，完成海量分散异质资源的管理和商业变现。

并网层是虚拟电厂与电网的业务交互，主要涉及营销、调控、交易等。虚拟电厂技术支持系统根据电网运行需要，与新型负荷管理系统、电网调度技术支持系统、电力交易平台进行实时信息交互。

河南省充电智能服务平台接入了全省 230 多家运营商、8 万多个公共充电站，具备电动汽车充电设施运营和电力电量实时在线监测，充放电资源特性分析、调节潜力评估等功能，可以依托该平台在虚拟电厂的技术架构下，参与车网互动探索。

（二）虚拟电厂的资源构成分析

1. 虚拟电厂灵活调节资源分类

虚拟电厂资源具有能快速改变用电时间或负荷大小以配合运营商的需求响应策略，从而获得经济效益的灵活调节特性。灵活调节资源的种类繁多，有如下四种分类标准。

（1）按照网荷能量互动方式分类

按照网荷能量互动方式分类，虚拟电厂灵活调节资源可以分为双向、单向能量交换型。双向能量交换型是指电动汽车 V2G、储能以及微电网等资源类型，既能够借助调控举措调整用电需求在时空上的分布，还能达成电网与用户侧之间电能的双向传输；单向能量交换型则无法向电网回馈能量，可采用电价引导的方式鼓励用户用电行为，以智能家居和温控负荷等为代表。

（2）按照负荷调度响应方式分类

按照负荷调度响应方式分类，虚拟电厂灵活调节资源可以分为可转移负荷、可平移负荷、可削减负荷。可转移负荷在调度周期内，其总用电量大致稳定，但各个时段的用电量能够灵活调节；可平移负荷由于受到生产流程的约束，只能实现用电曲线在较大时间段内的平移；可削减负荷则根据用户需求分析对用电量进行削减，例如居民的空调负荷、楼宇照明负荷等。

（3）按照用户及设备类型分类

按照用户及设备类型分类，虚拟电厂灵活调节资源可以分为工业负荷、商业负荷、居民负荷。工业负荷在能源使用方面具有较为固定的模式，可控性较强，载量较高；商业负荷在能源使用中的占比较高，具备很大的调控潜力，可通过对温度、光强等因素进行微调，实现对需求侧的响应；居民负荷主要以智能家居为代表，居民负荷的用能具有很强的不确定性，种类繁多，并且难以进行集中控制。

（4）按照可响应程度分类

按照可响应程度分类，虚拟电厂灵活调节资源可以分为可控负荷和可调负荷。可控负荷通常借助经济合同达成，在负荷处于高峰阶段期间，用户可按照合同要求削减负荷，支撑电网需求侧管理，如大型中央空调、储能负荷等都属于可控负荷；可调负荷则无法完全响应电网调度，但电价引导效应较为明显，如电动汽车、温控负荷以及智能家居等。

综合以上各种分类，灵活调节资源多集中在电动汽车、温控负荷、智能家居、储能以及部分工业生产等领域，具有市场信号敏感，用电可平移、可削减、可调度等共同特征，是虚拟电厂的重要组成部分（见图2）。

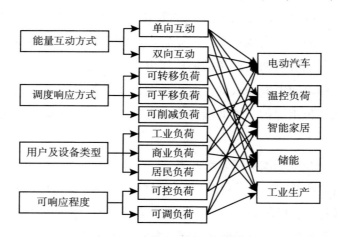

图2 虚拟电厂灵活调节资源分类

2. 灵活调节资源负荷特性分析

可调节能力强、响应速度快和可靠性高的灵活调节资源，可提升虚拟电厂完成电网调度指令的能力，是虚拟电厂建设的重要组成部分。

（1）以某市公共充电站群为例进行分析

以某市公共充电站群为例进行分析，该城区充电站多位于商业中心、交通枢纽、物流工业园区或居民小区附近，受建设场地及租赁成本等因素影响，位置相对集聚，给局部电网供电能力带来一定压力。对该区域充电负荷的有序引导一方面可以缓解区域配电网在电动汽车大规模集中充电时的供电压力，另一方面还可以使充电负荷灵活地参与区域配电网的运行调节、获取一定调节收益。

对该区域公共充电站充电负荷（见图3）进行分析，该区域充电站多服务于出租、物流等运营车辆，充电负荷的价格引导效应明显。夏季0~7时、16~24时分别为电价低谷、高峰时段，夜间0时和6时前后处于全天充电最高峰、次高峰，高峰电价时段充电负荷仅为最高充电负荷5%左右。进入秋季后，低谷电价增加午间11~14时时段，该时段充电基础电价较夏季同时段下降48.5%，充电负荷较夏季平均抬高60%。可以看出，电动汽车充电负荷具有时间弹性，充电行为可引导，未来将是虚拟电厂具有较大潜力的运营资源。

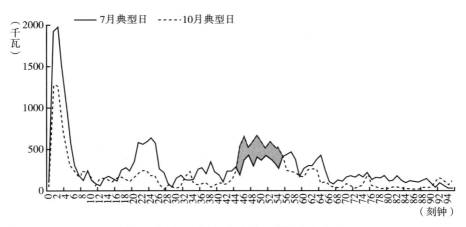

图3　某城区某公共充电站典型日充电负荷

（2）以中央空调为例进行分析

我国大部分地区的夏季降温负荷占最大负荷的比例越来越高，河南省夏季空调降温负荷占最大负荷的比重已超过50%。大型商场、写字楼等商业楼宇的中央空调负荷占了较大比重，其可控性较强，参与需求响应潜力巨大，是实现削减高峰负荷的有效可调节资源。以某城区两座商业楼宇的负荷数据，分析典型商业中央空调夏季供冷负荷特征（见图4）。可以看出，夏季商业中央空调供冷负荷占总负荷比例为40%～60%。虚拟电厂和负荷聚合商可以在保证空调系统安全稳定运行、不影响用户体感舒适度情况下，将中央空调使用高峰时段与电网用电高峰期短期错开，既可实现无感调峰，也可节约用电支出。

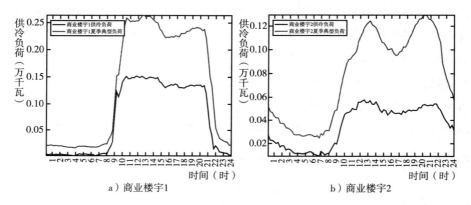

a）商业楼宇1   b）商业楼宇2

图4　某城区两座商业楼宇夏季典型负荷与中央空调供冷负荷

资料来源：河南电网数据中台。

（三）虚拟电厂的关键技术应用

虚拟电厂是多元能源聚合平台，更是各种技术的集成平台，应用的关键技术大致有以下几个方面。

分布式能源资源聚合技术是构建虚拟电厂的基础技术，涉及分布式电源、储能系统和可调控负荷的筛选、评估和连接，快速、准确地采集各资源的实时状态信息，并将其聚合为虚拟电厂平台的整体表现形式，以实现虚拟电厂稳定持续输出。

多代理系统和智能决策技术是支撑虚拟电厂基于规则或学习算法做出优化决策的技术。由于构成虚拟电厂的各分布式能源资源通常分属不同的运营主体，行为和利益诉求各异，虚拟电厂的多代理系统需要模拟和协调这些代理间的互动，对内协调、对外统一，进而形成全局最优决策。

大数据分析与云计算技术可助力虚拟电厂利用大数据技术挖掘分布式能源资源运行特性，发挥大数据技术的洞察预测本质，关联和处理气象预报、市场信息、设备状态等信息，为运营提供决策依据。云计算平台则提供了强大的计算资源和存储空间，支撑虚拟电厂的高效运行。

双向通信与网络安全技术能够保障虚拟电厂实时、可靠的数据交换以及指令下达和反馈的及时性。虚拟电厂是由源网荷储形成的多主体新型数字空间，建立在开放网络环境下，需要必要的网络安全和数据安全防护措施以防止数据篡改、恶意攻击等风险。

三　电动汽车聚合态参与虚拟电厂调控分析

电动汽车具有可控负荷和储能单元的双重属性，在国家新能源汽车产业发展带动下，电动汽车将是未来参与电网互动的重要组成部分之一。但单个电动汽车独立参与互动的能力甚小，为充分发挥其灵活性潜力，需由负荷聚合商或虚拟电厂将散布的电动汽车充电负荷有效聚合为整体参与电网互动。本文研究了虚拟电厂运营框架下电动汽车聚合参与电网互动的典型场景、参与模式。

（一）电动汽车聚合参与虚拟电厂调控场景

"光—储—充"分布式电源消纳场景。随着新能源汽车如重卡电动汽车下乡以及生态景区绿色出行的推进，县域充电设施覆盖率不断提高。常见的重卡充电桩功率为150～350千瓦，重卡充换电站负荷集聚规模可观。这些充换电资源多位于农村或郊区配电网末端。同时，县域分布式电源也在大规模发展，地区分布式光伏、储能或分散式风电出力与充换电站负荷在空间上具有耦合性，将光、储、充换资源统一聚合调控，可提升分布式电源消纳水平。

减轻城区局部配电网供电压力场景。城区充电设施选址多受建设场地、人车流量等因素影响，存在区域布局不均衡现象，且在分时电价引导下充电时段高度集中，更加大了特殊时段局部电网的供电压力。对局部区域充电设施进行聚合调控，发挥规模化移动负荷的作用，可有效减轻局部电网供电压力，提升电网供电可靠性和安全性。

（二）电动汽车聚合调控流程分析

目前华北、华中地区部分省份出台了电动汽车等第三方独立主体或聚合主体参与辅助服务市场的交易规则，市场准入条件中要求调节容量不小于2.5兆瓦时，最大充放电功率不低于5兆瓦。报价和出清环节，聚合商需分类申报其代理的调节资源，包括聚合调节容量、充电时间及时间范围、最大聚合充电功率及基准聚合充电功率。调度机构按照市场规则编制日前发电预计划，并在出清价格合适时段安排电动汽车等第三方主体提供调峰服务，聚合商收到出清结果后进行电力曲线分解，并下发至各电动汽车独立主体。本文参考上述市场组织流程，模拟所选区域内电动汽车聚合资源参与虚拟电厂、电网的调峰辅助服务模式。

（三）典型算例分析

1. 构建的基础场景

以城区某供电区域为例，该区域内有一座110千伏变电站、两台50兆伏安主变，为多个大中型居民小区、商超以及企事业单位供电，负荷类型以工商业、居民为主。供电范围内接入9座公共充电站，充电功率合计26兆瓦。在2022～2023年度夏期间，#1、#2主变最高负载率分别达到79%、86%。其中，2023年度夏期间#2主变负载率超80%的情况有6天，集中在7月上旬，重载时段出现在15：00～17：00和23：00前后。

对比该变电站的供电曲线形态与充电负荷形态，#1、#2主变重载时段与充电高峰期存在重叠（见图5）。出租车会在17：00之前补电以迎接下班时段的高客流量，与主变在14：00～17：00用电峰段重合；受低谷电价引

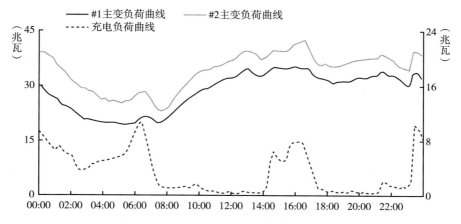

图5　某变电站典型日供电负荷及充电负荷情况

资料来源：河南电网数据中台。

导，电动汽车车主在23：00之后集中给电动汽车充电，主变变压器负荷突增导致重载，在凌晨1：00后负荷会快速大幅下降。

考虑该变电站运行出现重载的频度、时长，以及城区相关变电站增容工程的统筹规划和建设进度，短期内可采取将充电等负荷聚合调控以缓解其区域电网供电紧张局面。

2. 电动汽车聚合调控资源潜力测算

电动汽车的实际可调节负荷受物理因素和经济因素两方面约束。物理因素主要考虑电动汽车电池容量、入网初始荷电状态、离网荷电状态、入网时刻、离网时刻以及充电桩的最大充电功率等；经济方面侧重于受电动汽车用户自身决策影响。

区域公共充电站调节潜力测算（见图6）。基于各充电站订单数据和电动汽车用户充电行为的分析，对该变电站所供9座充电站调节潜力测算后，得到该9座充电站24小时的充电负荷为5.8~9.2兆瓦，聚合调节潜力不同时段稍有差异、平均为1.8~3兆瓦。

中央空调及储能等调节潜力。经测算，该变电站所供区域内中央空调负荷调节潜力在1.2~2.0兆瓦。

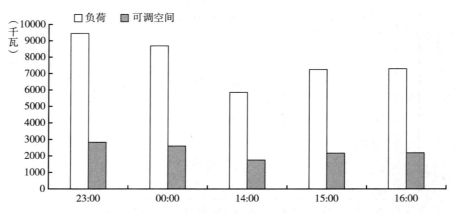

图 6　某变电站供电范围内公共充电站群调节潜力

资料来源：河南电网数据中台。

3. 电动汽车聚合调控效益分析

该区域虚拟电厂由 9 座公共充电站、2 座商业楼宇空调、2 兆瓦/5 兆瓦时的储能，以及 300 千瓦的小型屋顶光伏四大元素构成。

按照所在变电站用电负荷保持在主变额定容量 80% 及以下的运行要求来测算调峰需求，23：00~凌晨 0：00 重载时段需削减负荷量 1.53 兆瓦、持续 2 小时；午后 15：00 需削减负荷量 1.26 兆瓦、16：00 需削减 2.96 兆瓦。

23：00~凌晨 0：00，中央空调和公共充电站电动汽车资源可满足计划削减量，该时段电动汽车削减的负荷将平移至削峰结束后。虚拟电厂调控策略有以下两种：优先采用电动汽车充电负荷调节、中央空调负荷补充；优先采用中央空调负荷、电动汽车充电负荷补充。午后 15：00~16：00，考虑到出租车、网约车等充电车辆的运营属性，以及资源量小于 2.5 兆瓦时等因素，暂不考虑电动汽车参与调峰，该时段优先采用中央空调负荷和储能的优化组合。

根据河南峰谷价差，设置本算例中削峰激励价格为 700 元/兆瓦时，支付用户参与响应激励按 500 元/兆瓦时考虑。经测算，23：00~凌晨 0：00，虚拟电厂总体收益为 612 元，单辆电动汽车单次响应收益均值为 9.16 元。

午后 15：00～16：00，虚拟电厂在负荷调控基础上叠加储能峰谷价差收益、光伏发电收益，总体收益达到 1400 元。经虚拟电厂调控后，该区域变电站供电负荷曲线如图 7 所示。

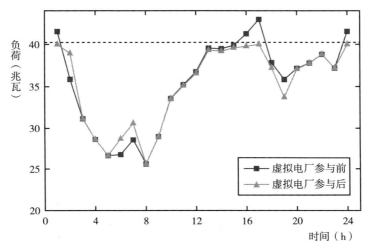

图 7　虚拟电厂参与前后所在变电站#2 主变供电负荷曲线变化情况

资料来源：河南电网数据中台。

总体来看，虚拟电厂结合电网削峰需求和车辆运营需求，制定的"电动汽车+空调"负荷类资源优先参与削峰、光伏发电充分利用、储能补充的调控策略，减轻了该区域变电站重载运行压力，将该区域电网峰谷差由 18 兆瓦降低为 16 兆瓦，降幅达 15.6%，使得虚拟电厂在获得削峰的峰谷价差收益的同时，也为新能源车主创造了额外收益，为空调用户降低了用电成本，实现了多方互利共赢。

四　相关结论和建议

电动汽车聚合态参与电力系统削峰填谷运行，不仅可提升电网对规模化电动汽车集中充电的最大承载能力，还将对推动能源行业和新能源汽车产业技术进步、促进社会消费增长具有重要意义。实现虚拟电厂车网互动规模化

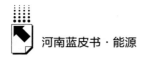

应用，需要不断丰富的应用场景、可持续的商业模式、规模化的产业链以及严格的标准体系和测试认证等多重要素支撑。

（一）强化车网互动在缓解配电网供电紧张中的作用

电动汽车聚合态在电力削峰、安全支撑、备用保障等方面可发挥重要作用。在全面推进交通电气化背景下，规模化电动汽车的接入将会增加配电网运行的压力，引起充电负荷与其他用电负荷"峰上加峰"，从而造成配变或线路过载问题，给用户公平接入和电网可靠运行带来新的挑战。由于充电负荷全天 24 小时分布的极不均匀性，单纯通过增容改造和新建输变电工程来加强配电网不仅大大增加了电网投资和输配电成本，还降低了变电设备的利用效率。应充分发挥电动汽车能够"反哺"电网的削峰填谷特性，深入挖掘其与分布式光伏、储能、空调等多类型灵活资源的协同潜力，降低无序充电给电网带来的负面影响，推动柔性灵活、智慧融合的新型电力系统建设。

（二）不断完善虚拟电厂市场机制

当前我国新能源汽车产业保持强劲增长态势，预计 2025 年河南省电动汽车保有量将超过 200 万辆，以每辆车平均配置 65 千瓦时的电池容量来估算，全省夏季最高充电负荷预计超 300 万千瓦，调节潜力可观。虚拟电厂对于提升电力系统的服务质量和运行效率具有重要作用，随着技术的持续进步和电力市场的逐步放开，虚拟电厂的商业模式需要持续创新，这种创新将使虚拟电厂更加灵活高效地整合分布式能源资源，实现多元互动，并在高度市场化的环境中运行。通过这些机制，虚拟电厂不仅显著提高了能源利用效率，还大幅降低了能源运行成本，从而为整个电力系统带来更高的经济性和环境可持续性。当前，电动汽车聚合态在参与电力削峰时面临充电时段与尖峰重叠、调度运行机制有待进一步优化、运行机制缺乏经济性激励、市场化程度低等问题，需要统筹各类调节资源，优化调度运行机制和市场机制，优化充电站布局，促进"车—桩—网"生态建设，引导虚拟电厂车网互动发挥调节作用、获取合理收益。

（三）高度重视虚拟电厂车网互动的网络和数据安全

随着虚拟电厂建设和运行逐步走向成熟，其规模化的应用范围不断扩大，涉及大量分布式能源资源，用户及数据量庞大且复杂。虚拟电厂车网互动实现了能源链和充电设施的开放互联、海量终端用户多元互动、资源优化配置，也面临网络及数据安全新挑战。规模化车网互动聚合服务横跨汽车制造、电网、交通、充电、通信和基础设施等多个产业，具有参与主体多元化、互动模式多样化、数据交互频繁、数据使用权和所有权分离等特点，网络和数据安全风险传导链路复杂，影响面不确定。作为新生事物，其预防、抵御、应急和恢复手段尚未体系化形成。需加快体系化研究和业务实践，推动跨域多主体数据可信接入和传输、安全认证和访问控制、安全交互与数据融合等方面技术发展，统筹发展和安全，构建高水平网络和数据安全防护体系，保障新兴产业持续健康发展。

参考文献

江苏省经济和信息化委员会：《江苏省电力需求响应实施细则》，2015 年 6 月。

国家发展改革委、国家能源局：《关于促进智能电网发展的指导意见》，2015 年 7 月。

广州市工业和信息化局：《广州市虚拟电厂实施细则（征求意见稿）》，2021 年 2 月。

山西省能源局：《虚拟电厂建设与运营管理实施方案》，2022 年 6 月。

天津市人民政府：《天津市碳达峰实施方案》，2023 年 8 月。

贵州省人民政府：《贵州省碳达峰实施方案》，2022 年 11 月。

河南省发展改革委等 8 部门：《河南省新能源和可再生能源发展"十四五"规划》，2023 年 4 月。

四川省经济和信息化厅：《关于组织开展 2023 年大数据产业发展示范申报工作的通知》，2023 年 7 月。

山东省能源局：《关于开展山东省能源绿色低碳转型试点示范建设工作的通知》，2023 年 9 月。

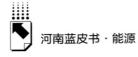

国家能源局浙江监管办公室、浙江省能源局：《虚拟电厂参与浙江电力辅助服务市场试点工作方案》，2024 年 8 月。

工信部等六部门：《关于推动能源电子产业发展的指导意见》，2023 年 1 月。

国家发展改革委：《电力需求侧管理办法（2023 年版）》，2023 年 9 月。

国家发展改革委：《电力现货市场基本规则（试行）》，2023 年 9 月。

国家发展改革委办公厅、国家能源局综合司：《关于进一步加快电力现货市场建设工作的通知》，2023 年 10 月。

国家能源局：《2024 年能源监管工作要点》，2024 年 1 月。

国家能源局：《2024 年能源工作指导意见》，2024 年 3 月。

国家发展改革委：《电力市场监管办法》，2024 年 5 月。

国家发展改革委、国家能源局、国家数据局：《加快构建新型电力系统行动方案（2024—2027 年）》，2024 年 7 月。

国家能源局：《电力市场注册基本规则》，2024 年 9 月。

电力圆桌项目课题组：《面向双碳的虚拟电厂技术支撑体系与商业模式研究》，2023 年 11 月。

高赐威：《虚拟电厂的概念思辨与现实发展路径》，东南大学电气工程学院电力经济技术研究所，2023 年 9 月 23 日。

艾芊：《虚拟电厂的典型运营模式和关键技术》，上海交通大学，2024 年 5 月 11 日。

B.17
河南省抽水蓄能电站规划建设 与发展布局研究

谢遵党 杨建 孙钦兰 赵茂 常学军*

摘　要： 抽水蓄能电站在电力系统中承担调峰、调频、调相、备用和黑启动等多种作用，随着新能源的大规模快速发展和电力系统对调节能力的需求日益增长，抽水蓄能电站将在能源清洁低碳转型过程中发挥重要作用。长期以来，河南抽水蓄能电站在选址规划、项目建设、作用发挥等方面取得了长足进展，新形势下迎来了政策体系不断完善、开发主体更加多元等新机遇，同时也面临资源和需求逆向分布等挑战。面向未来，河南需要从规划引领、项目管理以及市场化运营等方面持续发力，推动抽水蓄能电站科学健康有序发展。

关键词： 抽水蓄能电站　可再生能源　河南省

　　随着"双碳"目标的深入推进，新能源大规模发展背景下系统调节需求的持续增长与传统电源、电网调节能力有限的矛盾日益显现。抽水蓄能作为技术最成熟、经济性最优、应用最广泛的灵活性电源，在能源转型过程中扮演着重要角色。抽水蓄能的快速发展离不开国家政策的大力支持，河南省

---

* 谢遵党，黄河勘测规划设计研究院有限公司教授级高级工程师，研究方向为水工结构数据分析；杨建，黄河勘测规划设计研究院有限公司教授级高级工程师，研究方向为能源规划分析；孙钦兰，黄河勘测规划设计研究院有限公司高级工程师，研究方向为电气工程设计技术；赵茂，黄河勘测规划设计研究院有限公司高级工程师，研究方向为能源规划与数据分析；常学军，黄河勘测规划设计研究院有限公司高级工程师，研究方向为电气工程设计技术。

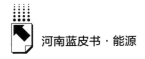

规划新增多座抽蓄电站项目，已有多座抽水蓄能电站正在加紧施工建设，这些电站将在推动河南省新型电力系统建设、助力实现"双碳"目标中发挥重要作用。

一　河南省抽水蓄能电站发展现状

抽水蓄能电站具备快速启动、快速增减负荷、迅速改变运行工况等优势，对于促进电力供需平衡、保障电网安全稳定运行具有重要意义。河南省高度重视抽水蓄能电站发展，将其作为支撑新能源发展与新型能源体系建设的重要组成部分。截至 2024 年 9 月，全省已投产、在建和纳规待建抽水蓄能项目共 13 个、1642 万千瓦。

（一）前瞻开展规划，引领作用突出

河南省抽水蓄能电站选点规划工作始于 1987 年，由中国电建集团中南勘测设计研究院有限公司和黄河水利委员会黄河勘测规划设计研究院有限公司作为技术支撑单位，先后完成了四轮选点规划和三轮中长期规划工作，优选出的新乡宝泉、南阳天池、鲁山花园沟、辉县九峰山、济源逢石河等一批优质站点成功纳入国家规划并顺利实施。河南抽水蓄能电站的选址规划工作有效引领了全省抽水蓄能行业健康有序发展。

（二）项目积极推进，发展平稳有序

截至 2024 年 9 月，全省已投产抽水蓄能项目 3 个、共 252 万千瓦，分别为南阳南召回龙 12 万千瓦、新乡辉县宝泉 120 万千瓦、南阳南召天池 120 万千瓦。洛阳洛宁大鱼沟、信阳光山五岳、平顶山鲁山花园沟、安阳林州弓上、郑州巩义后寺河、洛阳嵩县龙潭沟、新乡辉县九峰山、三门峡灵宝等电站等 8 个项目在建，容量 1120 万千瓦。洛阳汝阳抽蓄电站已核准待建、共 120 万千瓦，济源逢石河抽蓄电站因下水库发生变化，尚未核准（见表 1）。

表 1　河南省已建、在建、待建抽水蓄能电站布局情况

单位：万千瓦

分区	已建	在建及已核准	"十四五"重点实施项目待核准	合计
豫北	宝泉（120）	辉县九峰山（210）、林州弓上（120）	—	450
豫西	—	大鱼沟（140）、汝阳（120）、灵宝（120）	济源逢石河（150）	530
豫中东	—	巩义后寺河（120）	—	120
豫南	回龙（12）、天池（120）	嵩县龙潭沟（180）、鲁山花园沟（130）、光山五岳（100）	—	542
规模合计	252	1240	150	1642

（三）运行效果良好，效益发挥显著

抽水蓄能电站机组启停灵活，在电网调峰顶峰、新能源消纳、事故支援方面发挥重要作用。目前，河南省在运三座抽蓄电站中，大型抽水蓄能项目有宝泉、天池两座。以宝泉电站为例，电站装机容量 120 万千瓦，设计年抽水耗电量 26.4 亿千瓦时，电站综合效率 76%，年发电量 20.1 亿千瓦时。2023 年，宝泉电站全年抽水运行次数 1315 次，抽水利用小时数 1515 小时，发电运行次数 1244 次，发电利用小时数 1220 小时，发挥了削峰填谷双倍调峰作用。在促进新能源有效消纳方面，为配合光伏、风电运行，除在夜晚负荷低谷时段抽水运用外，在中午光伏出力较大、用户端负荷下降时也及时启动抽水，促进了新能源有效利用。在承担电网应急调节任务方面，全年计划外增开发电 290 次，增开抽水 459 次，临时调整开机计划 470 次，临时调整停机计划 337 次。

二　河南省抽水蓄能电站发展形势分析与需求预测

"双碳"目标下，河南省风能、太阳能等可再生能源快速发展，由于新能源出力具有随机性、间歇性，新能源的大规模开发对电网的调峰调频能力

提出了更高要求。近年来，国家相继出台了一系列政策措施，鼓励和支持抽水蓄能发展。通过价格机制、电力市场体制机制改革，保障抽水蓄能的成本回收与合理收益；通过优化简化抽水蓄能项目审批管理流程，提高项目前期审批效率；通过税收优惠、补贴及融资支持等手段，降低企业的投资风险与投资成本，提升企业投资积极性，抽水蓄能建设明显提速。

（一）发展机遇

1. 抽水蓄能发展进入"快车道"

2021年9月，国家能源局发布《抽水蓄能中长期发展规划（2021—2035年）》，提出到2030年，全国抽水蓄能投产总规模1.2亿千瓦左右；到2035年，全国抽水蓄能投产规模将达3亿千瓦左右。截至2023年，全国抽水蓄能电站总装机规模达到5094万千瓦/4.1亿千瓦时。华东区域电网抽水蓄能装机规模最大，达1791万千瓦，华北和南方区域电网装机规模分别达1147万千瓦、1028万千瓦，西北区域电网投产实现零的突破。抽水蓄能电站建设规模再上新台阶。2023年，电力质监机构注册的在建抽水蓄能电站共63个，装机容量共8512万千瓦，在建项目主要分布在华东、华中区域，分别有23个、12个项目，装机容量分别为3083万千瓦、1539万千瓦。同时，新增核准规模突破6300万千瓦。截至2023年，全国新增核准抽水蓄能电站49座，核准总装机规模6342.5万千瓦，其中，西北、华东、南方电网核准总装机规模均超过1000万千瓦。

2. 抽水蓄能政策体系不断完善

规划建设和纳规管理流程进一步细化。规划建设方面，2023年4月，国家能源局发布《关于进一步做好抽水蓄能规划建设工作有关事项的通知》，要求分省份、分区域开展抽水蓄能发展的需求论证，有序开展新增项目的纳规工作。根据需求论证和实际需要，及时对抽蓄中长期规划进行滚动调整。2023年12月，国家发展改革委和国家能源局发布《抽水蓄能电站开发建设管理暂行办法（征求意见稿）》，要求省级主管部门组织开展本地区抽水蓄能站点资源调查和发展需求论证工作，国家能源局组织开展全国抽水蓄能布局优化，明确各五年规划期全国分省份、分区域重点实施项目布局。项目纳规方面，2023 年 7 月，国家能源局发布《申请纳入抽水蓄能中长期发展规划重点实施项目技术要求（暂行）》，明确了申请纳规项目的四种类型以及需要满足的技术要求，确定了动态调整原则，并明确纳规项目要统筹已有重点实施项目与申请纳规项目的工程投资情况，分析工程投资对电价的影响，必要时提出申请纳规项目电价疏导路径。管理流程的不断完善为抽水蓄能项目合理规划和开发奠定了坚实的基础。

抽水蓄能价格机制进一步完善。我国抽水蓄能电站的价格政策探索过单一电价制、租赁制、两部制等电价，逐步建立完善了抽水蓄能电价形成机制，对促进抽水蓄能电站健康发展、提升电站综合效益发挥了重要作用。2021 年 5 月，国家发展改革委印发《关于进一步完善抽水蓄能价格形成机制的意见》，明确将容量电价纳入输配电价回收，以竞争性方式形成电量电价，逐步推动抽水蓄能电站进入市场。2023 年 5 月，国家发展改革委印发《关于抽水蓄能电站容量电价及有关事项的通知》，公布了在运及 2025 年底前拟投运的 48 座抽水蓄能电站的容量电价，释放了清晰的价格信号，充分调动了各方积极性。同月，国家发展改革委印发《关于第三监管周期省级电网输配电价及有关事项的通知》，进一步落实抽水蓄能容量电费疏导路径，纳入系统运行费，单列在输配电价之外。通过一系列政策的发布，为抽水蓄能产业发展、建设与运行提出了清晰的时间表、任务书和路线图，社会各方对投资建设抽水蓄能电站热情高涨，有力推动了抽水蓄能电站的开发建设。

3. 抽水蓄能开发主体更加多元

抽水蓄能电站开发建设主体趋向多元化。过去，抽水蓄能电站开发建设由两大电网主导，随着抽水蓄能产业技术不断创新、产业链逐步完善，以及新型电力系统背景下的政策支持力度加大、市场前景更加广阔，越来越多的央企、国企和民营企业参与抽水蓄能电站的开发建设，投资建设主体开始呈现多元化趋势。从全国看，2023 年国家电网有限公司、中国南方电网有限责任公司投资占比已降低至 76%；中国三峡集团有限公司、中国电力建设集团有限公司、中国能源建设股份有限公司等央企和福建闽投资产管理有限公司、豫能电力集团有限公司、广东能源集团有限公司等地方国企占比21%；华源电力有限公司等民营企业占比3%。从省内看，河南省采用独立投资、合作开发、联合运营等多元化合作模式，充分利用各投资主体的优势资源，实现资源共享、优势互补，共同推动抽水蓄能产业快速发展。

（二）面临的挑战

1. 规模化发展将推高终端用户的用电成本

《关于进一步完善抽水蓄能价格形成机制的意见》明确了抽水蓄能电站电价机制，指出抽水蓄能的容量电价纳入全省输配电价回收，极大激发了市场主体投资建设的积极性。但近年来，国家通过大力推进降低工商业电价助推经济社会发展，在"降成本"的背景下，抽水蓄能电站价格疏导难度加大。河南纳规的"十四五"重点实施项目将于2028~2030年集中投产，如全部将容量电费疏导至用户侧，可能会推高省内用户电价水平。

2. 抽水蓄能资源和系统需求逆向分布

目前河南分为豫北、豫中东、豫西、豫南四大电网分区，其中豫中东和豫南电网对抽水蓄能的需求较大且迫切。但受制于河南省的山水格局，抽水蓄能资源主要分布在南部的大别山，西部的熊耳山、伏牛山一带，以及北部的太行山脉，资源分布与电网需求在空间上不能完全匹配，特别是京广铁路线以东的平原地区经济发达、人口集中，但不具备抽水蓄能电站建设条件。

3. 抽水蓄能电站前期工作协调难度大

抽水蓄能电站项目前期工作周期一般要2年左右，涉及地质勘探、移民调查、土地预审等多项复杂烦琐工作，推进过程中不可预见因素较多。河南省人口基数大、土地资源紧缺，大多数抽水蓄能电站项目存在林地、饮用水源保护区、基本农田等环境制约因素，其调整涉及自然资源、林业、水利、生态环境等多个部门，尤其是基本农田、部分林地保护区的调整权限在国家部委，协调解决难度较大，影响抽水蓄能电站前期工作周期，制约项目实质性开工建设进度。

（三）发展预测

1. 全省抽蓄资源丰富

河南省抽水蓄能资源主要分布在豫北、豫西和豫南地区。

水资源方面，河南水资源跨越长江、淮河、黄河、海河四大流域，水系发达、河流众多。丰富的河流网络和一定规模的地下水资源不仅为抽水蓄能电站提供了充足的水资源，还使电站可以灵活选择水源，提高水资源利用效率。同时河南省入境水量较大，相当于全省地表水资源总量的 1.5 倍。丰富的过境水量也为抽水蓄能电站的运行提供了可靠的水资源保障。此外，还有引水工程如引黄入冀补淀等，进一步增加了水资源的利用空间。

地形地貌条件方面，河南省位于中国地势第二阶梯和第三阶梯的过渡地带，地形总体特征西高东低，高低悬殊，地貌类型复杂多样。北、西、南三面由太行山、伏牛山、桐柏山和大别山环抱，山间有丘陵和陷落盆地，中部和东部为豫东平原，西南部为南阳盆地，这种地形特征为抽水蓄能电站的上下水库选址提供了有利条件。上水库通常选择在高海拔地区，而下水库则位于相对较低的位置，两者之间的自然高差为抽水蓄能提供了必要的势能。

地质构造方面，河南省地质构造整体稳定性较好，岩石层理清晰，大部分地区适合进行抽水蓄能电站的建设。此外，河南省岩土体类型多样，包括岩石、土壤等。这些岩土体在物理力学性质、透水性等方面具有一定优势，有利于抽水蓄能电站的基础处理和支护工作，为电站的长期稳定运行提供了有力保障。同时，不同岩土体的组合也为抽水蓄能电站的选址提供了更多的选择余地。

2. 远期抽蓄电站需求分析

河南电网隶属于华中电网，是华中电网的重要组成部分，已经率先跨入特高压交直流混联运行阶段。目前，河南电网通过长治至南阳 1 回特高压线路和 1 回 500 千伏线路与华北电网联网，通过南阳至荆门、驻马店至武汉共 4 回特高压线路和 4 回 500 千伏线路与华中电网联网，通过天中直流、青豫直流、灵宝背靠背换流站与西北电网联网，外电入豫通道能力超过 2000 万千瓦。综合运用弹性系数法、重点行业分析法以及人均用电量法等方法开展预测，预计 2035 年河南省全社会用电量约 7000 亿千瓦时，最大负荷约 15000 万千瓦。

河南电网结构中，豫中（含豫西、豫中东）地区为负荷中心，根据河南省多年分地区电力负荷数据，豫中地区负荷占全省负荷的 45%；豫南电网区域范围相对较大，其负荷水平占全省负荷的 30%；豫北电网负荷相对较低，负荷水平占全省的 25%。根据需求分析，2035 年河南省抽水蓄能电站总需求规模约为 2242 万~2552 万千瓦，考虑已建、在建和重点实施抽水蓄能电站容量 1642 万千瓦，未来还需新增抽水蓄能规模约 600 万~910 万千瓦。按照抽水蓄能电站宜分散布局的原则，结合河南抽水蓄能电站资源禀赋情况、调峰需求、减少新能源弃电和外电入豫的安全需求等方面综合考虑，河南电网抽水蓄能电站合理布局的总体原则是宜优先布局在豫北、豫南、豫中各区域负荷中心附近、特高压输电通道落点附近以及省内可再生能源基地附近。

三 推动河南省抽水蓄能电站发展对策建议

抽水蓄能电站发展应结合国家能源发展战略和河南省实际情况，遵循"因地制宜、按需布局、适度超前"的原则，制定中长期抽水蓄能电站发展规划，明确发展目标、布局和时序。优先选择地质条件优越、水资源丰富、交通便利且靠近负荷中心的区域进行抽水蓄能电站建设。同时，应综合考虑系统运行需求、生态环保、技术经济等多重因素，促进抽水蓄能项目开发建设与整个体系运行和经济社会发展相协调，避免过度开发。

（一）加快纳规项目建设，快速补强调节能力

当前，河南省已纳入中长期发展规划的新乡辉县九峰山、洛阳洛宁大鱼沟、信阳光山五岳、平顶山鲁山花园沟、安阳林州弓上、郑州巩义后寺河、洛阳嵩县 7 个"十四五"重点实施项目按计划应在 2030 年前投产，目前部

分项目进展稍有滞后。河南省需加快已纳规项目建设，一方面，继续做好项目要素保障，在土地、用林、用水等方面持续加强政策服务，推动项目早日迈入全面施工阶段；另一方面，加强项目调度督导，在保障工程质量和安全的前提下，倡导采用新工艺、新技术、新方法，多措并举优化建设工作，加快建设进度。

（二）科学优选新增项目，合理有序核准实施

《抽水蓄能中长期发展规划（2021—2035 年）》和《关于进一步完善抽水蓄能价格形成机制的意见》等政策为抽水蓄能发展提供了任务书和收益保障。部分投资主体和地方政府侧重于抽水蓄能的经济价值，出现抢项目、占资源的现象，而忽略了抽水蓄能本身的作用和价值。抽水蓄能本身并不额外增加电量供应，抽水蓄能规划需统筹各类调节资源，在科学论证需求规模的基础上，综合考虑新能源合理利用率、区外来电、电价承受能力等因素，按照"框定总量、提高质量、优中选优、动态调整"的原则筛选推荐纳规项目。具体到河南来看，站点选择方面，除考虑是否涉及环境敏感因素外，还应按照国家最新要求，基于站点布局合理性、建设条件优越性、技术方案科学性、工程投资经济性等因素优选新增纳规项目。投产时序方面，考虑抽水蓄能容量电价纳入本省输配电价回收，项目集中投产将较大幅度提升河南工商业电价水平，结合河南负荷增长幅度和新能源发展速度，建议每年合理控制年度投产规模，并与全省新能源规模化开发、外电落点等事项时序结合，就近就地用好调节资源。

（三）提高建设管理水平，探索市场化运营模式

提高项目管理水平对增强项目竞争力和促进项目可持续发展具有重要意义，通过在工程设计、设备采购、政府管理和市场建设等方面不断优化和改进，促进抽水蓄能项目长期稳健发展。一是工程设计方面，建议建设单位持续开展全阶段工程优化设计，在签订勘察设计合同时优化投资激励措施，以扎实、科学的设计方案提升工程施工质量、缩减建设工期。二是设备采购方

面，考虑到国内抽水机组供货商一般为东方电气和哈尔滨电气集团两家单位，且两家单位市场份额相当，投资主体可利用集团优势签订框架合同，明确采购意向和供货时间，通过"集约集采"降低机组投资和工程造价。三是政府管理方面，借鉴煤电做法，积极探索抽水蓄能标杆容量电价体制机制，合理限定容量电价，促进全行业降本增效和高质量发展。四是市场建设方面，当前我国抽水蓄能电价政策保障了项目投资基本收益，同时也强化了与电力市场建设发展的衔接，未来将推动抽水蓄能电站逐步进入市场。建议投资主体加强抽水蓄能进入市场的应对方案研究，探索以合同能源管理或虚拟电厂形式获取更具竞争力电量电价的方式举措。提前研究电力市场交易规则，充分发挥抽水蓄能电站调峰、调频、调压、系统备用和黑启动等方面的价值。

参考文献

国家发展改革委：《关于进一步完善抽水蓄能价格形成机制的意见》，2021 年 5 月。
国家能源局：《抽水蓄能中长期发展规划（2021—2035 年）》，2021 年 9 月。
国家发展改革委：《关于抽水蓄能电站容量电价及有关事项的通知》，2023 年 5 月。
国家发展改革委：《关于第三监管周期省级电网输配电价及有关事项的通知》，2023 年 5 月。
国家能源局：《申请纳入抽水蓄能中长期发展规划重点实施项目技术要求（暂行）》，2023 年 7 月。

Abstract

This book is compiled by the State Grid Henan Economic Research Institute and Henan Academy of Social Sciences. The whole book adheres to the guidance of Xi Jinping's thought on socialism with Chinese characteristics in the new era, deeply studies and implements the spirit of the 20th National Congress of the Communist Party of China and the second and third plenary sessions of the 20th CPC Central Committee, fully implements the decision-making and deployment of the provincial Party committee and the provincial government, starts from the perspective of research, focuses on "supporting Chinese modernization with new energy system", deeply and systematically analyzes the development trend of Henan's energy in 2024, and judges the development situation in 2025, studies and discusses the measures and effects of Henan to accelerate the construction of new energy system from all aspects and angles, and puts forward relevant countermeasures and suggestions for coordinating development and security, and supporting the construction of Chinese modernization with new energy system based on the changes and requirements of the situation and tasks faced by development and reform, It has a good reference value for government departments to make policy decisions, energy enterprises, research institutions and the public to study and understand the development of energy in Henan.

This book is divided into five parts: general report, industry development, new energy system, new power system, and investigation and research. The general report is divided into an annual report and a ten-year report. As an annual analysis report on the development and operation of energy in Henan, the annual report clarifies the basic views on the development trend of energy in Henan in 2024 and the forecast for 2025. The ten-year report comprehensively summarizes the historic achievements made in the development of energy in Henan over the past ten years since General Secretary Xi Jinping proposed the new energy security strategy of "four revolutions and one cooperation". In 2024, facing the complex and evolving external environment and the arduous development and reform tasks, the province has thoroughly studied and implemented the deployment decisions of the Party Central Committee, the State Council, and the provincial Party committee and government, based on serving and guaranteeing the overall situation of economic and social development of the province, accelerated the construction of new energy system, and the energy development has presented a good situation of "strong supply guarantee, high-quality low-carbon transformation, accelerated reform and innovation, improved safety and resilience, and active market investment", with the dual improvement of energy security guarantee and clean transformation, and the dual stability of energy supply and demand and energy prices, it has provided a solid guarantee for promoting high-quality economic development and meeting the needs of the people for a better life. Since 2014, under the scientific guidance of the new energy security strategy, the energy industry in Henan province has gone through an extraordinary journey in the course of forging ahead, and tremendous changes have taken place in the mode of energy production and utilization. A series of major policies and measures have been introduced, a series of major projects have been promoted, and many long-standing problems that have been thought to be solved but have not been solved have been solved. Many major events that were thought to be done but were not done in the past have been achieved, and historic achievements have been made in the cause of energy reform and development, contributing to the "Henan force" to accelerate the construction of a strong energy country. In 2025, favorable factors and unfavorable factors will coexist in the energy development of Henan province, and the macro environment will be generally good. It is preliminarily expected that the total energy consumption of the province will increase slowly in 2025, which is about 260 million tons of standard coal. The proportion of coal consumption is expected to drop 60% historically for the first time, the supply of green and low-carbon energy will continue to expand, and the capacity of security will be steadily improved.

This book's industry development section respectively carries on the analysis to the Henan Province coal, the petroleum, the natural gas, the electric power, the renewable energy and so on various energy industries 2024 development situation, has carried on the forecast to various professions 2025 development situation, proposed under the acceleration construction new energy system background Henan various energy industries struggled to impel the new times energy enterprise high quality development the countermeasure suggestion.

This book is based on the perspective of high-quality energy development in Henan, combined with the requirements of the Third Plenary Session of the 20th CPC Central Committee, and sets four research reports on the path of high-quality energy development, low-carbon transformation of coal power, development of new energy storage, and development of electric vehicle charging infrastructure, putting forward countermeasures and suggestions to accelerate the construction of new energy system under the new situation.

The new power system section of this book actively serves power supply guarantee and supports power grid disaster prevention and mitigation from the perspectives of medium and long-term power supply guarantee, coordinated primary and secondary distribution network, distribution network operation and maintenance, disaster prevention and mitigation, and sets three research reports, which can provide ideas and path suggestions for accelerating the construction of new power system, in response to the deep adjustment of supply and demand structure, the intensified contradiction between guaranteeing supply and promoting consumption, and the frequent occurrence of extreme meteorological disasters.

The research part of this book focuses on new issues in the development of the energy industry under the new situation, implements the requirements of "optimizing system adjustment capacity and improving demand-side coordination capacity", and sets three research reports from the dimensions of time-of-use price policy optimization, virtual power plant regulation, pumped storage development, etc., which can provide reference for industry development and relevant policy formulation.

Keywords: High-quality Development; High-level Security; New Energy System; New Power System; Henan Province

Contents

I General Report

B . 1 Coordinating Development and Security: Supporting
Chinese Modernization with New Energy System
—*Analysis of Energy Development in Henan Province in 2024
and Outlook for 2025*

Abstract: In 2024, under the guidance of the Party Central Committee, the State Council, and the provincial Party committee and government, Henan Province has adhered to the overall tone of stability and progress, fully implemented the new development concept, and focused on the "Two Guarantees". It has comprehensively implemented the "Ten Major Strategies", based on the overall situation of serving and guaranteeing the province's economic and social development, deeply practiced the new energy security strategy, accelerated the construction of new energy system, and achieved a good situation in energy development with "strong supply guarantee, improved quality of low-carbon transformation, accelerated reform and innovation, improved security and resilience, and active market investment". It has provided a solid guarantee for promoting high-quality economic development and meeting the needs of people's better life with the dual improvement of energy security and clean transformation, and the stability of energy supply and demand and energy prices. The year 2025 is the final year for the comprehensive implementation of the "14th Five-Year Plan" and a crucial year for forward-looking planning of the "15th Five-Year Plan". Accelerating the construction of new energy system faces new situations and task requirements, and overall, opportunities outweigh challenges. It is preliminarily expected that the total energy consumption in the province will increase steadily in 2025, reaching about 260 million tons of standard coal, and the proportion of coal consumption is expected to drop 60% for the first time in history. To accelerate the construction of new energy system, Henan should better coordinate high-quality development and high-level security, promote energy security, green and low-carbon transformation, cultivation of new quality productivity, and deepen the reform of systems and mechanisms as a whole, and support the construction of new energy system to accelerate the construction of Chinese modernization in Henan's practice, and provide strong energy guarantee for writing a more brilliant chapter in the new era of Zhongyuan.

Keywords: High-quality Development; High-level Security; New Energy System; New Power System; Henan Province

B.2 A Decade of Development Review of Henan's Practice of New Energy Security Strategy

Research Team of Henan Energy Blue Book / 034

Abstract: Energy is an important material basis for economic and social development, and energy supply is related to the overall situation of national energy security and social stability and development. Since 2014, Henan's energy industry has deeply implemented the "four revolutions, one cooperation" new energy security strategy, unswervingly promoted the revolution of energy consumption, supply, technology, and system, comprehensively strengthened cooperation in the energy field, and blazed a trail of high-quality construction of new energy system that is in line with the actual conditions of Henan Province. This paper comprehensively reviews the development process of Henan's energy industry over the past decade, systematically sorts out the historic achievements made in implementing the new energy security strategy, and summarizes the "Henan characteristics" and "Henan experience" in promoting high-quality energy development, providing solid support for the economic and social development of the province.

Keywords: New Energy Security Strategy; Energy Consumption; Energy Supply; Henan Province

Ⅱ Industry Development

B.3 Analysis and Outlook on the Development of Coal Industry in Henan Province from 2024 to 2025

Yu Boning, Li Hujun / 060

Abstract: In 2024, the coal industry in Henan Province conscientiously implemented the overall tone of "seeking progress in stability", focused on promoting high-quality development, resolutely ensured stable production and increased supply of coal, accelerated the construction of coal reserve bases, promoted the transformation of green, low-carbon and digital intelligence, and played the role of "ballast stone" in energy security. In 2025, it is expected that coal consumption in the province will remain basically stable, and the overall balance of coal supply and demand will continue. The coal industry in Henan Province should coordinate development and security, continue to do a good job in ensuring supply, promoting transformation, optimizing the environment, improving quality and efficiency, strive to develop new quality productivity, promote high-quality development of the industry, and provide strong support for the successful completion of the "14th Five-Year Plan" and the practice of Chinese modernization construction in Henan.

Keywords: Coal Industry; Coal Supply; Coal Consumption; Green and Low-carbon Transformation; Henan Province

B. 4   Analysis and Outlook on the Development of Petroleum

Industry in Henan Province from 2024 to 2025

Lu Yao, Liu Junhui / 075

Abstract: In 2024, the world economy will recover slowly, the international geopolitical situation will remain tense, and international oil prices will fluctuate at a medium to high level. Faced with the complex and changeable internal and external environment, the petroleum industry in Henan Province has continued to consolidate the foundation of safe supply, maintained stable crude oil production, and achieved rapid growth in refined oil production. The consumption of oil products has grown slowly, and the supply and demand situation remains relaxed. Henan Province has seized the opportunity to layout the green hydrogen and green alcohol clean energy industry, and the high-quality development of the oil and gas industry has taken solid steps. 2025 is the final year for achieving the goals and tasks of the "14th Five-Year Plan". With the rapid growth in sales of new energy vehicles, it is expected that the province's refined oil consumption will increase slightly, and the supply and demand of refined oil will remain relaxed throughout the year. The petroleum industry in Henan Province should seize historical opportunities, deepen the green transformation of the industry, optimize and upgrade products, actively build a new type of integrated refining and chemical industry chain, and promote the development of the petrochemical industry to a new level.

Keywords: Petroleum Industry; Petroleum Supply and Consumption; Oil and Gas Continuation; Green and Low-carbon Transformation; Henan Province

B. 5   Analysis and Prospect of Natural Gas Industry Development

in Henan Province from 2024 to 2025

Chen Xing, Yin Shuo and Yao Yupeng / 085

Abstract: In 2024, Henan Province vigorously promoted the development of the natural gas industry, with a rebound in natural gas consumption, an increase in production, and steady progress in the construction of infrastructure such as gas transmission and storage facilities. The natural gas industry has made significant achievements in terms of safety and supply, digital intelligence, and system reform. In 2025, with the continued recovery of natural gas consumption demand and the improvement of gas transmission and storage capacity in the province, natural gas consumption is expected to maintain a growth trend, with consumption expected to reach around 12.5 billion cubic meters. In order to promote the greater role of the natural gas industry in the construction of a new energy system in the province, this paper analyzes the opportunities and challenges facing the development of the natural gas industry in Henan Province, and puts forward relevant suggestions in terms of strengthening natural gas supply, improving the storage system, strengthening safety management, and deepening price reform.

Keywords: Natural Gas Industry; Natural Gas Pipeline Network; Transmission and Storage Infrastructure; Henan Province

B.6 Analysis and Outlook on the Development of Henan Electric Power Industry in 2024—2025

Si Jianan, Yu Boning and Deng Fangzhao / 097

Abstract: 2024 is a crucial year for achieving the goals and tasks of the "14th Five-Year Plan". The Henan electric power industry has provided solid support for the economic operation of the province with the responsibility of "reliable electricity, orderly transformation, and guaranteeing people's livelihood". In 2025, the basic face of economic development in the province will continue to improve, and favorable factors such as a broad market, strong economic resilience, and great potential will continue to be released, providing a guarantee for the continuous promotion of high-quality development of the power industry. Henan should continue to improve its power supply capacity, promote the low-carbon transformation of the power industry in an orderly manner, accelerate the improvement of flexible adjustment capabilities, optimize and improve institutional mechanisms, and promote the construction of a new power system to a new level.

Keywords: Electric Power Industry; New Power System ; Henan Province

B.7　Analysis and Outlook on the Development of Renewable
　　　Energy in Henan Province from 2024 to 2025

Yan Xintong, *Deng Zhenli*, *Si Ruihua and Zhang Shen* / 112

Abstract: In 2024, Henan Province will coordinate green energy development and security, continue to promote the construction of wind power, photovoltaic, pumped storage, and new energy storage projects, vigorously support the development and utilization of biomass energy, geothermal energy, and hydrogen energy, further optimize the structure and variety of renewable energy, and the total installed capacity will historically surpass that of thermal power, accounting for more than 50% of the total installed power capacity. Renewable energy will continue to develop on a large scale and in a high proportion. In 2025, opportunities and challenges coexist in the development of renewable energy in Henan Province. It is necessary to firmly grasp the characteristics of large-scale, high-proportion, market-oriented, and high-quality development of new energy in the new era, consider the requirements of new energy development, ecological protection red lines, and food security baselines, make great efforts to improve the level of large-scale development, flexible adjustment, and green power, green certificate, and carbon market development, strive to build a multi-energy complementary energy structure of "wind, light, fire, storage, and hydrogen", continue to promote the high-quality leap-forward development of renewable energy in our province, and provide a reliable guarantee of green energy for the practice of Chinese modernization construction in Henan Province.

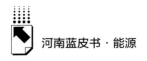

Keywords: Renewable Energy; High-quality Development; New Energy Consumption; Henan Province

Ⅲ   New Energy System

B.8   High-quality Development Path and Recommendations
for Energy during the "15th Five-Year Plan" Period

Research Group of High-quality Energy Development / 130

Abstract: Promoting high-quality energy development is an essential requirement for building new energy system. In order to plan the high-quality energy development of Henan during the "15th Five-Year Plan" period in a coordinated manner, the research team systematically sorted out the basic advantages and shortcomings of energy development in Henan, analyzed in detail the internal and external environment facing the energy development of Henan, and conducted a quantitative analysis of the high-quality energy development goals of Henan during the "15th Five-Year Plan" period. In order to smoothly achieve the corresponding goals, Henan should grasp the dynamic balance relationship between energy development security, economy, cleanliness, and sharing, deeply practice the new energy security strategy of "four revolutions, one cooperation", and take a high-quality energy development path with multi-objective coordination.

Keywords: New Energy System; High-quality Development; Henan Province

B.9　Investigation and Analysis of Typical Cases of Low-Carbon

Transformation of Coal Power and Suggestions

Zhou Xinhua, Zheng Zhenchen, Yu Kaikun,

Guo Ying and Niu Chenwei / 148

Abstract: In the context of the "dual carbon" goals, implementing low-carbon transformation of coal power is a crucial approach to promote the low-carbon transition of the power industry. This paper introduces the technical principles, characteristics, and economic viability of various technological routes for coal power low-carbon transformation, including co-firing biomass and green ammonia, and coupling with carbon capture, utilization, and storage (CCUS). It analyzes the opportunities and challenges faced in the low-carbon transformation of coal power and, based on an investigation of demonstration applications of domestic and international coal power low-carbon transformation projects, provides suggestions for promoting the development of low-carbon coal power in Henan Province, aiming to accelerate the process of coal power clean energy transition.

Keywords: Low-carbon Transformation of Coal Power; Biomass Co-firing; Henan Province

B.10　Analysis and Prospects of the Development Situation of

New Energy Storage in Henan Province from 2024 to 2025

Chai Zhe, Liu Junhui and Lu Yao / 165

Abstract: New energy storage is an important means of supporting the large-scale integration of renewable energy, ensuring the safe and stable economic operation of the power system, and improving the utilization efficiency of system equipment. In recent years, a series of national supportive policies have been introduced, coupled with significant advancements in energy storage technology, resulting in a shift from pilot demonstration experiments to large-scale development for new energy storage. This paper summarizes the changes in the scale, technological development, and operational costs of new energy storage in Henan Province in 2024. It systematically analyzes the opportunities and challenges facing the current development of new energy storage and proposes suggestions to promote the large-scale development of the storage industry, encourage the application of new technological innovations, and improve the standard system, aiming to facilitate the healthy and sustainable development of new energy storage in Henan.

Keywords: New Energy Storage; Renewable Energy; Henan Province

B.11   Analysis and Suggestions on the Development Situation of Charging Infrastructure for New Energy Vehicles in Henan Province from 2024 to 2025

Research Group of Charging Facilities / 177

Abstract: As a strategic industry of the nation, the development of new energy vehicles relies on the solid support of charging infrastructure. In recent years, Henan Province has actively responded to national calls by implementing policy guidance, standardized management, and the application of new technological innovations, achieving rapid and leapfrog growth in the scale of charging facilities, laying a solid foundation for the high-quality development of the new energy vehicle industry. This paper summarizes the current status of new energy vehicles and charging facilities in Henan Province in 2024. Through an analysis of the latest policies in the charging industry, practical applications of new technologies, and the continuously improving market mechanisms, it forecasts the development trend of new energy vehicles and charging facilities in the province by 2025, providing suggestions to promote the healthy and sustainable development of charging infrastructure in Henan.

Keywords: New Energy Vehicles; Charging Infrastructure; Charging Load; Henan Province

IV New Power System

B. 12 Research and Suggestions on the Medium and Long-Term Power Supply Guarantee Path for Henan Province Towards 2035 *Li Hujun, Deng Fangzhao and Zhang Yihan* / 196

Abstract: Ensuring a stable power supply is a major issue of concern for the entire society. With increasing external influencing factors, the uncertainties on both the supply and demand sides are rising, compounded by the frequent occurrence of extreme weather events, significantly increasing the complexity and difficulty of guaranteeing power supply. To clarify the medium and long-term supply and demand environment in Henan Province, assess supply and demand trends, and develop proactive supply and demand strategies for long-term power supply stability, this paper conducts a study on the medium- and long-term power supply guarantee path for Henan. By forecasting the development of medium- and long-term load demand in Henan Province, evaluating the potential of internal and external guarantee resources, and analyzing medium- and long-term supply and demand balance, the study explores power supply guarantee path schemes under the constraints of energy and power development strategic indicators based on dual carbon goals. It also proposes measures and suggestions to effectively ensure power supply capability.

Keywords: Power Supply and Demand; Power Guarantee; Medium and Long-term Balance; Henan Province

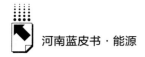

B.13　Exploration and Practice of Operation and Maintenance
　　　　Management Model for Distribution Networks Based
　　　　on Synchronized Sharing of Geographic Information

Zhao Feng，Li Jian and Zheng Chengshi / 211

Abstract：With the increasing proportion of distributed renewable energy
and new loads, the functional form of distribution networks is undergoing
profound changes, necessitating the creation of a new type of distribution system
that is "safe and efficient, clean and low-carbon, flexible and adaptable, and
intelligently integrated" to ensure its safe and stable operation. This paper analyzes
the prominent issues currently faced in the operation and maintenance of
distribution networks in Henan, outlines the main factors affecting the efficiency of
operation and maintenance management, focuses on the integration of a unified
map of the power grid and distribution network business development, explores
the construction of a management system for the operation and maintenance of
distribution networks based on synchronized sharing of geographic information,
and conducts pilot demonstration applications in Jiyuan to enhance the efficiency
and quality of distribution network management, providing practical experience
and models for building a new type of distribution system.

Keywords：New Distribution System；Distribution Network Operation and
Maintenance；Unified Map of the Power Grid；Synchronized Sharing

B.14　Assessment and Suggestions for Improving the Ice-resistance
　　　　Capacity of Transmission Lines

Tang Yake，Niu Kai，Xi Xiaojuan，Hu Xin，
Xu Weihao and Zhai Mengqi / 225

Abstract：In recent years, extreme weather events have become frequent in
China, exhibiting trends of wide impact and high extremity. From the winter of

2023 to the spring of 2024, Henan Province experienced four rounds of extensive rain, snow, and ice disasters, posing severe challenges to the operation of power grid equipment. This paper, based on the topographical environment and icing conditions in Henan Province, analyzes the impacts of extreme icing on the safety of the power grid in Henan, clarifies the types of icing faults in transmission lines, identifies 20 influencing factors for the risk of icing faults in transmission lines, proposes an assessment method for the ice-resistance capacity of transmission lines, and empirically verifies the effectiveness of this method. Consequently, specific suggestions are made to enhance the ice-resistance capacity of the Henan power grid, providing constructive ideas for ensuring the safe operation of the power grid in Henan.

Keywords: Extreme Weather; Transmission Lines; Disaster Resistance Assessment; Ice-resistance; Henan Province

V Investigation and Research

B.15 Impact Assessment and Suggestions on the New Time-of-use Electricity Pricing Policy in Henan Province

Research Group of Time-of-use Pricing / 239

Abstract: Fully leveraging the role of electricity pricing signals, utilizing time-of-use pricing to guide users in peak shaving and valley filling, coordinating power supply and demand, and promoting the consumption of clean energy has become an essential part of building a new power system. In recent years, the unexpected development of distributed photovoltaics and the significant release of heating loads in Henan Province have made the "dual assurance" challenge of ensuring supply during summer and winter peaks and facilitating consumption during spring and autumn increasingly prominent. Henan Province has timely optimized and adjusted its time-of-use pricing policy. Since the implementation of the new time-of-use pricing policy in June 2024, it has effectively alleviated the pressure of "ensuring supply and promoting consumption" during the summer and autumn. Preliminary estimates indicate that the transfer of peak electricity prices in July and August has shifted approximately 2. 79 million kilowatts of load during the summer evening peak, while the elevation of midday low valley electricity price periods in September has raised the midday peak load by about 1. 1 million kilowatts. Based on the analysis of the impact and effectiveness of the new time-of-use pricing policy, combined with the characteristics of the supply and demand structure and changes in the supply and demand situation in Henan, suggestions are proposed to establish and improve a dynamic adjustment mechanism for time-of-use pricing and to timely adjust the residential tiered electricity pricing.

Keywords: Time-of-use Pricing; Ensure Supply; Promote Consumption; Henan Province

B. 16   Analysis and Research on the Participation of Aggregated Electric Vehicles in Virtual Power Plant Regulation

Research Group of Virtual Power Plant / 259

Abstract: With the rapid growth of distributed renewable energy installations, the number of electric vehicles, and energy storage facilities, the virtual power plant (VPP) is quickly emerging as a crucial collaborative role in the new power system. This paper briefly reviews the development status and infrastructure of VPPs in China from the perspectives of national policies, provincial practices, technological advancements, and demonstration pilots. It focuses on the characteristics of electric vehicle charging load resources and explores the feasibility and application models of vehicle-to-grid (V2G) interaction under the VPP framework, using a city's distribution network with localized supply tension and related charging station clusters as examples. The goal is to provide technical support for large-scale V2G application demonstrations and VPP construction.

Keywords: Virtual Power Plant; Electric Vehicles; Aggregated State; Load Regulation

B.17 Research on the Planning, Construction, and Development Layout of Pumped Storage Power Stations in Henan Province   *Xie Zundang, Yang Jian, Sun Qinlan, Zhao Mao and Chang Xuejun / 277*

Abstract: Pumped storage power stations play multiple roles in the power system, including peak shaving, frequency regulation, phase adjustment, standby, and black start. With the rapid large-scale development of renewable energy and the increasing urgency for regulating capacity in the power system, pumped storage power stations will play an important role in the clean and low-carbon transition of energy. For a long time, Henan's pumped storage power stations have made significant progress in site selection planning, project construction, and operational effectiveness. In the new context, they face new opportunities such as a continuously improving policy framework and more diverse development entities, while also encountering challenges such as the reverse distribution of resources and demand. Looking to the future, Henan needs to continue making efforts in planning guidance, project management, and market-oriented operations to promote the scientific, healthy, and orderly development of pumped storage power stations.

Keywords: Pumped Storage Power Stations; Renewable Energy; Henan Province

社会科学文献出版社

皮 书

智库成果出版与传播平台

❖ 皮书定义 ❖

皮书是对中国与世界发展状况和热点问题进行年度监测，以专业的角度、专家的视野和实证研究方法，针对某一领域或区域现状与发展态势展开分析和预测，具备前沿性、原创性、实证性、连续性、时效性等特点的公开出版物，由一系列权威研究报告组成。

❖ 皮书作者 ❖

皮书系列报告作者以国内外一流研究机构、知名高校等重点智库的研究人员为主，多为相关领域一流专家学者，他们的观点代表了当下学界对中国与世界的现实和未来最高水平的解读与分析。

❖ 皮书荣誉 ❖

皮书作为中国社会科学院基础理论研究与应用对策研究融合发展的代表性成果，不仅是哲学社会科学工作者服务中国特色社会主义现代化建设的重要成果，更是助力中国特色新型智库建设、构建中国特色哲学社会科学"三大体系"的重要平台。皮书系列先后被列入"十二五""十三五""十四五"时期国家重点出版物出版专项规划项目；自2013年起，重点皮书被列入中国社会科学院国家哲学社会科学创新工程项目。

皮书网

（网址：www.pishu.cn）

发布皮书研创资讯，传播皮书精彩内容
引领皮书出版潮流，打造皮书服务平台

栏目设置

◆ **关于皮书**

何谓皮书、皮书分类、皮书大事记、
皮书荣誉、皮书出版第一人、皮书编辑部

◆ **最新资讯**

通知公告、新闻动态、媒体聚焦、
网站专题、视频直播、下载专区

◆ **皮书研创**

皮书规范、皮书出版、
皮书研究、研创团队

◆ **皮书评奖评价**

指标体系、皮书评价、皮书评奖

所获荣誉

◆ 2008 年、2011 年、2014 年，皮书网均
在全国新闻出版业网站荣誉评选中获得
"最具商业价值网站"称号；

◆ 2012 年，获得"出版业网站百强"称号。

网库合一

2014年，皮书网与皮书数据库端口合
一，实现资源共享，搭建智库成果融合创
新平台。

皮书网

"皮书说"
微信公众号

权威报告·连续出版·独家资源

皮书数据库
ANNUAL REPORT(YEARBOOK)
DATABASE

分析解读当下中国发展变迁的高端智库平台

所获荣誉

- 2022年，入选技术赋能"新闻+"推荐案例
- 2020年，入选全国新闻出版深度融合发展创新案例
- 2019年，入选国家新闻出版署数字出版精品遴选推荐计划
- 2016年，入选"十三五"国家重点电子出版物出版规划骨干工程
- 2013年，荣获"中国出版政府奖·网络出版物奖"提名奖

皮书数据库　　　"社科数托邦"
　　　　　　　　微信公众号

成为用户

　　登录网址www.pishu.com.cn访问皮书数据库网站或下载皮书数据库APP，通过手机号码验证或邮箱验证即可成为皮书数据库用户。

用户福利

- 已注册用户购书后可免费获赠100元皮书数据库充值卡。刮开充值卡涂层获取充值密码，登录并进入"会员中心"—"在线充值"—"充值卡充值"，充值成功即可购买和查看数据库内容。
- 用户福利最终解释权归社会科学文献出版社所有。

社会科学文献出版社 皮书系列
SOCIAL SCIENCES ACADEMIC PRESS (CHINA)

卡号：861291887618
密码：

数据库服务热线：010-59367265
数据库服务QQ：2475522410
数据库服务邮箱：database@ssap.cn
图书销售热线：010-59367070/7028
图书服务QQ：1265056568
图书服务邮箱：duzhe@ssap.cn

基本子库
SUB DATABASE

中国社会发展数据库（下设 12 个专题子库）

紧扣人口、政治、外交、法律、教育、医疗卫生、资源环境等 12 个社会发展领域的前沿和热点，全面整合专业著作、智库报告、学术资讯、调研数据等类型资源，帮助用户追踪中国社会发展动态、研究社会发展战略与政策、了解社会热点问题、分析社会发展趋势。

中国经济发展数据库（下设 12 专题子库）

内容涵盖宏观经济、产业经济、工业经济、农业经济、财政金融、房地产经济、城市经济、商业贸易等 12 个重点经济领域，为把握经济运行态势、洞察经济发展规律、研判经济发展趋势、进行经济调控决策提供参考和依据。

中国行业发展数据库（下设 17 个专题子库）

以中国国民经济行业分类为依据，覆盖金融业、旅游业、交通运输业、能源矿产业、制造业等 100 多个行业，跟踪分析国民经济相关行业市场运行状况和政策导向，汇集行业发展前沿资讯，为投资、从业及各种经济决策提供理论支撑和实践指导。

中国区域发展数据库（下设 4 个专题子库）

对中国特定区域内的经济、社会、文化等领域现状与发展情况进行深度分析和预测，涉及省级行政区、城市群、城市、农村等不同维度，研究层级至县及县以下行政区，为学者研究地方经济社会宏观态势、经验模式、发展案例提供支撑，为地方政府决策提供参考。

中国文化传媒数据库（下设 18 个专题子库）

内容覆盖文化产业、新闻传播、电影娱乐、文学艺术、群众文化、图书情报等 18 个重点研究领域，聚焦文化传媒领域发展前沿、热点话题、行业实践，服务用户的教学科研、文化投资、企业规划等需要。

世界经济与国际关系数据库（下设 6 个专题子库）

整合世界经济、国际政治、世界文化与科技、全球性问题、国际组织与国际法、区域研究 6 大领域研究成果，对世界经济形势、国际形势进行连续性深度分析，对年度热点问题进行专题解读，为研判全球发展趋势提供事实和数据支持。

法律声明

"皮书系列"（含蓝皮书、绿皮书、黄皮书）之品牌由社会科学文献出版社最早使用并持续至今，现已被中国图书行业所熟知。"皮书系列"的相关商标已在国家商标管理部门商标局注册，包括但不限于 LOGO（▧）、皮书、Pishu、经济蓝皮书、社会蓝皮书等。"皮书系列"图书的注册商标专用权及封面设计、版式设计的著作权均为社会科学文献出版社所有。未经社会科学文献出版社书面授权许可，任何使用与"皮书系列"图书注册商标、封面设计、版式设计相同或者近似的文字、图形或其组合的行为均系侵权行为。

经作者授权，本书的专有出版权及信息网络传播权等为社会科学文献出版社享有。未经社会科学文献出版社书面授权许可，任何就本书内容的复制、发行或以数字形式进行网络传播的行为均系侵权行为。

社会科学文献出版社将通过法律途径追究上述侵权行为的法律责任，维护自身合法权益。

欢迎社会各界人士对侵犯社会科学文献出版社上述权利的侵权行为进行举报。电话：010-59367121，电子邮箱：fawubu@ssap.cn。

社会科学文献出版社